田中角栄の昭和

保阪正康

朝日文庫

本書は二〇一〇年七月、朝日新書より刊行されたものです。
原則として、本文中の肩書・団体名などは新書刊行当時のものです。

まえがき

政治家田中角栄は日本近代史の中でどのような位置づけがされるのだろうか。あるいはその軌跡は昭和史の中にどう刻まれるだろうか。

田中角栄が病死したのは平成五年（一九九三）十二月十六日である。すでに十一月初めから甲状腺機能障害に加えて、糖尿病による体力低下という状態で、そこに肺炎を併発したうえでの死であった。

田中の死が伝えられたとき、当時の政界の要人たちは新聞社の求めに応じて感想を述べている。翌日の各紙には、そうした談話が並ぶことになったが、私はふたりの政治家の談話や感想が印象に残っている。

ひとりは自民党の元首相・宮澤喜一で、「田中さんは天才的な発想ができる人だった。役人出身の私たちとは発想が違っていた。どの登山口から登ろうが、富士山の頂上に行ってしまうようなところがあった」と評していた。天才的な発想、という語が記憶に残る表現だったし、官僚とはまったく異なる発想を試みる人物であるという言い方の中に、この国をどのような方向に導こうとしているのか不安もあったとのニュアンスが感じられた。

もうひとりは当時の社会党委員長・村山富市の感想である。この感想はもっとも日本的な感想であり、同時に田中角栄その人を歴史の中に位置づけられなかったという点で、重要な意味をもっている。

「戦後日本をリードした保守政治家の代表で、社会党にとっては大きな政敵だったが、日中国交回復に尽力するなど共感できることもあった。一方で、金権腐敗を拡大した人物であり、戦後日本の〝光と影〟を象徴している人物だった」

このほかにも田中を評する談話は多かったのだが、このふたりの言には、田中角栄を同時代史で捉えた見方が見事に凝縮していた。このことをもう少しかみくだいて言うなら、田中は保守本流ともいうべき戦後の自民党の中枢から見ると、理解しがたい発想をもっている政治家であり、野党の村山からは、田中は歴史的に正の成果と負の遺産をのこしたと、評価が二分されるとの受け止め方をされたのだ。

歴史的にどう語られるべきかは、このときはまだ予想さえもされていなかった。それほど同時代史の中には存在感があったということであろう。

田中の死から十七年近い時間が過ぎている。昭和という時代を終えてからも二十年余の時間を経た。そろそろ歴史の中に田中を位置づけていいのではないか。

とくに平成二十一年（二〇〇九）九月に誕生した民主党の鳩山由紀夫内閣を見たとき、この政党はかつての田中派と社会党に列《つら》なるメンバーが中軸になっていることがわかった。首相だった鳩山由紀夫は政治家生活に入るのに田中を指南役として、つまりその教えを受けるかたちでの政治家教育を受けた。与党民主党を動かしていた幹事長の小沢一郎は、まさに田中角栄の申し子のような存在であった。閣僚のひとりだった菅直人にしても、社会党を左派から追いだされたかたちの江田三郎に政治的訓練を受けたといっていいであろう。そのほか横路孝弘や仙谷由人など、旧社会党で政治家生活をはじめた者も少なくない。

こうした鳩山内閣は、直接間接に田中角栄のもつ肌合いを引き継いでいると、私は見ていたが、実際に「政治とカネ」によって平成二十二年六月に鳩山首相と小沢幹事長は辞任に追いこまれている。かわって副総理兼財務相だった菅直人が首相に就任し、脱小沢色を強めようと腐心している。

このような民主党には田中政治に相通じる三つの特徴があるように思う。第一点は人間の幸福感を物量による尺度においていることだ。田中がその三十年余の政治家生活で一貫して追求したのは、戦後社会のもつ日本人の欲望をそのまま政策にすることだった。食生活を十全に満たしたい、豊かな生活を送りたい、便利な生活を過ごしたい、思想や信条などより現実を重視したい、そういう正直な欲望をそのまま政策の骨格に据えた。

日本列島改造論などその典型であった。田中は、きれいごとを言うより、カネをもって豊かな生活を過ごそうと、国民の欲望を政治化するのにもっとも力を発揮した政治家であった。

鳩山内閣とて、自民党の麻生太郎内閣の欲望肥大政策のあとを継ぎ、むしろそれを一層拡大させた。子ども手当なるさして意味のないバラマキ政策は田中政治の後遺症だった。

第二点は、その政治姿勢がリベラルな立場にあることだった。田中はその理念において、天皇を中心とする国体原理主義の思想家たちとは一線を引いていた。政治的には東西冷戦下で西側陣営に属することは明確にしていても、必ずしもアメリカの極東政策に納得していたわけではなかった。むしろ中国に対しての親近感を隠そうとしなかった。実業家としての目で見る中国市場の可能性に賭けるという方向を常に意識していた。結果的にそれはリベラルな立場に立つことを意味していたのである。

民主党の内閣はむろん田中路線を引き継いでのリベラルではないが、アメリカに対しては必ずしも従属的でありたくないとの考えは、つまりは田中の考え方を引き継いでいると見てさしつかえなかった。本書ではこのことをより具体的に論じてみたいと思う。田中政治がもっていたリベラルな肌合いについては、私は「無意識の社会主義者」といった記述を行うのだが、そのことを詳述していきたいと考えている。

第三点なのだが、田中は金権政治という汚名を浴びているが、確かにその政治家生活には多額の政治資金を投入した。その大部分が自らの才覚による土地転がしなどの、いわば法の網の目をくぐったかたちになっている。人はきれいごとを言ってもカネの前には口をつぐむ、あるいはカネによって動くとの人生観が田中にはあった。事実、そのようにして田中派は肥大していった。

小沢や鳩山の政治手法にもそれに共通する姿勢があった。とくに小沢は、田中を手本として政治資金を獲得していたのではないかと疑われた。鳩山はそのような政治資金づくりは行っていないが、実家の財産を用いて自らの政治的派閥を肥大化させたように思えるのだ。

旧社会党の系譜につながる政治家は、鳩山内閣の第一と第二の点で結びついていたのであろうと思う。田中政治が日本社会で受けいれられたのは、欲望肥大の物量社会、その体制を支えるリベラリズムにあるが、それはとりもなおさず意識する社会主義者と意識せざる社会主義者との結合であった。社会主義体制が崩壊したがゆえに、リベラリズムという社会民主主義的な政策で、田中派と社会党は結びつくことができたのであった。それは歴史上の皮肉な結合でもあった。

田中自身は、歴史上でなにがしかの重みをもつ思想や理念を披瀝《ひれき》することはなかった。しその分だけ、同時代人にはもっとも自己投影されやすい政治家として佇立《ちょりつ》していた。しかしその田中が金権政治で批判されて政治の正面から退場するとき、そしてやがてロッキード事件で逮捕されたとき、田中の価値観や人生観に国民は鋭い批判を浴びせた。いや、なかには嘲笑することが流行のような様相を呈した。つまり田中は日本人の道徳や倫理のもっとも低次元の領域を代弁させられ、そして同時代史の上では巧みに国民自身の弁解のために利用されてきたと、私は見ているのである。あえて言えば、そこに田中角栄という政治家の悲劇があった。

私はこれまで三十年余にわたって昭和という時代に生きた政治家、官僚、旧軍人などに話を聞いてきたが、それらによって、「田中角栄」という政治家に象徴される性格は、ほとんどの日本の指導者がもっていることに気づいた。

昭和という時代は、前期の軍事主導体制、中期の占領による国家主権喪失体制、そして後期の物量至上の社会体制と言えるように思うが、たとえばその期を代表する首相は、前期が軍人出身の東條英機、中期が外交官出身の吉田茂だと思う。そして後期は叩きあげで首相となった田中角栄ではないかと考えている。

東條英機、吉田茂、田中角栄と並べてみると、あまりにもその性格が異なっていることに気づく。しかし、それはそのときどきの日本社会や日本人の性格があらわれているということでもあるのだ。

私はこれまで東條英機と吉田茂の評伝は書いてきたが、田中角栄についても書こうと思いつつ先延ばしになっていた。しかし田中角栄没後十六年を経た今、歴史の中にこの政治家を位置づけるべきではないかとの思いをもつに至った。とくに最近の政治状況の中に田中政治が顔をだしていることを実感するだけに、その評伝をまとめる必要を強く感じた。田中角栄を通して、昭和という時代の日本人の正直な姿を確認したいとの思いをもとに記述を進めた。

本書をその視点で読んでいただけたら、これに過ぐる喜びはない。

田中角栄の昭和●目次

本文写真／朝日新聞社

田中角栄の昭和

序章　記憶のなかの指導者

田中の選挙運動にはいつも熱心な支持者が集まった
（1976年12月、新潟県長岡市で）

昭和五十八年夏の不気味さ

政治家・田中角栄と昭和史にはどのような関係があるか。

私がこの主題に思いが至ったのは、昭和五十八年（一九八三）八月から九月にかけてのことであった。この夏のある体験が契機になったのだが、それ以来、私はいつの日かこの主題に取り組んでみようと考えてきた。昭和から平成に移り、世紀が変わってからも十年経つからといって、特別に私自身に大きな変化があったわけではない。この間に田中角栄にかかわる多くの書に目を通してきて、同時代の記憶を中心とする論者の田中角栄論から徐々に〈記憶と記録〉の融合期に入っているとの観は受けるようになった。

田中角栄の生きた昭和という時代に、数多くの記憶をもち、そしてのこされた記録を真摯《しんし》に分析したいと思う世代のひとりとして、私は昭和史のなかに、この政治家の居場所を確かめたいと考え続けたのである。

そのためにはまず昭和五十八年八月から九月にかけての私の素朴な体験から筆を起こしていくほうがわかりやすい。

この年の十月十二日に、田中は東京地方裁判所で、ロッキード事件の丸紅ルートで第一審判決を受けることになっていた。すでに一月二十六日に丸紅ルートの論告求刑の公判で、田中は懲役五年、追徴金五億円という、受託収賄罪としては最高刑を求刑されていた。起訴から七年目のことで、検察側はロッキードという機種採用にあたって首相の田中が丸紅から受領した五億円は収賄にあたるとして、その職務権限による田中の政治的行為を断罪したのである。この求刑に対して、弁護団は「首相当時、田中には機種を選定する職務権限はなかった。丸紅からのワイロは受け取っていない」と全面的に起訴事実を否定し、無罪を主張した。運輸大臣には、民間航空会社の新機種選定に介入する権限などなく、ましてや首相にこの件に関して運輸大臣を指揮、監督する権限などないというのが、その理由でもあった。

この法廷で、裁判長から特に発言を許された田中は、その好意に謝意を表するとして深々と頭を下げたあと、一切の弁明をせずに淡々と、「七年もの長きにわたり、裁判所が払われた努力に感謝いたします」と述べた。内心では憤怒にとらわれていたのだろうが、表面上の言動はそれを顕《あら》わにすることはなかった。

判決がどのように出るか、巷間《こうかん》さまざまな噂が流れた。単に外為法違反にとどまるであろうとか、無罪判決がだされるのではないかといった論は田中に好意をもつ側と、司法が政治に屈服するだろうという絶望の側から発せられていた。司法関係者の間では、首相の汚職そのものを問う歴史的な判決がだされるのではとの期待の声もあった。

二〇一〇年の今、この稿を書き進めながら、あのころの空気を思いだすと、「世論（主にマスメディアがつくりあげていた感情という意味にもなるのだが）」は、田中弾劾一色に染まっていたことが記憶のなかから浮かんでくる。求刑の夜の風景について、田中側の弁護団の一員であった木村喜助は、『田中角栄の真実』（平成十二年九月）のなかで、「総評（注・日本労働組合総評議会）は検察応援・論告支持・田中有罪の提灯行列を都心から行い、目白私邸前で気勢を上げた。その行列では時の野党第一党社会党の委員長が先頭に立ち『田中角栄御用だ』と叫びながら歩いた」と書いているが、実際にそういう漫画にも似た光景は決して珍しくはなかった。

判決が近づくと、田中有罪という論が半ば感情的に誘導されていった。誰がその主役というわけではなく、「社会の空気」というべき風が吹いていたともいえる。

この年九月十二日の朝日新聞は、「ロッキード事件の核心、『首相の犯罪』に対する一審判決を一カ月後の十月十二日にひかえ、有権者は判決内容と田中元首相の進退など、政治倫理のあり方をどのように考えているか」という趣旨で行われた世論調査の結果を報じている。

そこでは田中の主張する無罪を「信じない」が八一％、「信じる」が四％であったと記されている。この世論調査をさらに詳細に分析すると、田中に好感をもっていると答える人が二二％であり、もし田中の選挙区に住んでいたら、票をいれるという有権者は二五％、しかし田中を嫌いと答える人は五〇％に及び、たとえ選挙区に住んでいても票をいれないという答えは六一％にも達していると報じた。

田中に対する不信感、嫌悪感は判決の日が迫るにつれ、肥大化していった。

私は、この期に田中角栄についてレポートを書いたり、批判がましく田中金脈を書いたりしたことはなかった。個人的な心情を語るなら、むしろ田中角栄には「犠牲者」という側面があるのではないかと考えていた。この場合の犠牲者とは、田中は戦後日本が歩んだ経済、物量至上主義の社会構造や社会意識をそのまま代弁している人物だが、それが外圧によって解体させられていくその光景は、戦後日本の社会が解体させられていくときの最初の犠牲者のように映ったという意味である。むろんそのような理解が充分に固まっていたわけではないが、田中を感情的に批判する風潮のなかに日本社会のある不気味さをも感じていたのである。

『越山』投稿者を追う

こうした空気のなかで、私のもとにある依頼があった。

朝日新聞社が発行している『週刊朝日』編集部が、田中判決時に別冊を刊行する予定で作業を進めているのだが、そこで原稿を書かないかという誘いであった。その企画内容を詳細に聞いて、私はすぐに引き受けることにした。

田中の地元の後援会である越山会は、機関紙『越山』（月刊）を発行している。その最終頁に、越山会の会員や田中を熱狂的に支持するファンともいうべき人たちからの投書欄があった。

毎月、数人の投稿が掲載されていた。当時、田中はメディアでは批判され、謗《そし》られ続けていて、好意的な記事などひとつもなかった。『越山』の編集部は苛立《いらだ》っていたのであろう。「私もひとこと」と題するその投書欄をときに二頁に拡大し、「盟主・田中元首相を励ます手紙が山のように配達されて来ます。北は北海道から南は九州、沖縄、遠くは南米アルゼンチン国からも寄せられています」と、その投書内容を次々と紹介していた。

そこには当然のことながら、「田中先生は無罪である」とか「田中先生、日本のために頑張れ」という類《たぐい》の投書があふれていた。

別冊編集部の責任者は、こうした投稿者は実際に存在するのか、存在するとすればどういう生活意識と行動をもつ人びとなのか、それを調べて記事にしてみないかというのである。彼の手には、『越山』のこの年の一月号から七月号までの投稿者四十三人の名簿がにぎられていた。幸いというべきか、投稿者の氏名と住所（町や丁目まで記載されている）が『越山』には明記されている。だが曖昧な住所も目についた。私がこの仕事を引き受けると、編集部では支局や通信局に該当地を訪ねてもらい、そのような人物が実在するか否かを確かめたのである。

こうして四十三人の名簿のうち、三十二人の実在がわかったのだが、その他の十一人の者も仮名にしていたり、他人の名を借りたりしているケースであった。いささか不謹慎な言い方をするならば、投稿は『越山』編集部が勝手に作文をしたり、適当につくりあげたりというわけではなかったのである。正直なところ、これは私には意外であった。同時にこの三十二人の全員に会うことで、〈田中角栄を支える庶民の素顔〉を実際に確かめることができると思い、取材前からささやかな興奮も感じていた。

三十二人を訪ねる取材の旅は、ほぼ二週間にわたって続いた。実際に会えたのは二十四人であったが、田中をもっとも積極的に支える人たちの意識は私なりに充分につかむことはできた。大まかにいえば、そこには共通点があり、人間的にも幾つかの似たような特質があった。善良な生活者であり、田中と同様に経済的価値、物質的規範を精神世界よりも上位に置いているタイプが多かったのである。むろん近隣の者から嫌われている人物や選挙ゴロのような人物もいなかったわけではない。なかには大言壮語するだけの落選中の地方議員もいた。田中といかにも親しいかのようにふるまう大企業の中間管理職の者もいた。だが、そのような人物はむしろ例外と言うべきであった。

もっとも若い投稿者は、関西のある町の高校生であった。彼は本名を名のり、しかもその肩書は「生徒会長」と堂々と書いていた。「私の夢は、先生みたいな素晴らしい政治家になることです」ともあった。投書の中には写真も添付されていた。二十二人の名前が記され、連判状と覚しき形で指印を捺《お》していた。その異様さに私は不快感を覚えたが、実際にこの高校生と会ってみると、別に他意はなく、「田中元首相がわるいのではない。わるいのは田中逮捕を行った三木首相だ」と思っているといい、田中を励ます一文をつくり、同級生にそれを回して署名を集めたというのであった。

軍隊から抜けだす三つの道

投稿者の年代は、五十代、六十代が圧倒的に多く、二十代、三十代、四十代はほとんど見あたらなかった。十代が先の高校生を含め三人ほどいたのが、私には奇妙な感がしたほどであった。この少年たちは、田中角栄の現世での成功者という像に素朴な信頼感をもっているかに見え、私にはなおのこと興味深かったのである。しかし、私が、田中角栄を昭和史のなかに位置づけなければ、と思い至ったのは、田中と同年代生まれの者が六人に及んでいたからである。彼らは、田中を同年代の代弁者、あるいは誇りといった感情で見つめているだけでなく、田中にも共通するはずの戦争体験をからませて冷静に見ていることに、私は気づいたからであった。

田中角栄を語るのに、大正七年（一九一八）生まれというこの世代の戦争体験を抜きに評したところで、その全体像はつかめない。いやその心理の底に眠っている心象風景を理解せずに、田中を語ることは、田中の像をきわめて狭い範囲に限定することになりかねない。そのことを直接に私に示唆した人物をひとりだけ抽出して紹介し、私の理解の根拠としておこうと思う。

その人物を山岸政孝（仮名）としておく。大阪市郊外のある町の繁華街で六坪ほどの雑貨店を開いていた。私は住所を書いた紙をもってこの一角を歩いたのだが、この雑貨店は人目にもつきづらいほどの路地の一角にあった。山岸は、私が来訪の意を告げると、店を閉めてしまい、近くの喫茶店に誘った。午後を回ったばかりだというのに、この喫茶店内には陽が入らず、そして客も見あたらなかった。もう七十代に入っていると思われる女性が、注文を聞きにくる店であった。

山岸は初対面の挨拶を終えるや、「わしは田中さんと同じ、大正七年生まれなんや。だからその考えがよくわかるんや」とせわしげに話し、そのあとは、「田中さんはそんなわるい人やない、五億円もらったなんて嘘や、いやたとえもらっていてもかまへんやないですか、むしろアメリカから外貨を獲得した功労者や」と矢継ぎ早に話を進めていった。私は時折、メモをとりながら、これまでと同じ田中ファンの類か、と心中でうんざりもしていた。山岸は髪の薄くなった頭の汗をぬぐい、音をたててアイスコーヒーをすすり、田中を感情的に礼賛し続けた。

ひととおりの話が終わって、雑談に移ったが、私に年齢を尋ねるので、四十三歳（当時、昭和五十八年）だと答えると、「兵隊の苦しみはわからん世代やな」と失望の表情になった。しかし、私が昭和陸軍に関心をもち、その内実について詳しく調べていると知るや、山岸は「これはわしらの世代ならみんな心で思うていることなんやが……」と声を低めて、「わしが田中さんを好きというより、尊敬しているというのは、あの人は戦争が嫌いだったと思うからや。あの人は、仮病を使ってでも軍隊を離れた人と思うからや」と言葉を足した。

その意味はどういうことか、と執拗《しつよう》に尋ねると、「いいか、これはあんまり広言したらあかんことや。あの人は『兵隊なんかやっとられん、戦争なんかで死んでたまるか』というタイプや。だからわしらは信じるんや」という意味の言をくり返した。それをまた私は、メモをとらないという約束で質《ただ》していくことになったが、山岸との対話がしばしらく堂々めぐりを続けたあとに、彼は意を決したように次のような言を吐いた。

「わしらの年代が兵隊検査を受けたのは、昭和十二年から十三年だった。支那事変がはじまったころや。支那に鉄砲かついで送られるなんてまっぴらごめんや。兵隊になったら、でもそんなこと言ってられん。そうすれば、兵隊から抜けだすには三つの道しかあらへんやろ……」

私は、初めて山岸の話が重大な事実にふれていると知った。あわてて居ずまいを正した。

山岸によると、その三つの道とは、合法的に軍の組織から脱《ぬ》けでるか、非合法に脱走するか、それとも自殺するか、というのであった。脱走は、軍法会議で処罰される。それだけではない。一族縁者にも迷惑がかかる。非国民扱いされ、社会生活にも支障がでる。現に山岸の話では、脱走兵のレッテルを貼られた兵士の実家で、日常的に憲兵が訪れて監視するために、母親が自殺したというケースもあるという。兵舎のなかで自殺した兵士は数えきれないほどいるはずなのに、隊の名誉を傷つけるというので戦死や事故死にされていると、自らも見聞した事実を克明に語った。戦史や戦記には決して語られていない事実であった。

戦争で死なないために、ではどうするのか。結局は合法的に軍の組織から抜けでる以外にのこされた道はない。

「わしはその道で兵隊ではなくなった。つまり合法的に脱走したわけや。いやわしらの周辺には、そのような者は数限りなくいた。わしらの間には、仮病を使っても軍を離れるためのコツが密《ひそ》かに伝授されていた。それを実行に移すには、勇気がいるけれど、しかしわしはそうやって軍隊から逃げだすことに成功したんや」

こうして山岸は、自ら用いた手口を語っていった。そこには昭和という時代を生活者の目で見ることでしか生きてこなかった世代のしたたかさが浮かんでいた。

仮病の兵士

合法的に軍隊から離れるには、どのような方法があるか。それを山岸は克明に語っていったが、その細部についてふれるとき、山岸の眼は異様に輝いた。それは当時の恐怖が、三十数年を経た今も潜在意識としてのこっているからのようであった。

その手口とは以下のような内容である。

入営してすぐにというわけにはいかないが、前線に送られて生命の危機にさらされたり、あるいは兵士体験が自分の生活信条に合わないと判断したなら、まず仮病としての症状をつくっていく。激情的な者は、刃もので指を切ったり、足に傷をつけたりという自傷行為を働く。こういう行為は、肉体上の自殺のようなもので、冷静に軍隊を抜けだそうと企図する者は決して行わない。

仮病は、結核に合わせた症状をつくりだすことに始まる。まずしばしば咳《せき》をくり返す。むろん空咳である。次に身体上の苦痛を人目にふれるように訴える。もっとも有効なのは、歩哨《ほしよう》を命じられたときに、倒れることだ。意図的に風邪をひき、咳が続くと上官に思わせることが重要だ。すると大体は後方の野戦病院に送られる。ここは身体の不調を訴える兵士たちの収容所のようなものだから、正確な診断は下せない。衛生兵に手当てを受けるような段階である。

そこでさらに後方の司令部や本部のある病院に送られる。どうも結核にかかっているらしいとの所見が添付されるようにする。

「問題はそれからなんや」

と山岸は目を光らせた。そして自らの体験を詳細に説明する。

軍医が病名の診断を下すために病室を回ってくる、そのときに、軍医が自分の二つか三つ前のベッドに来て負傷兵を診察しているときに、呼吸を止めるのだという。苦しい。しかし我慢する。やがて軍医が自分のベッドサイドに立ったときに、静かに息を吐く。顔面は紅潮し、息は荒くなる。動悸は早い。身体中が火照《ほて》っている。軍医は脈をとったり、胸部に聴診器をあてるが、確かに肉体の変化は認めざるを得ない。結核ないし、その疑いがあると判断されると、内地送りになる。その軍医がどういう判断を下すかを、仮病の兵士は緊張の面持ちでその口元を見つめるのだ。この作戦が成功するか否かは、軍医の身分を正確に判断するという一点にかかっているそうだ。

陸軍の軍医委託学生だった者や陸軍からの奨学金で軍医となった者は、こういう仮病作戦に気づいているので、「おい、お前、皇軍の兵士としてこんなことをして恥ずかしくないのか」とビンタをくらってまた前線に送り返される。ところが一般大学の医学部を卒業して軍医として徴集された医師は、こういう作戦に通じていないうえに、仮病兵士がなにげなく、「故郷ではおっかさんが死にそうだというし、総領として心配でたまらない」と洩らす言に驚く。

とくに軍医になりたての若い医師は、「そうか、そんなに戦場にいたくないのか」「跡取り息子なら家のことは気になるな」とこっそりと答えを返し、そして内地送りの手続きをとってくれる。

この脱出作戦が成功するか否かは、この病院にはどのような立場の軍医がいるか、軍医委託学生出身だった医師と一般大学医学部の医師の診察日は……などを知ることだ。つまり事前に情報を得なければならない。今日のこの医師なら大丈夫と判断したときに、作戦は実行される。いちど診断書がつくられればもうくつがえらない。重症の結核患者と書いてもらえれば、その紙切れ一枚で、二度と戦場に召集されることはない。

山岸は、このような作戦を実行した者は決して口にしないから、どれだけいるか、判然とはしないという。しかし、自分の知る限り自分の部隊でも十人をはるかに超えていると話していた。「それに、こういう作戦を行った者には共通点がある。その共通点は、田中さんにもあてはまるように思う。わしもうしろめたいから言わんけど、大体はわしの予想があたっていると思う」ともつけ加えた。

共通点とは、生と死が隣り合わせの戦場にいること、すでに社会の空気を知っていること、女性体験をもっていること、人間の強さも弱さもわかっていること、といった条件を山岸は挙げていった。二十歳でそれにあてはまるとすれば、十四〜十五歳から奉公にでていたようなタイプで、軍隊内部のホンネとタテマエを見抜いてしまう感覚をもっている、と言うのであった。

あえてつけ加えておくが、山岸の胸中にはこの体験が払拭しきれないでのこっていた。

私は、喫茶店から山岸の自宅の応接間に案内されて、話のつづきを聞いたのだが、その壁には戦前から戦後すぐにかけての共産党代議士の漢詩が掲げられていた。「今は共産党は支持しとらんが、戦後はこの人と交わり支持してきた。共産党の軍国主義批判に身を託さなければ、わしも寝ざめがわるかった。なにしろわしの部隊はその後、比島（フィリピン）に行って大半が死んでしまったのだから……」という苦衷《くちゅう》を聞かされた。

「田中さんは自分の軍隊体験を克明に話していないし、書いてもいない。わしは断言はせんが、田中さんが好きなのはわしと同じような『戦争なんかで死ねるか』という意思をもっていたように思えるためだ。あの人は、決して日本を軍国主義にはしないよ。それだけは断言できる」

山岸は、最寄りの鉄道の駅まで私を送ってきたが、その道すがらなんどもそうつぶやいたのである。

くり返すことになるが、私は田中がこのような策を弄《ろう》したと断定しているのではない。ただ、そのような推測自体がきわめて非礼であるといわれても特別に反論はしない。

しかし、仮病作戦で合法的に軍隊を脱出した者が、単に同年代の誼《よしみ》とは別に、田中に自らを仮託していることはきわめて重要である。私は、田中の自伝『私の履歴書』（昭和四十一年）の内容を思いだし、「満州で別れてきた戦友たちに申しわけない思いの日々であった」という述懐などが、山岸の指摘と通じているのか否かを考えていた。

このとき以来、私は昭和陸軍についての取材や調査を進める際に、合法的に軍隊を忌避するケースがどれほどあるのか、興味をもって調べた。具体的な数字はもちろん集計されていないのだが、しかし予想外に多いことを知った。とくに現実に、身体に変調をきたし内地に戻ってきた兵士や、前線で疾病兵士の診察にあたった軍医、あるいは陸軍省軍事課の将校などに具体的に確かめていったが、「満州」や「支那」に派遣されていた兵士のなかには相当数存在することも確かめられた。

田中角栄の七十五年の生涯は、同年代の者よりはるかに多様で、そして奥深い面をもつ。近代日本を支えた知識や教養とは一線を引き、生活者そのものの本音を恥じらうことなく露出し続けた。

田中の年代は、二十歳（大体は昭和十四年か十五年に入営）で兵役に就いた。すでにはじまっていた日中戦争、それに呼応するかのように対ソ連を意識した張鼓峰事件、ノモンハン事件、そしてアメリカ、イギリスとの正面からの衝突では末端の兵士として戦場を体験している。敗戦時はまだ三十歳前だが、それ以後は国土再建という社会の中枢に身を置き、ひたすら物量経済の肥大化の尖兵《せんぺい》の役割を担った。この大正七年生まれは、戦争によって九％近くが亡くなったとの統計もあるが、近代日本の軍事政策の犠牲者としての数は、とびぬけて多い世代なのである。

田中の心中に、自らの世代に課せられた歴史的辛苦が、決して天災ではなく人為的な結末だったとして、その怨念《おんねん》がひそんでいたか否か、私には正確には判断できない。だがこの世代の人びとは、田中の軌跡のなかに自らの人生の苦衷や憤懣《ふんまん》を代弁しうると仮託していたように思えてならないのだ。田中もまたそのことを自覚していた節《ふし》がある。田中の七十五年の人生に凝縮していた真の思いとは一体何だったのか。それをさぐるには、田中は戦争を体験した世代の記憶をどのように共有していたか、あるいは拒否していたかを丹念に見ていかなければならない。そこから〈田中角栄〉の実像が浮かんでくるはずである。

無作為の国体破壊者

田中の実像は、昭和天皇との関係にもあらわれている。田中は首相在任中も、天皇に対してはとくべつな感情を示していない。吉田茂や佐藤栄作とは違い、〈臣角栄〉という感情はほとんどもっていなかったように思える。それはなぜだったのか。実はこれは田中論を記していくときのもっとも重要なテーマになる。私見をいうなら、それは田中と同年代の者がもつ感情と必ずしも一体化していないし、田中自身の独自の人生観から発せられているのではないかと思われるのだ。

天皇は田中首相が自らの政策内容を克明に語り続けた内奏（天皇への非公式の報告）に接して、昭和に入って出会ったこれまでの二十五人の首相とは異なる「異形《いぎょう》の総理大臣」

を初めて見たと思ったのではないか、と私は思う。これをもうすこし踏みこんでいくなら、無作為の国体破壊者の姿を垣間見たと思ったのではないか。この場合の「無作為の」というのは、たとえば「天皇制打倒」を唱える社会主義者を作為的とするなら、田中はまったくの無作為という意味である。新しい憲法のもとで、天皇に課せられている政治的役割はきわめて微妙なのだが、田中はそれにまったく気をつかわずに自分の思う方法で、そして自分なりのルールで天皇の前にでていたのである。私は元宮内庁長官の宇佐美毅《たけし》から、昭和天皇への内奏について話を聞いたことがある。宇佐美は昭和二十八年から二十四年間にわたってそのポストにあり、天皇の信頼を得て引退していた。

田中内閣のときに、ニクソンショックがあったが、そういう折に内奏した田中に対して、天皇は、たとえば「一ドル、三百六十円で大丈夫かな」と質問をする。この質問に対する答えは、政府が現下の情勢にどのような策を考えているか、あるいは外国との関係や国内経済に対する姿勢、いわば通貨政策に関する政府の包括的な姿勢を二言か三言で返すだけでいい。天皇も実はそういう答えを求めているというのである。それ以上になると天皇が政治に関与しているとの批判もでてくる。ところが田中は、とにかく数字を並べて、ドルがどう推移しているとかフランはいくらになっているとか、通貨発行高はどのていどになっているという具合に答えを返していく。そして自らの政策を語りつくす。

天皇は自ら要求した答えがあまりにも細部にわたって返ってくるのにとまどい、そして驚きの表情に変わっていく。田中と天皇の関係は、表現をいささか不謹慎にするなら、コミュニケーションの回路ができにくいといった状態であった。

田中の前任者の佐藤栄作は、内奏好きで知られていた。八年近くも権力の座にあったわけだから、内奏の回数もふえて当然なのだが、その内奏の時間もしだいに拡大していった。一回の内奏時間は五分とか十分という段階から、その最終段階には三時間に及ぶほどになった。

こうした佐藤に比べると、田中の在任中の天皇への態度は、内奏も三回か四回かであり、他の首相より極端に少ないという特徴があった。田中の時代は、内閣側から宮内庁におうかがいを立てる回数はほとんどなかったとも言われている。宇佐美によるなら、内閣はいつでも天皇に上奏してかまわないとの内規があったというが、「田中さんはそれほど参内《さんだい》しなかったように記憶しています」と、その距離と内容の変化を認めているのであった。加えて田中は、他の首相とは異なった対応をとるという点では幾つかの突出した行動をとっている。

たとえば、園遊会などには自分の選挙区から極端に多くの人を招いた。昭和四十八年五月には、朝日新聞から「角さん、身びいき招待？」という見出しで皮肉られるほどで、十数人規模で田中の選挙区から招かれているのだが、そのことを当時丹念に調べた新聞記者の証言では、「招待客にはあまりにも越山会のメンバーが多いので驚きました。農業とか自動車販売会社の経営者もいるので訪ねていくと、本人もなぜ園遊会に招かれたのかわからないなどと言う始末でした。これは園遊会の政治的利用といえます。さらに公私混同ともいえるわけです。田中さんはこういうことには他の首相よりも、よくいえば天皇自身の意思などに無関心、わるくいうと天皇は国民すべてに君臨するのではなく、国民が存在することによって天皇の存在が意味をもつと考えていた節さえあるように見えます」と言うのだ。

園遊会だけでなく、生存者叙勲でも田中は歴代の首相とはあまりにも異なる露骨な対応をとった。

昭和四十八年十一月の生存者叙勲で、田中は木曽重義という人物に勲二等瑞宝章を与えて、世間を驚かせている。木曽は、九州の炭鉱王であり、昭和二十三年の炭管汚職の際には民主自由党の代議士であった田中に贈った百万円が賄賂ではなく、工事代金の前わたし金であると主張し、田中の二審無罪の有力な証人となった。さらに木曽は、民主自由党への政治献金の内幕を明かされるのを防いだ功労者とも噂されていたのだ。

田中は、勲二等以上の受章者八十二人に、天皇の前で授与式を行っている。木曽の期待に応えたという意味で、これも間接的には天皇を自らの政治上の利益のために利用した公私混同との批判もされた。

そしてもっとも重要な問題は、昭和四十八年春の天皇の訪米をめぐって官邸と宮内庁が対立した一件であった。田中はハワイでニクソン米大統領との会談の折に、ニクソンから天皇をアメリカに招待するとの申し出を受けたのだが、これはベトナム戦争をめぐって日本とアメリカの間にぎくしゃくした関係が生まれていたのを天皇訪米によって、その空気を和らげようとのニクソンなりの計算によっていた。田中は、この申し出に即座に応じ、その訪米の時期はいつがよいかなども話し合った。田中は、天皇の意向などまったく考慮せずに、この話を詰めていくよう外務当局に指示したのである。

ところがこの年の天皇家には幾つもの行事があり、訪米への不安材料があった。たとえば、この年の秋は伊勢神宮の遷宮にあたっていて、日程がとれないという事情もあったし、アメリカ軍による北爆の再開がはじまっていたのに加え、繊維をめぐる日米経済摩擦も起こっていた。そのため自民党内部や社会党からも「天皇訪米反対」の声があがるという事態になった。田中は、天皇を政治的に利用し、日米間のさまざまな問題をなしくずしにぼかしてしまおうとの戦略をもっているとの批判が、議会内外から公然とくり返された。

このとき、宮内庁長官の宇佐美毅は辞任を覚悟で田中に会い、天皇の政治的利用を拒否する、と強い調子で申しでている。むろんここには天皇の意思が働いていたと見ることができる。

この訪米問題は結局、外務省が宮内庁をだしぬくという形をとったとして、外務次官や幹部の更迭で政治決着がついた。まもなくニクソンはウォーターゲート問題で辞任に追いこまれるという結果になった。ニクソンもまた、天皇の政治利用に失敗したという報道がアメリカ国内でも行われた。もし天皇が、ニクソンと田中の合意だけによって訪米していたら、天皇もまた傷つくという事態になっていたのである。

「田中という政治家は、天皇を政治的に利用することを何とも思っていない」という警戒心が、宮内庁の官僚たちの間にも、天皇自身にも強まっていったのではなかろうか。私の取材メモによれば、宮内庁の官僚が、「田中さんが、陛下が憲法上どのようにあるべきか、というビジョンをもっていないことに驚いた」と話している旨の記述が残っている。

昭和四十年代の指導者は、佐藤栄作、福田赳夫《たけお》のように、まだ明治三十年代生まれであった。「三角大福」という語に代表される政治指導者（三木武夫、田中、大平正芳、福田）のなかで、大正生まれは田中角栄だけであり、その天皇観は他の三人とは著しく異なっていた。なんどかくり返す表現になるが、〈臣角栄〉の意識はほとんどと言っていいほどない生活体験の持ち主だった。

一般的にいえば、田中の世代はあの戦争（太平洋戦争）によって、もっとも多くの戦没者をだした。犠牲者の数は他の世代に比べて圧倒的に多い。大正七年生まれの田中の世代は、戦争体験をもとにその後半生を生きていかざるを得なかったのである。私の見るところ、この世代は十五分も話をすれば、青年時代に戦争という体験からつかみとった人生訓を必ず語り、天皇への屈折した感情をも語る。田中の言行録を丹念に調べていくと、そういう人生訓がほとんどといっていいほどでてこない。戦争体験による屈折の言がない。

田中を見つめていくときの前提に、このことを据えなければならない。そうした人生訓に出会わないということ、そして天皇には屈折というより冷めた感情をもっていたという二点である。私自身がこの二点を田中を解剖していくときの尺度の一端に据えていることを知っておいてほしいと思う。田中を昭和史の記憶の中に刻むのに、この二点をフィードバックすべきだという意味でもある。

米国人研究者への布石

さらにもう一点、新たな視点も加えておく。

平成六年（一九九四）十一月、私はあるアメリカ人ジャーナリストから取材を受けた。翌一九九五年は第二次世界大戦が終わってから、五十年目を迎える。そのために対日本との戦争をもういちどとりあげたいと思うが、それについて次代の者としての歴史認識を聞きたいというのであった。

その折に、私はこの四十代のジャーナリストから「日本の戦後の首相の中で、もっとも対米関係に貢献したのは誰だと思うか」と尋ねられた。私が首をひねっていると、「それは田中角栄元首相だ。日本人はあの人をわるく言うけれど、アメリカのインテリの中には、田中首相を誉める人が多い」と言う。とくに日本研究者の間では、田中の評価が著しく高く、日本人がいずれ評価を改めるのではないかとも言うのであった。

田中は首相在任時に、アメリカ東部の有名十大学（ハーバード、コーネル、ボストン、エールなど）に奨学金をだした。日本研究のための学徒に対する資金援助であった。田中ファンドと呼ばれたこの奨学金は、ある時期まで利息を生んで日本研究者育成に利用されていた。このファンドから育った研究者は、今では（五十代後半から六十代にさしかかっている）アメリカ政府の要職にあったり、学問分野で実績を積んでいるという。

それだけではない。こうした研究者は、日本だけでなくアジア全体に目を広げ、レベルの高い研究者となっている。こうした研究者の業績は日本を正確に理解しているために——逆に言えば痛烈で正鵠を射た日本批判も生まれるということだが——将来、必ずプラスになると、アメリカの日本研究者の間では囁《ささや》かれているそうだ。

日本研究者といえば、かつての対日戦争時のスタッフからの転身という時期が続いていたが、彼らには日本に対する優位意識が根底に潜んでいた。ところが田中ファンドで育った日本研究者には、それがまったくないというところに、これからの日米関係を互恵に見ていく芽がひそんでいるとも指摘したのだった。

田中は、このファンドから育つ学者や研究者に期待をかけていたらしい。不幸なことにこうした研究者は、ある時期は〝日本叩き〟で知られることになったが、やがていつか田中を歴史上に位置づける日がくるかもしれない。近代日本研究の中で田中を評価する外国からの論文が（それは私たちにとって予想できない内容を伴っていると思うが）、いつか日本に逆流してくることを意味している。

その研究の中心に据えられるのは、〈天皇と田中の関係について〉の私たちの予想しえない分析のように思う。たとえば、田中は一庶民として太平洋戦争には反対であり、兵士という方法での戦争協力を拒否したとの見方さえ表出してくるかもしれない。これはアメリカの中国系学者から指摘されてくるだろうが、田中は日本の対中国政策の誤りを初めて公式に認め、中国との国交回復に尽力した歴史上の指導者という見方もされるはずだ。

こうした論は、具体的に天皇との関係をもって語られるのではないか。しかし現状では充分に予想しえない分析を、私なりに新しい目でえがきだし、それを日本から見る論と対比させていきたいとも考えたのである。

百六冊の「角栄本」を分析すると

序章が少々長くなるのだが、田中角栄のその軌跡を辿る前に、もうひとつの側面から田中角栄像を確認してゆきたい。

田中へのイメージは、きわめて振幅が激しい。昭和四十七年七月に五十四歳で首相に選ばれるや、「今太閤」とか「大学を出ていない歴代最年少の首相」と讃えられ、いうところの田中ブームが起こった。ところが五十一年七月にロッキード事件で逮捕され、五十八年一月に検察側から受託収賄罪と外為法違反で懲役五年、追徴金五億円が求刑されるころには、歴代首相のなかでもっとも悪質な首相と称されることになった。それ以後、権力の二重構造をつくりあげて、日本の議会政治を歪《ゆが》めた張本人という見方一色で染められることになる。

今なお、議会政治の内部に垣間見えていた権力の二重構造は田中をもってはじまり、その金権政治が政・官を軸に産業界に根をおろして「倫理なき国家」をえがきだしたという批判は決して否定できるところではない。

田中が国民にどのように受けとめられていたかを見るために、田中角栄像を解きあかしている書籍の刊行を分析してみるとわかりやすいのではないか。とくに昭和三十二年七月に、第一次岸改造内閣に三十九歳で郵政大臣として入閣を果たしたときから、五十八年まで、つまり東京地方裁判所での論告求刑、判決に至る期間に、田中についてふれた書はどの程度刊行されたのか、そこで田中角栄像はいかにして形成されたかを考えてみたいのである。

次頁の図を見ていただきたい。田中が政治家としてその表舞台に登り、やがて司直によって裁かれる二十七年間のなかで田中角栄の人物像をえがいた書、合計百六冊（単行本、新書、文庫など）の刊行推移である。

昭和三十六年、三十七年、四十一年の書籍は田中角栄を中心にした政治論集を含んでいる。四十二年から四十六年までは、田中角栄の人物像やその政治的動きを中心にした書は一冊も刊行されていない。四十七年に総理に就任する前後からは急激にふえていく。むろんそれは田中ブームを当てにした出版社の戦略でもあったが、私の調べではひとりの政治家の在職中にこれほど多数の書が刊行された例はない。この図での四十七年以降は、各種の政治論、首相論、内閣論などは除き、田中を軸にしてロッキード裁判を論じた書は含んでいる。

この図は、出版取次のトーハン、日販、それに国会図書館などのデータを中心に調べたもので、こうして田中をえがく書をリストアップしてみて、実に多様な書が著《あらわ》されていることにまず驚かされる。

出版社にしても大手から中堅、それにほとんど名も知られていない零細出版社までと

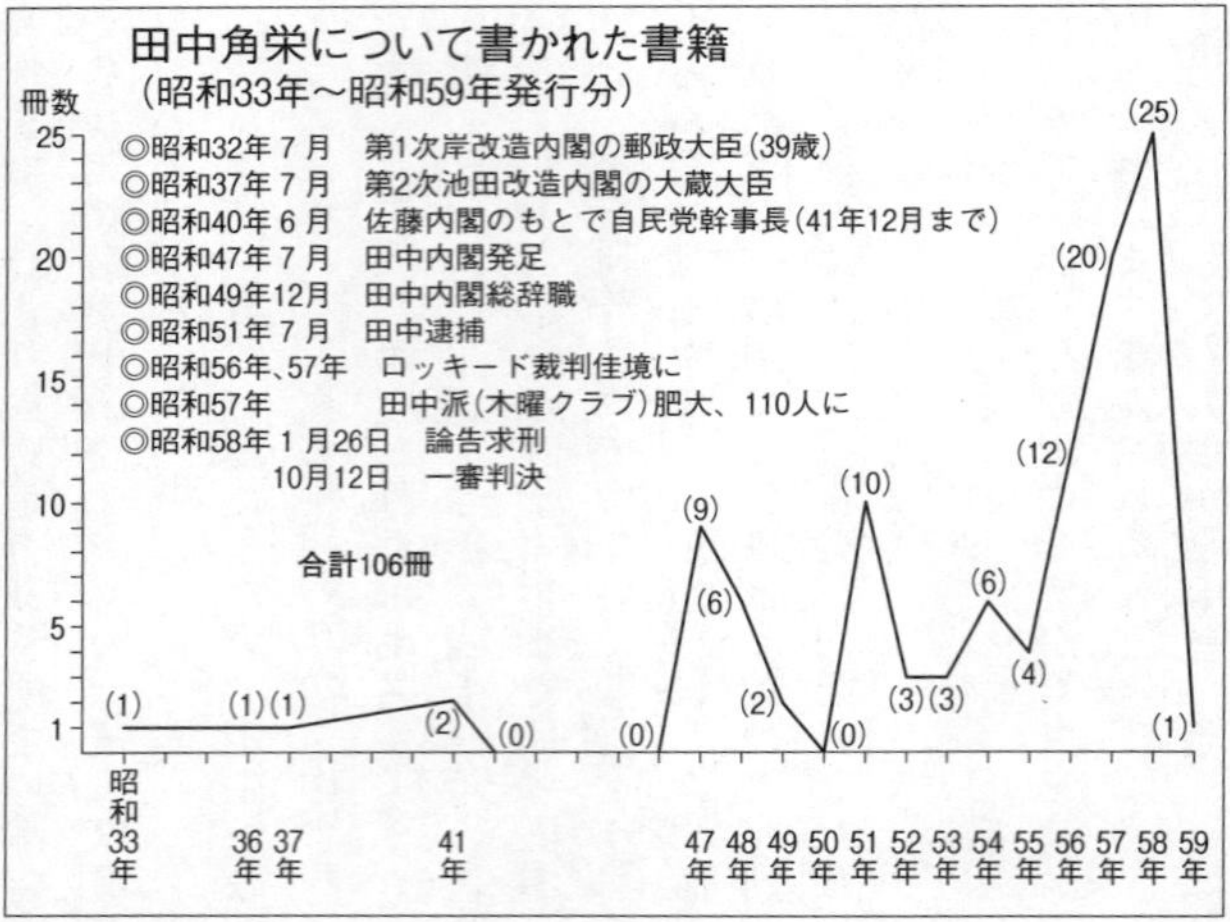

幅広い。なかには田中をひたすら誉めたたえるだけの内容の薄い書もあり、明らかに田中周辺の人たちに買い上げてもらおうという意図がすけて見える書も少なくないのだ。とくに、五十六年、五十七年、五十八年と、すさまじい勢いで田中礼賛の書が刊行されている。ロッキード事件を裁く法廷が、しだいに求刑の期にさしかかっているのを意識して「田中無罪論」や「田中犠牲者論」に類する書が刊行されたということになる。そして出版のピークは一審の判決がでた五十八年であり、翌五十九年は一冊しか発行されていない。

この期の田中の後援会機関紙（『月刊越山』）を見ると、毎号のように「みんなで読みましょう　田中先生の本　越山会推せん」と題して田中礼賛を続ける書を紹介している。たとえば、著者名もまったく知られておらず、出版社名も一般に知られているとは言えないある書について、「この本は田中元首相に加えられたさまざまな批判を論破すると共に、〈宰相・田中角栄〉の能力と業績を明らかにしてくれています。浅薄なマスコミ報道によって多くの国民の心の中に焼きつけられた誤った元首相像――。これをきれいさっぱり洗い流すのに役立つ文献の一つと言えましょう」という具合に讃えるのである。

越山会の会員や田中シンパにむけての礼賛本は、いずれも共通の流れをもっている。たとえば、「〝金脈報道〟といい〝ロッキード事件〟といい、まさに絶妙のタイミングで起こっている。これは内外の反田中グループの謀略によるものとしか言いようがない」という謀略史観の見方だ。そのうえで、「田中は政治的天才」という語をもって、いかに抜きんでた能力をもっているかをくり返すのである。

『月刊越山』は、ある書を紹介するなかで、田中内閣時代の業績として五点を挙げ、それをもって田中を「政治的天才」と讃えるのだが、その五点は冷静に政治家田中角栄を見つめようとする者には、いささか噴飯ものである。「①国民に〝勤倹〟〝耐乏〟を強いなかった」「②外交面で米中ソ三国と堂々と渡り合った」「③二十一世紀に向けて経済大国ニッポンの進むべき方向を示した」「④どの内閣よりも福祉政策に力を入れた」「⑤政治を国民の身近なものにさせた」というのである。とくに①を功績として挙げることに、昭和五十年代後期の日本人の心理状態がよく示されていると言えるだろう。田中は謀略の犠牲になった、田中は国民に物量という尺度で充足した生活環境を与えた、という見方は、礼賛本に共通していて、それを田中の支援に立つ者は容易に受けいれていたのである。

図に示した百六冊の書を大別するとやはり五つに分かれる。これは昭和五十九年までという期間に限ってということであり、これ以後現在に至るまでの田中角栄に関する書とは、むろんその傾向が異なっている。田中が政治生命をもっていた同時代において、田中角栄像はどのようにつくられていたかを検証するという前提で言うのだが、次の五つに分かれる。

一、評伝、あるいはその政治的歩みのレポート
二、田中金脈批判、ロッキード汚職への批判と告発
三、田中角栄論、あるいは田中を軸にした評論
四、田中角栄の礼賛、あるいは露骨に復権を狙いとしたもの
五、その他（たとえば写真集など）

とくに四十七年、四十八年は田中著『日本列島改造論』を田中政治のプラスとして評価する書が多い点に特徴がある。四十二年から四十六年まで、田中角栄を正面に据えて論じる書がなかったのは、つまり佐藤内閣の時代には、ひとりの政治家として検証され

る機会はなかったということだ。国民の政治家を見つめる目のなかに、その姿は充分に映っていたわけではないとも言える。田中は首相時代に金脈問題で批判されて、やがて政権の座を追われるが、それと同時に、田中にプラスの評価を与える書は消えていったわけだ。

ところが、図のように、昭和五十一年から田中を取りあげる書はふえていく。この年から五十八年までの八年間にこれほどふえたことは、むろんロッキード事件の法廷の進行に危機感をもち、司法へ圧力をかけようとする田中の政治的意図とのからみで検証されなければならない。とくに田中派（木曜クラブ）の拡大をはかり、昭和五十年代の大平正芳、鈴木善幸《ぜんこう》、中曽根康弘といった首相を実質的に動かす権力の二重構造をつくる際に、おかかえの作家、評論家、新聞記者を動員して礼賛本を書かせたと言えるだろう。むろんこの期とて、田中を批判する書や客観的に検証する書なども含まれているわけだが、数量の上では礼賛本のほうが多いところに特徴がある。この礼賛本はもう一面で〈非知性、感情移入〉という共通点があり、著者たちの意図は、あたかも田中教ともいうべき教団をつくりあげようとし、そのために現世利益を鼓吹するのに熱心なのである。不謹慎な言い方をするなら、宗教団体の末端のリーダーたちと同次元のメンタリティーをもっている。この期のこうした書は、世にほとんど残されていなく、その歴史的耐用性には著しく欠けていることが裏づけられている。

そのことは田中を殉教者に仕立てあげようとして失敗したことを物語っている。当時は（昭和五十六年から五十八年というころだが）礼賛本を店頭に積むことによって、実証的で説得力をもつ書の存在を希薄にさせる役割を担っていたと分析することが正しいだろう。これは田中自身が、あるいは田中のスタッフが巧妙に計算した戦略だったのではないかと思う。

「欲望の充足」を追って

昭和四十七年から五十九年までの田中角栄を論じた書の内容は、少なくともロッキード事件が明るみにでるまでは、田中金脈批判と並んで、金脈はむしろ田中自身の努力の結晶と評価する二つの結論に分かれていた。

前者の書は、評論家の立花隆のレポートを主にして唐島基智三《きちぞう》監修の書や石垣純二の書などがそうである。後者は政治評論家の戸川猪佐武《いさむ》や馬弓良彦《まゆみ》などが代表している。ロッキード事件が明らかになってからは、田中の金脈問題を容認した書は、一斉に礼賛本として田中復権、田中犠牲者論にと進んでいく。

この間の書の大部分に目を通した立場でいうなら、次のような構図が浮かんでくる。つまり立花隆が〈角栄が金で権力を買い、金で権力を拡大していくシステム〉をあばいたのに対し、戸川猪佐武の書は、しきりに〈オヤジ田中角栄〉のイメージを対峙《たいじ》させる。

その表現は情緒的そのもので、そこには前述のように田中教ともいうべき宗教団体にも似た特質が指摘できる。

礼賛本では、田中の軌跡は原典ともいうべき『私の履歴書』にもとづいていて、少年期、青年期のエピソードは、この書からの引用が多い。それゆえに田中角栄は語られているように見えて、その実、語られていないというのが私の分析である。昭和六十年以後に刊行された書もまたこの傾向にかわりはなかった。

そしてこれだけ田中角栄について語られていながら、田中自身はその死まで他の自伝や回想録をのこさなかった。もとより田中はその晩年には、身体が不自由になるという状態だったから回想録を書きのこす余裕はなかったのかもしれない。ただ一説によると、田中はある人物に自らの軌跡を丹念に語り、自伝を刊行する意思をもっていたというが、それが中断せざるを得ない状況になってとりやめになったともいわれている。

そのために田中自身の本心は、結局はわからずじまいになるが、それだけに一部の人たちによる田中角栄のイメージづくりのみが語られてしまうという弊害を生んでいる。それは田中にとって悲劇であるとともに、田中のつくった時代に身を置いた者にとってもまた悲劇であった。

序章のしめくくりとして、田中角栄についてこれまで語ってきたエピソードや資料の分析などを通して、私が田中をどう捉えているかを明らかにしておきたい。

各種の書を読み、政治家としての言動を丹念に分析していくと、田中は日本的社会の解体という意図をもっていたと言うべきだろう。理論や理念、あるいは思想をもって解体しようとしていたのではない。個人は物量をもって、国家は経済社会の繁栄をもって最大の幸福を得るという信念によってである。そこにあるのは、単純に欲望の肥大、そしてそれを充足させる政治という尺度だけである。

田中の世代は、戦場体験をもち、敗戦時は三十歳前後であり、国土を再建し、新しい政治体制の申し子としてこの国を一定の地位にまで達せしめた。しかし、戦わざる兵士であった田中は、同世代が幼児期にスペイン風邪の流行に見舞われ、そして長じてからは結核と闘い、戦争では多くの男子が三十歳前に戦死するという体験をもっていることに、ひそかに自らにある種の責務を課したのではなかったか。

田中は単純な金権政治家ではなく、むろん政治的独裁者でもなかった。ひたすら無作為に「近代日本」の解体をめざしていた。その理解から出発して田中の生きた時代を伴走してみると多くの事実に気づくと私は考えた。

第一章　戦わざる兵士の原風景

ノモンハン事件。モンゴルと満州の国境付近の大平原を進む日本軍（1939年7月4日）

限定版レコードで説く「義理と人情」

幻のレコード盤がある。『人間　田中角栄』と題されたレコードである。

昭和四十七年七月に、田中角栄が総理大臣に就任した折に、誰かが新潟映画社に制作を依頼し、同社はある大手レコード会社に製造を委託した。大手レコード会社は、予定どおり製造を行ったが、結局このレコードは人びとの目にふれることなく消えてしまった。

なぜだろう。その経緯をさぐろうと新潟映画社を捜すと、とうに倒産しているし、幹部も病死したりしていて証言は聞けない。その大手レコード会社は、古い書類を確認したうえで、「昭和四十七年十二月一日に発売するというので、それに間にあうように製造を行い、それを納めています」といい、限定枚数の製造なので、誰がどこでどのように売るつもりだったかは分からないと答える。

このレコードは、伊藤博文以来四十人目の総理大臣就任記念の限定版として通し番号が打たれ、田中周辺の関係者に販売される予定だったようだ。

しかし、この販売はどういう理由でか不明だが、中止になってしまった。当の新潟映画社が倒産したからという説もあれば、内容に田中自身が気にいらなかったという噂もあるし、あまりにも田中賛歌がすぎるというのでお蔵入りになったという話もある。意外なことに、田中の側近たちもこのレコード製造の事実を知らない。田中に四十年間仕えた秘書の山田泰司でさえ、このレコードの存在を知ったのは平成五年にはいってのことで、なぜ販売停止になったのか、その経緯は知らないと言うのだ。

私は、この幻のレコードを入手し、その内容を確かめたが、特別に問題になる部分はないように思った。ただ「総理、そして母、友人達が生の声で語る全編感動のドキュメンタリーレコード」と銘打たれているように、レコード盤から流れてくる田中やその肉親、そして関係者の証言には、これまでメディアに登場したことのなかった者たちが語る正直な内容が含まれていた。田中の出身校である新潟県西山町（現・柏崎市）の二田《ふただ》小学校の児童の作文などが朗読されているが、あるいはこれがあまりにも露骨に営業用に利用されているのが不都合と判断されたのかもしれなかった。

この幻のレコードの中で、田中は自らの人生の核に位置する訓をなんどか語っている。結局は「義理と人情」といったくり返しになるのだが、そうした部分を抜きだすと以下のような表現が目につくのだ。

「長い歴史の中で、人の庇護や、人の理解のもとに今日がありとしたならば、おのずから義理も人情も生まれてくるんじゃないですか。自分一人が忽然《こつぜん》として今日があるんじゃないんだ。何か義理とか人情というような言葉が非常に古いものであり、反現代的なものでありというようなことを考えること自体がおかしいと思う」「しかしね、義理というようなことを、もう一つ裏返すと、『信』とは、聖徳憲法（保阪注・聖徳太子の憲法という意味か）の精神だ。信は万事のもとをなす。信を解せざる者は信頼に値しない。友人とするに値しないってあるでしょう。すべての複数以上の人間の社会で、信はすべてのもとである。信は万事のもととなる。和をもって貴しとなす。聖徳憲法の中の二つの山だと思うんですよ。これは千年も二千年もたっても、やっぱり普遍の真理じゃないのかな」

田中が人生観を語るときには、決して高邁《こうまい》な論理を用いない。この部分にもそれがよくあらわれている。「信」をきわめて平易に語りつづけている。田中の強さは、その平易さにあるが、しかし田中の軌跡を辿《たど》ってもわかるとおり、その平易さこそ田中の体質そのものであった。そしてそこに落とし穴がある。

田中がいう義理とか人情は、田中の少年時代とは逆説的な意味をもっていた。田中はこうした人生訓をどのような遍歴を重ねながら組み立てていったのだろうか。

父親角次の生き方

大正七年五月四日、田中は父角次、母フメの長男として生まれた。姉二人、妹四人、田中はただ一人の家督相続者として生まれたのである。

出生地の新潟県刈羽《かりわ》郡二田村（現在は柏崎市）は、越後平野の中央に位置し、典型的な日本の農村であった。田中の自伝には、「（この村は）海岸線に沿った小高い山並みと、柏崎から長岡に続く山並みとの間にある小さな平和な村だった。私の家は、四、五百年前に開村した二田村坂田の十八戸の一軒として続いてきた古い農家である」と書かれている。この地の人びとは勤勉でもあったらしい。段々畑が入念に耕されていたというし、斜面にはよく手入れのされた木立ちが短い間隔で行儀よく並んでいたともいう。

田中が生まれたころ、田中家には八反から九反の田があった。だが、角次は農業に専念するのではなく、牛馬商にいそしんでいた。各地を歩いては牛馬の売買をするのである。角次には、各地を転々としながら牛馬の買い付けをしたり、それを別な地で売り捌《さば》くという商売が性に合っていたようだ。家事や農家仕事はすべて妻や祖母に任せ、自らはときどきしか家に戻らない。そういう生活は、他人には必ずしも信用されるわけではなかったが、社会の動きに敏感であり、人の性格を巧みに読み抜くという才は充分にもち合わせることになった。

むろん山師的な性格もあったということだろう。それは「度胸の良さ」という語でいえるかもしれない。

田中の幼年期、角次は自らの人生を賭ける大勝負をしている。

角次は北海道の札幌市郊外に大きな牧場を建設する夢をもっていたという。北海道の風土にふさわしい輸入牛を買い、それをもとに多くのホルスタイン種の乳牛をふやそうとした。田中の自伝によれば、これらの乳牛一頭は当時（大正末期）の価格で一万五千円ほどだったという。米一俵が六円から七円の時代だったというから、ふつうの農民の感覚では一生にもてるか否かの金額であった。角次は、この乳牛を三頭求め、それをもとに札幌郊外に牧場の土台を築こうとした。四万五千円という出費を捻出するために、角次はほとんど全財産をはたいたらしい。代々伝わる山林を売り払い、知人、友人に借金をし、とにかくこれだけの金額を用意することに成功したのである。

オランダから乳牛三頭が横浜に着いたが、それが角次の家に着いたときは三頭のうちの二頭は死んでいた。長い船旅と暑さのためだったという。

のこりの一頭もすでに死寸前だった。獣医の手当ても功を奏さなかった。三頭の乳牛は、田中家の庭に何の価値ももたらさない物体となって横たわってしまった。角次の賭けは失敗したのである。田中家の経済状態はこれによって大きく傾いてしまった。田中は自伝の中で、このときの様子を次のように書いている。

「その夜は庭に大勢の人が集まり、明け方まで酒を飲んだ。父は酔っても乱れたことのない人であったが、その晩だけは大きな声をだしていた。その時を境に一時ははなやかだった父の事業も悪い方へと傾いていったような気がする」

「農村の嫁」母フメ

いささか山師的な父に反して、母のフメは、日本の農村で容易に見かける平凡な農婦のひとりだった。一町近くの田畑をもくもくと耕し、そして秋の収穫には昼夜を分かたず働く農婦だった。先に紹介したレコードの中で、フメは、自分の嫁いだころの生活をたんたんと語っている。ともかく愚痴をいわずに働くこと、を自らの核に据えてきたというのであった。

「(田中家に嫁いで)『おらっちへ嫁に来て稼ぎに来たんだべ』というの。『決して親父に、何反、仕事したのしねえのなんて言っちゃならぬ』『はい、言わねえ』『嫁てで働きづらくねかね』と。そうだったよね。稼ぎに来たんだすげ、そんなに愚痴言うちゃならん」

主人に抗《あらが》ってはいけない、嫁もまた貴重な労働力だ、働きやすいとか働きづらいとか言ってはならないとの意味である。フメは、この期の農村の働き者の嫁であり、まだ朝日も昇らないうちから畑に入り、牛や馬の世話をし、子どもたちの養育に時間のほとんどを費やした。

田中が後年になって、フメとのエピソードを幾つも語っている。その中には、田中自身がそのエピソードを記憶しているということで、逆に田中の性格が窺えるものも含まれている。たとえば、次のようなエピソードがそうであろう。

――まだ小学生低学年のころと思われるが、田中はフメに怖い顔をして叱られたことをよく覚えていると述懐している（これは自伝にも、先のレコードでもふれられていることだが……)。

田中が祖父の財布から五十銭銅貨を密かに抜きとり、ミカンを一箱買ってきて、それを近在の子供たちに配り歩いた。それが露見しても、角次はとくべつに叱らなかった。

「そうか、お前がとったならそれでいい。お前は長男だから、この家のものはどうせかまどの灰までお前のものになるんだ。お前ならいい」

田中は、その言を聞いて、自分のしたことはそれほど悪いことではない、いってみれば当たり前のことだ、と思った。しかし、フメは「ちょっと来なさい」と田中を物置きの陰に呼びだした。これまで見たこともない厳しい顔付きであった。フメは、田中に、

「二度とあのように勝手におカネに手をつけてはいけない。もしまたこんなことをするようだったら、私は越後線の線路にお前といっしょにとびこむからね……」

と言った。

このときの母親の怒りの目を、田中は何よりも怖かったというのだ。

母親が嫁いできた先で生んだ長男が、平気で人のものに手をつけるような子供であったなら、自分はどのようにして詫《わ》びればいいか、それには死しかない、と思いつめる空気があったのだ。

そういう立場の母親について、子供なりに強い感情をもったことは容易に窺える。田中が総理大臣の職を、金脈追及という出来事によって叩かれ、そして追われたときにフ

メが、「兄《あに》やん。いつでも田舎に帰ってきて百姓をすればいい」と言ったのも、単に息子に慰めの言葉をかけたというだけでなく、東京というところがそれほどまでにお前を痛めつける地ならば、やはりこの村に帰ってくるほうが幸せだよ、と呼びかけていたと解釈すべきであった。

小学生から芽生えた三つの気質

田中は、いくらか山師的な父親と従順に耐える農婦としての母親との気質をもって成長している。田中にはどちらの気質が色濃くあらわれているか、ということだが、事を起こすにあたっては角次の性格が前面にでている。いちど心に誓ったことは必ず実行する。そのときに事の成就のバランスを測るよりも、まず実行してしまう。その成否は「実行する」という強い意思力にかかっていると思っている節がある。その意思力が弱ければ、田中はたぶんこの世代が辿った道を平凡に歩んだと思われるが、田中はまるで憑《つ》かれたように何ものかにぶつかっていくのである。

田中の幼年期・少年期の語り継がれているエピソードは、ほとんど自伝（『私の履歴書』）からの引用だが、そうしたエピソードの中に特筆すべきものはない。ある程度の官位栄達を得れば、誰もが秀才であったとなり、他人とは異なった才能を見せる局面が見られたとなるのである。田中とて例外ではなく、教えられることに貪欲な反応を示し、旺盛なまでに知識を吸収したと書かれている。

田中の尋常小学校、高等小学校の期間は、大正十四年四月から昭和八年三月まであった。七歳から十五歳までの期間である。この期は、昭和という時代の政治、軍事上の変革が著しいが、田中にはそういう時代の変化がそれほど影響を与えていない。つまり新潟の山村には、時代の波があからさまには押しかけてはこなかった。

しかし、田中に与えた影響が大きかった体験、さらに教師をおどろかせるような出来事をしぼってみれば、三つのエピソードが記憶されていい。

ひとつは、田中が自らに責任がないことで罪を問われたことを忘れないでいるという話である。自伝のなかで、無実の罪を着せられるのがどれほど悔しいかを、少年期のエピソードを紹介して強調しているのだ。

五年生のとき、習字の時間に前列の者に間違えられて悪戯《いたずら》の責任をとらされることになった。弁明をしようにも頭に血がのぼり、顔が紅潮するばかりで一言も言葉がでない。「私はとうとうたまらなくなって、すりおろした墨を硯《すずり》ごと、力いっぱい床にたたきつけた」と田中は言っている。それでも気がおさまらない。学校帰りに、母親に買うのを頼まれていた電球を道ばたにたたきつけてしまったのである。怒りの屈辱を田中は具体的にその行動にあらわすタイプだった。

もうひとつは、担任だった金井満男の回顧談である。

四年生のときの、田中の顕著な行動を語っている。尋常小学校の低学年と高等小学校の生徒は七歳から八歳ほどの開きがある。校庭ではどうしても高等科の生徒が中心になる。低学年の者は、グラウンドの端に空間を見つけて遊ぶ以外にない。田中は、そういう上級生に「ここはみんなのグラウンドだから、みんなで遊ぶような隙間をつくってくれ」と抗議をした。上級生は田中の気迫に押されてしまったらしい。校庭の中心に空間ができた。そこへ低学年の生徒を招きいれて、田中は共に遊んだというのである。金井は、

「この姿は私にとって非常に印象的なもので、その度胸といい、剣幕といい、これは将来どういう子供になるんだろうかと、空恐ろしいものを感じましたですね」

と述懐している。

三つ目のエピソードは、きわめて深刻な内容である。

角次の持ち馬が新潟競馬に出る予定になっていた。優勝まちがいなしといわれていた。だが練習中に怪我をしてしまった。角次は困り果てたらしく、その治療費の数十円を所望する電報を打ってきた。家には数十円という金がない。そこで親類の材木屋に借金することになり、小学生（高等小学生だったようだが）の田中が借金の申し込みに行った。その親類は快く貸してくれたが、そのときに、

「お前の親父もなかなかうまくいかんねぇ」

とつぶやいた。

父親の不運を指摘されたその語を、田中は長じても忘れていない。――父親を単に「父」として見るのではなく、客観的に一人の「不運な男」と見る目が生まれていたのだ。

父の角次に対して、終生一線を引いていたように思うが、それは人生にツイていない男への嫌悪感からだったということが言えるだろう。

卒業後、不安定な社会へ

田中は旧制中学校に進学できる成績であったという。しかし、家計が許さない。もし田中の周辺に篤志家《とくしか》がいたら、田中はその援助で旧制中学に進んでいたであろう。不運なことにそうした篤志家をもっていなかったのに加え――それは篤志家の意が自らの人生を左右するという意味では、田中家からの離脱となるのであったが――田中自身が進学を望まなかったという経緯もあった。母親の苦労を見るにつけ、家計の足しになる役割を果たしたいと思ったのだ。

田中の言うところによれば、高等小学校を卒業したあと三カ月間ほどは、中学講義録を読み耽《ふけ》ったという。そのまま家にいて農業を手伝うのは、まだ十五歳の少年には耐えられない心境だったのだ。

この期の日本は、政治的、軍事的にもきわめて不安定であった。昭和六年九月十八日の満州事変、そして関東軍の主導による満州建国（昭和七年三月）、その二カ月後には陸海軍の青年将校や士官が中心になり、それに茨城県水戸市にあった橘孝三郎の愛郷塾の塾員が加わり五・一五事件が起こっている。五・一五事件は、農業恐慌や経済不況が引き金になっている。

政府は、農民の生活困窮を救うために、五カ年計画で五千町村に対して経済更生計画を立てた。農村更生運動と名づけられたこの更生計画は、農村がいかに自立していくかという大義を掲げたものだった。協同組合運動や救農土木工事が社会資本を投じて行われたのである。農村に現金収入を与えるための方策であった。

十五歳の少年は、救農土木工事に加わり、地下足袋《じかたび》を履いてはトロッコを押して現金収入を得た。だが自分の働きが正当に賃金に反映されていないとわかると辞めている。その後、柏崎にある土木派遣所の雇員となった。二十人に一人のところを採用されたという。

この職場では、田中はなかなか才の利く少年という評価を得た。自分には学歴がないからといいながら、その実、文学書にも親しみ、雑学にも熱心に興味を示す。それが田中より年長の技手や監督たちに気にいられた。

次の描写は、田中の自伝に記されているのだが、田中の人生が開かれていくのは、昭和九年三月のことである。その人生の舞台を大きく変えたのは、理化学研究所の所長・

大河内正敏である。むろん大河内は、田中に特別に目をかけたのではなく、一人の情熱をもつ少年に瞬間的に関心を示したにすぎなかったのだが……。

田中の向学心を知っている土木係の老役人が、柏崎に理研の工場増設で訪れた大河内に、まだ十五歳の少年の話をもちだしたらしい。大河内は、その老役人の言に「書生として自宅に置いてもいい」という意味の答えを返したらしい。大河内は子爵であり、日本の先端頭脳の研究スタッフをかかえ、公的事業を進める理化学研究所の所長でもあり、そして日本のエスタブリッシュメントの一員であった。その大河内に、老役人がどのようにして一少年を書生として自宅に置いておくよう頼みこんだか、そのやりとりははっきりしていない。ともかく〝ある誤解〟が少年の運命を変えることになった。

老役人は、田中にすぐに柏崎を出て、大河内邸に行き書生として住み込むよう命じた。田中は母や姉妹に別れを告げ、派遣所の所員たちに見送られ東京にむかった。途中、高崎で下車し、競走馬をこの地で走らせている角次に会った。角次は懐に金がなく悄気《しょげ》ていた。田中は持ち金八十五円のうちの五十円を父に渡し慰めた。田中にとって、角次の「不運さ」はなんとしてものり越えなければならないものだったのである。

田中は東京に着くと、下谷《したや》区谷中にある大河内邸を訪ねた。しかし、「殿様はお屋敷ではどなたにもお会いいたしません」といわれ門前払いを受ける。理化学研究所に行くように言われる。——ふつうならこう言われて改めて理化学研究所に赴き、大河内に面会を求めるのだが、田中は、このときにあっさりと大河内邸に書生として住み込む道をあきらめるのである。事態を機敏に把握し、それに応じて自らの対応を変えてしまう。それは確かに田中の生来の勘の良さだとも言えた。

その後、田中は東京での仮宿としていた井上工業東京支店に、小僧という名目で住みこむことになった。

時代状況下の生活意識

田中が東京にでてきたのは昭和九年三月、そして徴兵検査を受け甲種合格となり、昭和十四年三月に盛岡の騎兵第三旅団第二十四連隊に入隊するまでの五年間、東京で生活者としての辛酸をなめる。年齢でいえば十六歳になろうとするときから、二十一歳になろうとする時代であった。

いわば十代の感性豊かな時代、田中は社会の波を受けてただ一人生きてきた。この期の世代の少なからずの者が旧制中学、旧制高校、大学と高等教育を受け、知識をもって社会に奉仕する道を目指しているころ、田中は生活のための糧《かて》を稼ぎ、勤務を終えてからは夜学に通い向学心を満足させるのであった。田中にとっては、社会の断層が確実に見聞されたのである。

この五年間を解剖してみると、田中は、並の少年とは異なる体験をしている。昭和十二年三月、数え二十歳の折に田中はたった一人で共栄建築事務所を旗揚げするのだから、実際にはわずか三年の間に田中は独立するに至る体験を積んだことになる。

この三年間、昭和史の年表を繙《ひもと》いてみるとわかるが、日本の世相は青年の政治的エネルギーに火をつける期でもあった。社会では陸軍が主導になっての天皇機関説排撃、国体明徴運動の推進が表面に浮かぶ。天皇制国家の赤子として、右翼思想に傾く青年は、日本の軍事的膨張に強い関心を示す。それは、五・一五事件の被告を裁く法廷への減刑嘆願運動というかたちをとり、全国に「日本主義」なる思想団体があふれる。評論家の清沢洌《きよし》がいみじくも喝破したように、「国民の五分の四の層にみごとに火がつけられた」という状態であった。学校、職場、宗教団体、町内会、政治団体はこぞって国家主義運動に組み込まれた。

一方で、大学生や労働者の間には、共産党の影響ものこっていた。東京の下層労働者の間には、密かに『赤旗』が配布されていた。しかし、昭和八年に獄中で転向声明をだした鍋山貞親や佐野学などの共産党指導者に対する憎悪がかきたてられていった。

田中の発言や田中について書かれた書などを見ると、こうした時代状況とは一切関わりをもたなかったことがわかる。いや、そのような時代とは別な空間の中で、自らの生活を構築しようと必死になっていたことがわかるのだ。田中にとって、〈時代〉とは、自分とは一線を引いた場で動いている風景であった。その風景は田中の日常に少しも影を落とさなかったのである。

四つの職場と理化学研究所

三年間の時間帯の中で、田中はそれほど長い期間でなく、四つの職場を動いている。

第一の職場は、既述のように井上工業東京支店であった。

午前五時半に起き、六時すぎにはいつでも工事現場にとびだせるように構える。当時、この東京支店は、月島の水産試験場新築工事、堀切橋のかけ替え工事、上野のプール工事などを手がけていたので、夕方までたっぷりと工事現場で働きつづけたという。そのうえで午後六時から始まる中央工学校土木科にかよった。旧制中学の講義録であるていどまでは独習していたので、授業はそれほど苦痛ではなかったという。

田中の一カ月の賃金は、住み込みで働いて五円であった。

そんな田中が、井上工業東京支店を辞めたのは、実に単純な出来事のためだった。新築工事の折に、監督が田中の手仕事に文句をつけた。田中なりに巧みに進めていた工事だったが、監督から見ればどこか要領よく手を抜いていると思ったらしい。監督の怒声に田中は我を忘れた。先ほど出来あがったばかりのスレート屋根の上を構わずに歩いた。その日の工事を壊してしまったのである。田中は、自転車にとびのって走り去った。職場を辞めたのだ。

第二の職場は、『保険評論』という雑誌を発行する小さな出版社であった。主筆と記者二人という職場で、田中は主筆の家で住み込みとして働くことになった。ここで学んだのは、生命保険や損害保険の仕組みであった。だが母親が病気で寝ているとの手紙を受け、故郷へ帰ってきたいと申しでたのが許されずに辞めている。故郷に帰ってみると、母親の病はそれほど重くはなく、再び東京に出てくることになった。

第三の職場は、高砂商会という輸入専門の商社である。アメリカからスチールウールや高級カットグラス製品などを輸入していた。この商社は、家族四人が中心になっていて、田中は五番目の家族として遇されることになった。昼は商品の搬入などを行い、夜は夜学にかよった。田中にとって、この家族と出会ったのが心の安らぎであった。田中は政治家になってもこの家族（五味原家）とは深い交際を続けている。

この五味原家ではわずか五カ月ほどしか働いていない。

田中がこの高砂商会を辞めるのは、海軍軍人を志したためと、田中自身は自伝の中で書いている。数学が得意だったのと、なにか状況を打破したいと考えていたためかもしれない。海軍関係の学校（たとえば、海軍経理学校、海軍機関学校など）に入りたいと考えたというが、結局はあきらめている。理由は判然としない。田中はそのことを母親に相談したら、「お前のいうことに賛成します」との答えを受けたが、実際は反対のニュアンスを感じたらしい。田中家の長男として、生死が紙一重の場に置かれる軍人にはなってほしくないと、フメは考えていたというのが私の推測である。

そしてこのことはきわめて重要な意味をもっているのではないか、と思える。

第四の職場として友人の中村建築事務所に籍を置いた。昭和十一年十月のころで、八月には田中は中央工学校を卒業していた。したがって気軽な身でもあった。

中村建築事務所は、理化学研究所の設計などを手がけていた。田中にとってそれはまさに僥倖《ぎょうこう》であった。理化学研究所は次つぎに新しい工場を建設していたが、その幾つかの仕事をこの建築事務所は引き受けていたのである。田中も理化学研究所に出入りするようになった。大河内とも面識を得ている。

あるとき、田中は大河内の部屋に呼ばれたのを機に上京の経緯を述べた。「今でも理研に入りたいか」と問われて、田中は今の自分の生活を述べ、考えをまとめたい、と答えたという。このとき、大河内は田中に、「勉強だけはしなさいよ」と助言をしたが、これが田中にとって終生の喜びだったとも自伝に書いている。

第四の職場は、所長が徴兵されその後内輪もめなどもあって、田中は辞めている。人間関係のわずらわしさの中で、潔く身を引いた。田中のこの潔さは、すでに社会生活を身につけている者の利害関係を読み抜く勘に裏打ちされていた。十八歳の田中は、まだ実社会に通じていない同年代の者とはまったく異なった世界を熟知していたのである。

自らの事務所で数十倍の収入

昭和十二年三月に、田中は自らの建築事務所をもった。田中はこのころに建築会社の技師たちだけでなく、中央工学校時代の友人などを通じて幅広い人脈をもっていた。その人脈から仕事は流れてきた。

大河内がどのような援助をしたのかは定かではないが、この共栄建築事務所（自分だけでなく自分と共にある人びとすべてが栄えるようにとの意味だというが）には理化学研究所グループの仕事も発注された。田中には確かに幸運な面がある。いくら大河内に目をかけられたといってもまだ十九歳である。たとえ田中に能力があったとしても、この年齢では独力で大仕事などできるはずがない。にもかかわらず、田中のもとに仕事が回ってきたのは、理化学研究所が昭和十一年から十二年、十三年とコンツェルン化していたからだった。

昭和十一年には五社、十二年には十三社、そして十三年には十四社が新設されるという膨張ぶりであった。

理化学研究所は、とくに新潟県内に新築工場を相次いで建てた。小千谷《おぢや》、宮内、柿崎、柏崎などでは工場ラッシュとなったが、田中は大河内の側近たちとそうした工場を視察に行ったという。こうして、田中は幾つかの工場建築に部分的にかかわることが多くなった。

共栄建築事務所は、理化学研究所の下請け設計事務所のようなかたちになった。夜になると、さまざまな建築会社に勤めている技術者が、この事務所に集まり、田中のもってきた情報や計画をもとに設計図を書きあげていったというのである。

田中がなぜ十九歳にしてこれだけの力をつけていたのかは、どのような資料を読んでも、当時の関係者の証言を聞いても判然としない。むろん理化学研究所は、シンクタンクという色彩があり、実際の工事などは限られた技術者が中心になって進めていたにすぎない。田中はそういう技術者たちの信用を巧みに得て、そのうえ次にどのような新築工事が行われるかの情報を入手し、それにもとづいて動いたということは言える。

さらに田中は、工事の入札の模様を具体的に知った。ときにはその入札に、自らの建築事務所の設計書や仕様書をもって参加し、その獲得に成功している。設計費の一千六百円の内払いを受けたりしているが、当時の設計技師の給料などは五十円ていどにすぎなかったから、田中は早くもその二十倍から三十倍の金額を懐にしていたのである。田中にとって庶民とは異なった目が養われ、自らが特別の存在という傲慢さが生まれていったのも当然のことだ。

共栄建築事務所がわずか一年しか続かなかったのは、田中が徴兵にあたる二十歳という年齢に達したからだ。

「こんなところで死んでたまるか」

昭和十三年春、田中は甲種合格となり、先述のように騎兵第三旅団第二十四連隊に入営せよとの通知を受けた。もし田中が理化学研究所にくいこんでいて、相応の実力をもっていたら、徴兵免除の特典を受けることもできたであろう。理化学研究所のスタッフは大体が徴兵免除になり、その職務をもってお国に奉公するという道が許されるはずであった。田中にとって徴兵というのは、納得のしがたい処置のように思えたはずでもあった。田中は社会の仕組みも、そこでの身の処し方も、そして女性経験まで、同年代の者よりはるかに体験を積んでいたのである。

田中の配属された盛岡騎兵第三旅団は、昭和十四年三月には満州に送られた。満州北部の富錦《ふきん》に第二十四連隊は駐屯していて、田中もそこに送られた。この部隊は対ソ戦の前線基地で、ここに配属されるというのは常に前線にいるという実感を味わうことでもあった。田中は第一中隊に属したが、ふつうの中隊は百数十人の部隊であり、それはソ連と満州国との国境を〝点〟で守るという意味でもあった。この第一中隊は連隊から離れて黒龍江と松花江の分岐点である同江という町で、ソ連軍の監視にあたることになったのである。

第二十四連隊の連隊長は岡崎正一で、第一中隊の中隊長は大尉の佐藤新次郎であった。

まだ二十代半ばであり、陸軍士官学校出の軍人であった。田中にとって、軍人とは一般社会を知らず、ひたすら猪突猛進をするだけのタイプでしかなかった。言ってみればきわめて御しやすいタイプでもあったのだ。

田中はすでに社会の空気を知っているためか、その言動が軍隊内ではきわめて目立った存在だった。同江の兵隊宿舎にはいった日の持ち物検査では、アメリカの映画女優のブロマイドをもっていたために殴打されたというし、上官に敬礼をしなかったといってはビンタをくった。一週間に二晩か三晩は田中は私刑まがいの殴打を受けた。

このころの田中は、内心では〈とんだところに来てしまった。こんなところで虫けらのように死んでたまるか〉という思いをもったであろう。これがまだ世間を知らない二十歳か二十一歳の若者なら、ここで自らに与えられた任務を果たそうとするだろうが、田中はすでにあまりにも俗社会そのものにふれている。なんとかここを逃げだす道がないかと考えたとしても不思議ではない。

田中は、まず前線の一兵士になる道を拒んだ。つまり目先のきく、事務能力のある兵士は中隊本部に呼ばれ、事務的な仕事に携わるのだが、田中はどういう具合にかこういう仕事のほうに回った。事務仕事だと、兵士といってもとくべつに演習に参加するわけではなく、本部の将校の助手のような立場になるのだ。推測だが、田中は将校たちに巧みにとりいり、この仕事に回ったのかもしれない。

これは奇妙なことに、と言うべきだが、当時の田中の戦友たちに話を聞いても、田中がどのような兵士でどういう軍務をこなしていたかを、さほど知らない。いつのまにか、部隊から消えてしまった、と言い、戦後になって結核のため前線を離れたと聞かされ、それで納得したと言うのである。

田中の自伝では、「昭和十五年十一月のおわり」に肺炎で倒れたとなっているが、戦友たちの証言では「その時期はわからないが、昭和十六年に入ってから」というものが多い。田中は陸軍時代の思い出にふれるのを、おどろくほど慎重に避けている感がする。あれほど饒舌《じょうぜつ》な田中が、陸軍兵士の時代を語らないのは、「不愉快」であると同時に「ふれられたくない」との思いがあるからと言っていいように思う。

昭和十四年五月から七月、八月、関東軍はノモンハンでソ連軍と二波にわたって軍事衝突を起こした。ソ満国境をソ連軍と同盟関係にあるモンゴルの兵士が越境したというのが理由であった。関東軍は、その戦力をソ連極東軍の最新精鋭戦備と衝突させたが、完膚《かんぷ》なきまでに叩きのめされた。もともとソ連の軍事力を軽視する傾向にあった大本営や関東軍の参謀は、ソ連極東軍との兵力比が三倍から五倍も離れていることを改めて自覚せざるを得なかったのである。

五月から八月にかけての関東軍とソ連極東軍との衝突によって、日本側は戦死者八千人、負傷者も八千人余、行方不明者二千人弱と約一万九千人近くの将兵を失った。関東軍は捕虜になることを戒《いまし》めていたため、行方不明者は日本に戻らずそのままソ連に住み、帰化した者も多い。日本に戻った捕虜は、将校には自決が強要され、下士官は厳罰となった。

逆にノモンハン事件を企図した関東軍の参謀、服部卓四郎や辻政信などは、一時的に主要ポストを離れたが、再び要職に復帰して太平洋戦争を担うという役割も負った。こうした事実は、高級軍人には甘く下級兵士には苛酷な運命が要求されるという日本軍の病弊が、実によくあらわれているともいえた。

騎兵第三旅団の騎兵連隊は、ノモンハン事件でも壊滅的な打撃を受けた。田中の属した第二十四連隊からも二年兵、三年兵は戦場にむかったが、数日を経ずして戦死の公報が届く有様であった。前線にいる兵士たちに、動揺が走ったのも無理はない。

田中はノモンハン事件の間、中隊本部にいて酒保や糧秣《りょうまつ》の係を担当していた。実際に戦闘にでることはなかった。

田中の戦友としてしばしば田中に関する書の中で紹介されている片岡甚松《じんまつ》は、昭和十五年四月に陸軍士官学校を卒業して、騎兵第二十四連隊に送られてきた。片岡の記憶では、田中はこの年十一月に肺炎で入院したために、六カ月ほどの付き合いだった。片岡は戦友として、戦後は田中と共にあるため、戦前の話をするときはつい階級が上なために「田中」とか「角栄」とかと呼び捨てにし、戦後の話に代わると「田中先生」と言ういのである。

「直接に私の指導下にあったというわけではありませんから、あまり記憶に残っていないのですが」と前置きして、田中についての思い出を具体的に語っている。

「たしか昭和十五年の夏ごろでしたか、ソ満の国境に一個中隊が警備を担当していて、そこに角栄がいて、あのころ酒保といって酒を売ったりするのがあり、その係を角栄がやっていた。消灯後、私が巡視をしていたとき、角栄が戦友を五、六人集めて車座になって酒を飲んでいた。どうしたんだ、と聞くと、『酒保の酒などを輸送してくるのに、その整理を手伝ってもらっているんです』ということで、洗面器の中に酒を入れてそれを茶碗で汲んで飲んでいる。その酒はどうしたんだと聞くと、『輸送中に壊れた酒を、手伝ってもらったみんなに飲んでもらっているんです』

と言って、底の割れたビンを見せるんです。ああ、こいつはおかしいなと思ったんですけどね。そういう応対を実に巧みに行うもんだから、おかしいとは思ったけれども、早く消灯して寝ろと言ってその場を去ったんです。

要領がいいというか、実際に割れたビンもあったかもしれないが、自分で割ってもそのビンを横に置いとけば、言い訳は立つし、なかなか頭のいい奴だなと瞬間思いましたよ。そういう点は勘が鋭く、度胸があるんだな。こっちは怒ることができないし……。彼は何でもやってのける。そういう能力があるので本部付けで勤務していたんだな。

終戦後、あのときこういうことがあったな、と二人で笑い話をしたことがあってね。そのとき角栄さんは『いやいや』と笑っていたけれど……」

田中のこういう要領のよさは、軍内のタテマエを見事なまでに逆手にとっている。割れたビンの酒を飲んでいてなぜわるい、と言われれば誰もが返事に窮してしまう。現にここに割れたビンがあるではないか、と言われればそれですべての辻褄《つじつま》が合ってしまうのだった。

戦争体験を語らぬ田中

田中が昭和十五年十一月の終わりに肺炎で倒れた様子は、自伝には、「営内酒保勤務の私は、ある早朝クルップス肺炎のため、営庭にぶっ倒れたまま担架で入院させられてしまった」とある。ソ満国境の最先端にあった金剛台守備隊に派遣されているときであった。この守備隊からは、ソ連軍が間近に見えるという名実共に最前線だった。

宝清の陸軍病院で結核と診察を受け、内地送還と決まった。昭和十六年二月に、田中は大連港からの病院船で大阪港に戻ってきた。そのまま大阪日赤病院に入院することになった。「大阪に帰りついてからは、病気も急速によくなるようであったし、満州で別れてきた戦友たちに申しわけない思いの日々であった」と田中は書いている。

つけ加えれば、田中の属していた騎兵第二十四連隊は、昭和二十年八月九日にソ連軍が攻めてきたときに全滅している。黒龍江沿いのその陣地は、参戦したソ連軍が最初に攻めこんできた地点だったからである。田中は、もし肺炎になっていなければ、このときに戦死したはずであった。田中は、運命を自らの手で開いたというべきかもしれなかった。

大阪日赤病院で外出許可を受けて、田中は故郷に一度帰っている。一人の妹は出征中に病死していたし、もう一人の妹も重病の床に臥《ふ》しているというのであった。田中の自伝では、この部分は感傷的であり、肉親の死に至るときの心理の断面があらわれてもいる。田中にとって、故郷、肉親という絆《きずな》はその性格を形成するうえで、あるていどの役割は果たしたと思われるのだが、しかしどこかにその感傷から抜けださなければならぬとの強い思いもあるようだった。

田中は大阪日赤病院から仙台の陸軍病院に送られたが、そこで一時的に病を悪化させた。それがどのていどのものなのか、結局は私も元軍医のルートを辿っていったが不明であった。田中の軍隊時代、そして肺炎、肋膜炎《ろくまくえん》、それに高熱という状況での兵士からの離脱時代、そこには時代が要請する青年の生き方を拒否し、自らの意思で人生を拓く意思を読みとることが可能である。

田中は、反戦主義者でも非反戦主義者でもない代わりに、この世に生まれてきて戦場などで死んでたまるか、という自我をもち、それを土台に生きてきた人物だったのだ。

それは一面でふてぶてしいとも言えるが、もう一面ではどのような時代になろうとも生き延びることができる社会人だったということであろう。きれいごとや絵空事は信じない。空虚な麗句には耳を傾けない。信じるのは自らの手でつかんだ哲学だけ、と言いかえることもできたのだ。

昭和十六年十月五日、田中は傷病兵として除隊になった。陸軍に召集されて二年六カ月、そのうち十一カ月は病でベッドに臥していた。十九カ月の陸軍兵士としての生活は、銃をかついで前線に立つ生活でもなく、中隊本部で酒保の係という、戦場とは見事なまでに一線を引いた生活を送っていたことになる。

除隊になるやすぐに東京に出て友人と共に事務所を開設している。まるで入院生活中に計画を進めていたかのような素早い行動に思える。

国電飯田橋駅近くの民家の一部を借りて、建築設計・土木工事請負いの事務所を開き、理化学研究所との営業に精をだしている。この事務所を開設したころに、太平洋戦争は始まった。田中はこのとき二十三歳から二十四歳になろうとするころであったが、この戦争にどういう思いをもったか、などは田中に関する多くの書を読んでもまったく触れられていない。

「理研」とともに拡大する事業

昭和十七年三月には、事務所を借りていた坂本家の娘ハナと結婚している。このころから田中の事業は拡大していく。むろんこの事業の拡大は戦時経済と密接に結びついている。理化学研究所のコンツェルンが軍需物資の生産に励むのに合わせて、田中はまったく徴用や召集の心配もないままに事業に没頭するのである。

事務所には、何人かの社員も雇いいれた。とくに昭和十八年には、事務所を田中土建工業株式会社と改め、田中が社長に就任し、顧問にはどういう手づるでか大政翼賛会の大物代議士大麻《おおあさ》唯男をかつぎだしている。

田中は後年、秘書の早坂茂三に、

「偉くなるには大将のふところに入ることだ。大将は権力そのものだ。だから、そのふところに入れば、あらゆる動きがすべて見える」

と人生哲学を明かした。さらに、

「頂上をめざすには、敵をできるだけ減らすことだ。自分に好意をもってくれる広大な中間地帯をつくることだ」と言い、「人の悪口を決して言わないこと」と諭している。

このような人生哲学は、理化学研究所の所長大河内正敏にくいこんだときにすでに生まれていたのであろう。戦時下に大麻唯男をかつぎだしたのも田中の巧みな処世であった。大麻は民政党系の有力議員で、なにより陸軍の意向を国会内で代弁する議員として知られていた。田中が株式会社に組織を改めたときに、大麻は東條英機内閣の国務相として入閣していた。東條は大麻を使って、議会内部に親軍的空気を助長していたのである。

まだ二十五歳の青年社長が大麻を顧問にすえることで、需要関係の情報や軍関係の工場増設などの情報を得ていたと思われる。そして大麻の紹介で労働法の学者岩崎英裕、満鉄の副総裁を務めたこともある八田嘉明などを相次いで顧問にすえていった。こうした人脈づくりの巧みさや、すでにそれぞれの世界で一家を成している人たちにくいこんでいく処世のうまさなどに、田中は抜群の能力を発揮している。

当時、田中のもとで働いた小林凡平は、先に紹介したレコードの中で、次のような述懐を洩らしている。

「とにかく実行力のかたまりというのかね、仕事に対するスピードはもう超スピードで、(われわれが)ボヤボヤしていると、自分で率先してやってしまう。だから軍隊のときに病気だという話を聞きましたけれど、どこに病気……何が病気なんだか分からない状態だったですね」「仕事は厳しかったけれど、そのかわり仕事が済むと『おい、来い、来い』といって自宅へ呼び寄せて、その当時は配給だが……あの当時は戦時中で世の中も大変混乱しておりましたし、日常の酒だとか焼酎なんか持ってきて売ってたわけです。配給の酒だけじゃ、そんなにありませんからね。味噌をなめながら酒を飲んで騒ぎ合った」
戦時下、田中土建工業には戦場とはかけはなれた、中堅企業の社長と従業員たちの酒を飲んでの空間があったわけだ。田中には、結核など窺わせる素振りは少しもなく、どこでつごうしてくるのか闇で酒とか焼酎を入手して自由に飲んでいたというのであった。田中土建工業は百人を超える社員をかかえ、全国でも五十番目ほどに位置する中堅企業に成長していた。陰に陽にはたらきかけて軍関係の仕事をとっては、それで売り上げを伸ばしていった。

昭和二十年に入って、アメリカ軍による本格的な本土爆撃が予想される事態になると、陸軍省は軍需工場を外地に移すよう各企業に通達をだした。理化学研究所コンツェルンの中核である理研工業も王子、熊谷、宮内などの工場を満州や朝鮮に移す計画を進めていた。これを知ると、田中は理研工業の幹部を訪ね、「そういう大きな仕事をやらせてほしい」と頼みこんだ。大林組や鹿島建設などの大手企業と競合するのも構わずに仕事を回すように幹部を説いたというのだ。こうして王子のピストンリングの工場設備一切を朝鮮の大田に移すというもっとも大きなプロジェクトを引き受けた。

理研工業の幹部は、二千四百万円の大工事を田中に発注している。田中自身、この膨大な工事に張り切り、まず工場の機器を新潟まで何輛もの鉄道車輛を借りきってはこぶ。大手建設会社は、それからどのように朝鮮まではこぶか、その船の手当てが考えられずに身を退いたのだが、田中はそんなことにこだわってはいなかった。まずは、新潟港にはこぶのである。田中は新潟港に停泊中の駆逐艦に注目した。そして、艦長を説得にかかったのである。

そのときの田中の説得がいかにも世慣れた人物のそれであった。この仕事がお国のためになるという泣き所を海軍の軍人に説いたていどでは、それほど円滑にいくわけではなかった。そこで田中は艦長に、

「まあ、これでも飲んでください」

と酒を届け、接待戦術にでた。なに同じ人間、きれいごとをいっても俗界の楽しみを与えれば落ちるに決まっている、という田中のふてぶてしい態度が実際に成功してしまう。

昭和二十年二月から八月まで、田中は大田に常駐という状態で資材の買い付けや工場建設に没頭した。田中土建工業の社員を率い、軍需工場であるために朝鮮人労働者を動かして建設をつづけたのである。田中には二千四百万円の工事費が三回に分けて支払われることになっていたが、そのうちの二回分千五百万円が支払われていて、その現金をもとに田中は木材などを買い集めていた。

八月九日、ソ連軍が満州に侵入してくると、京城の空気も変わった。八月十五日に日本の敗戦が決まると、田中はこれまでの工事とその材料などのリストを現地の職員に示

し、それを寄付すると伝えた。田中は、全財産も寄付して東京に戻ってきたように自伝には書いているが、実際はそうではなかったとの証言も幾つかの書では紹介されている。

「(田中は敗戦を察知するや)軍票を京城で現金に換えた」

と理研工業の幹部だった星野一也が証言している。

確かに田中は、朝鮮に理研工業の未完成の工場や材料などは寄付している。というより、置いてくる以外になかった。だが、ふところに入れていた現金と、軍票を換金した現金は密かに日本にもち帰った。それがどのていどの額になるかは定かでないが、相当な額に達していたであろうことは容易に推測できた。これが、田中の戦後の資金になるのである。

田中は、もう一人の幹部と大田から釜山に出て、海防艦に乗って日本に帰ってきた。このときも女性と子供の帰国が優先されているのに、田中は角栄が女性の名前の菊栄と間違われて乗船することができたと、苦笑交じりの筆調で自伝には書いている。

さらに田中は、自社の社員を全員連れて帰ってきたように言っているが、実際には田中ともう一人の幹部だけであったことがのちに暴かれている(新潟日報社編『ザ・越山会』)。田中はこのような人間評価にかかわる部分では、自分に都合のいいような方向に事実を変えている。その図太さは、田中の生涯の軌跡に見られる核である。

八月二十五日、田中は東京に戻った。田中の自伝からの引用だが、このときの様子が次のように描かれている。

「どこも焼け野原となったのに、江戸川河岸の四百坪ほどの製材工場が焼けたきりで、飯田町の一、二丁目町内に散在していた十カ所余りの事務所も住宅も寮もアパートも無きずに残っていたのには驚いた。そのうえ疎開のため無理にと頼まれて買った電車通りの魚屋までが焼け残っていたのである。私もそれもこれも神様のおぼしめしだと思いながらも、世の中のために、私のなし得る何かをしなければならないと心の奥で激しく感じた」

二十七歳の青年社長が住む牛込南町の高台にあった洋館もまた戦火に見舞われてはいなかったのである。田中は幸運なことにその膨大な不動産をほとんど損害を受けずに残すことができた。戦争は、まったくといっていいほど田中には被害を与えなかった。

敗戦——虚脱感なき出発へ

田中はこうして近代日本の崩壊のときを迎えた。田中の書いている文章や証言の中には、自分が二十七歳まで生きてきた時代や歴史の内実についての感想が少しもあらわれていない。時代や歴史がどんな状態になろうと、自分の利益、自らの幸せを何よりも最優先させている。

田中と同じ大正七年生まれの者は、昭和十年代に十代の後半から二十代の後半にさしかかっている。昭和二十年八月十五日の段階で、大正世代の男性のうち大正七年生まれの戦没者（戦死、病死など）の比率がもっとも高く、実に九％が犠牲になっていた。つまり、もっとも戦争によって犠牲を強いられた年代であった。そして天皇の赤子であるという意識を徹底して植えつけられた年代でもあった。

そういう年代の中で、田中の生き方はあきらかに特異である。田中には大日本帝国が崩壊したという虚脱感もなければ、国家の行く末を案じるという思想的、哲学的な悩みももっていなかった。

自らの利益に忠実である、という確固とした信念だけをもって、田中は新しい時代に身をのりだしていく。それを包むオブラートが田中流の義理とか人情という用語であった。

第二章　新世代の登場と挫折

炭管汚職事件で東京地裁が判決言いわたし。前列左端が田中角栄（被告の正面からも写真撮影が許されていた＝1950年4月11日）

記憶力を誇示する語り口

田中角栄のもっとも大きな特性は、その記憶力にある。田中のインタビュー記事、あるいは口述筆記した内容を検証していて驚かされるのは、日時、場所、人名などがすべて記憶のファイルにしまいこまれているかのようなのだ。田中自身、昭和五十年代にはいっても、少年期からの、知り合った人物の電話番号や生年月日をすべて記憶していると豪語したことがあるが、その大半は正確だったというエピソードもある。

田中は、過去のある事実を語るときに、本筋とは離れた別な事実を事細かに説明する。たとえば、昭和二十年十二月に代議士に立候補した経緯を述べるときに、どのような動きがあったかを日時、場所などを特定しながら話す。戦後すぐにかつての民政党系の政治団体が進歩党として再出発したが、その中心人物であった大麻唯男は自らの興した田中土建工業の顧問であり、その大麻が田中を説得したというのである。この経緯をインタビューで、メモなしで話している（五十九年四月の取材速記より）。

「僕がね、政界に入ったのは昭和二十年の十月頃、占領軍が『総選挙をやれ』ということで十二月三十一日に解散して、一月三十一日総選挙だと。そのころ私の会社（注・田中土建工業）には大麻唯男ほか有能な連中が顧問としていっぱいおったんですよ」「（大麻に立候補を勧められたのは）昭和二十年十一月三日の日ですよ。紀元節（注・誤り。明治節）

だからよく覚えてんだ。(大麻に)呼びだされて、『おい、代議士にならんか』といわれたから、『絶対出ませんよ』といった。昔、大麻さんがしょっちゅう使っておった新橋の秀花という料亭だ。そこは民政系の巣だったんです」「(説得に応じて立候補することになって)それで昭和二十一年の一月二日の日に、わしは上野駅から新潟行きの急行に乗ったわけだ。そのときに連れて行ったのがうちの監査役をしていた塚田十一郎君であり、朝岡という男と、もう一人、曽我某という者だ。それで新潟に着いて、料亭『玉屋』に入ったわけだな。新潟の代表的料亭だ。それが運のつきになっちゃった(笑)」

このように日時、場所、人名などが縦横にでてくる。まるで目の前に「現実」が浮かんでくるかのような話しぶりだ。話の内容が微細な事実に及べば及ぶほど、それは説得力をもっているかのように思える。田中のこのインタビューをもう少し引用してみよう。

「ところが、(注・昭和二十一年)一月四日に総司令部がね、『公職追放令』を発したんだ。そしたら選挙が延びちゃって、三月十一日告示、四月十日か何かの投票になるんだよ。だから一月二日に行って、それっきりずっと四月まで新潟に行きっきりでした」「そのうち選挙もおかしくなって大麻さんがいった代議士や何か全部回ったら、誰も(自分を)推すといわないんだ。有名な中村又七郎という代議士がいたが、この人だけはちゃんとやってくれた」「そして選挙をやったら、塚田君が五万三千票で第三位だ。わしは三万四千百二十票と覚えているが、それで次点落選したんです。次の総選挙が行われたのは二十二年四月二十五日です。新憲法下初の選挙というと、二十二年の選挙ということになるんですな」

人名だけでなく、自らの選挙での票数もそらんじてみせる。つまり田中は、自らに関する事実は——それは自分にとっての利害得失を尺度にするということでもあろうが——ほとんどといっていいほど記憶しているようなのだ。しかもその記憶の内容は一部に間違い（たとえば、田中の第一回の選挙での得票は三万四千百二十四票といったていどのことなのだが）があるにしても、ほぼ正確である。

それゆえに、田中には〈人間コンピューター〉という別称が生まれたのであろう。

だが、田中のこういう記憶力を駆使した話法を解析してすぐに気づくことがある。それは柳田国男や宮本常一のまとめた民俗学、あるいは民俗誌、生活誌の書の中に登場する庶民の語り口ときわめて似ているという事実だ。その語り口は、人名や日時、それに場所などは実にこまかい。このこまかさは記憶力のせいではなく、生活の中でごく自然に身についてくるということだろう。記憶するというのではなく、生活の智恵を獲得することで現実社会を遊泳してきた者は特別の苦労もなく、人名や日時などを覚えてしまうのだ。それを仲間うちで語り継ぐことによって、しだいに記憶の中に刷り込まれていったのではないかと思えるのである。

田中は自らの記憶は肌で覚えているから、インタビューの折には細部にわたっての事実を語ることができる。しかし、その時代に生きた世代の痛みや苦しみの表現は、自身の肌で直接に受け止めようとしなかったためか、驚くほど欠けている。いや、そのような努力さえ行っていないのではないかと思われるほどなのである。さらに吟味すれば、田中のインタビューでの発言や彼自身の証言は、すべて時代状況やその背景を全面的に容認するという前提で成りたっている。

あの時代の政策はおかしいのではないか、このような誤りがあったのではないか、という基本的な発想が、田中にはまったく見あたらない。

占領下での新党結成

田中は先のインタビュー記事の中できわめて興味深い言い方をしている。昭和二十年十二月三十一日に解散して一月三十一日に総選挙をとGHQ（連合国軍最高司令部）が十月頃に要望したが、昭和二十一年一月四日の公職追放令によってそれが三月十一日告示、四月十日の総選挙に変わったと簡単に片づけている。歴史の年表として、それ自体は正しいにしても、その背景は田中の指摘するほど簡単なことではなかった。

GHQは、昭和二十年の十月にはいってから相次いで日本改造の骨格を東久邇宮《ひがしくにのみや》内閣、そして幣原《しではら》喜重郎内閣に示した。十月十一日には労働団結権、教育の民主化、婦人参政権などを謳《うた》った五大改革を要求し、その後も治安維持法の撤廃、教育現場からの軍国主義者や超国家主義者の追放を要求していった。

アメリカを始めとする連合国の姿勢は、明らかに大日本帝国の解体、アメリカンデモクラシーの定着などを意図していた。日本の旧体制、旧人脈はすべて一掃するという意思が鮮明になった。しかもその最大の眼目は、大日本帝国憲法の改正にあり、そのためにGHQは独自に草案を練る一方で、日本側にもその作業を急ぐよう迫っていた。

日本の政治家たちは、敗戦後もこうしたアメリカの意図をそれほど重視していなかった。九月四日、五日に開かれた第八十八臨時議会は、東久邇宮首相の施政演説で始まったのだが、そこには天皇の意を受けて新生日本の創立に力を尽くすとあるだけで、形の上では天皇主権国家の追認を行っていた。だからこそ、衆議院では、旧民政党総裁の町田忠治《ちゅうじ》が「承詔必謹決議案」上程の提案を行うという、なんとも奇妙な光景が演じられていたのである。

政党政治家は、GHQの真の意図を理解していなかったのだが、田中に代議士への転身を勧めたとされる大麻の言（十二月三十一日に解散、一月三十一日に選挙が行われるという言にしても、特別にGHQの指令だったのではなく、大麻らの政党の領袖《りょうしゅう》クラスが勝手に決めようとしていたスケジュールにすぎなかった。田中とすれば、こうした日程が、GHQの意向を無視して領袖たちによって恣意的に決められようとしていたことなどはさして問題ではなかったのだ。

大麻は、議会政治家としてはつねに権力の周辺にいるような変わり身の早さをもっていた。太平洋戦争の戦時下の議会では、大日本政治会という大政翼賛選挙で当選した議員たちでつくられる親軍勢力があった。大麻はその勢力を動かしていた。その中で比較的に陸軍とは距離を置いていた鳩山一郎は、戦後になって自由主義者と目されていた美濃部達吉、菊池寛、石橋湛山、石井光次郎《みつじろう》などと共に自由党を結成した。総裁が鳩山一郎、幹事長は資金面を担った河野一郎である。こちらは表面上は、戦前の衣はぬぎすてるという政治目標を掲げていた。

もうひとつが大日本政治会を中心とする保守党の結成の動きであった。大日本政治会は戦時下では三百七十七人を擁する勢力だったが、彼らは新党である進歩党を誕生させるまでにさまざまな動きを示した。大麻は大日本政治会の幹部であったが、彼は戦後になっても新しい政党の領袖になれると思っていたのである。大麻に対抗する若手の反発も大きく、その間に激しい確執が起こった。戦時下の体制を継続させるという認識の大麻らのグループと、それとは一線を画すべきという若手の対立は、あの戦争をどのように考えるかという対立も含んでいた。

進歩党は、結局長老たちと若手との間で妥協が成り、町田忠治を総裁にかついで結成されたが、その宣言には「国体を擁護し、民主主義に徹底し、議会中心の責任政治を確立する」など三カ条が盛りこまれた（十一月十六日に結成）。

田中は、この大麻から立候補を勧められて政治家を目指すのである。

このとき田中はまだ二十八歳である。大日本帝国憲法下では立候補はできない。婦人にも参政権はなかった。GHQはそれを一刻も早く改めるよう前述のように十月十一日に幣原内閣に求めたが、幣原内閣もそれを受けいれるというかたちで、新選挙法を臨時議会に提出したのは十一月二十六日のことだった。この新選挙法によって、二十歳以上の男女であれば、選挙権が与えられることになり、二十五歳以上であれば、被選挙権が与えられるようになったのだ。

この法案は十二月十四日に貴族院、十五日に衆議院を通過した。そして十七日に公布されることになる。新生日本にとっては、もっとも重要な法案であり、このことを抜きに政党政治家が戦後の出発点を回顧することは本来ならありえないはずであった。

田中に好意的な著者である馬弓良彦の『人間田中角栄』によると、大麻は戦時下の御用商人の系譜をひく田中に、

「選挙も近いと思われる。そこで選挙資金の三百万円を最初につくった人が総裁になると私は提案したんだ。だから君も協力してほしい」

と頼んだという。その求めに応じて田中は百万円を寄付したとある。百万円といえば、現在の価値に換算すれば数億円ほどになるだろう。それは、田中が常識を超えるほどの私財を戦時下で得ていた事実を裏づける。とにかくこうして大麻の推す町田が、若手と

の仲介役として進歩党の総裁になったわけである。

戦後の政党づくりは、資金面に関しては政治家たちは無定見、無原則、無節操そのものであった。現金があればいい、その出所は問わないというのである。自由党幹事長の河野一郎は、戦時下で海軍の物資調達にあたり、御用商人ともいうべき立場にいた児玉誉士夫《よしお》が、上海から日本に戻る際に膨大な金額を持ち帰ったとされていて、それを頼りに資金を調達したことが幹事長のポストに就く動機となった。社会党とて、その資金は旧華族の徳川義親の提供によって結成された。田中もまた軍需で獲得した利益を還流させたのである。

田中の証言には、このような事実や当時の背景が一切語られていない。田中の話法は、むしろこうした構図を気づかせまいとしているかのように巧妙である。徹底して自らの体験を麗句で飾るようにして語り継ぎ、むしろ本質をはぐらかす一助として日時、場所などの細部が語られている。

こうした検証を続けていくと、田中の人心掌握術のひとつは、個々に樹木を説明し、森を見せまいとするテクニックを駆使していたことに気づくだろう。

GHQと戦後初の総選挙

田中が自ら認《したた》めた「衆議院議員　田中角栄（当選十五回）略歴」という一枚の刷り物

がある。昭和五十八年十二月の衆議院総選挙で当選したあとにまとめられたのだが、これによると「政治経歴」欄には五十三項にわたって政治家としての経歴が記載されている。その最初の項は「昭和二二年　衆議院議員当選（1）」、政治家としてのスタートがこのときだという。

さらに「座右銘」としては「石の上にも三年」とある。「家訓」は「和して流れず」、自らの「信条」は「明朗かっ達」と簡潔に書かれている。

田中が大麻の要請をいれて立候補した昭和二十一年四月十日の総選挙は、戦後初の選良を選ぶ、つまりは議会政治の今後を占う意味をもった。混乱と喧騒の中での選挙は、政治的にも旧体制と新体制の衝突であり、新しい世代の政治家が登場する舞台ともなった。加えてこの新しい世代の政治家は、占領下という歴史の転換期に翻弄される宿命をもっていた。

たとえばＧＨＱは、新しく結党された政党の綱領やその指導者の言動に疑問をもった。とくに進歩党には不信の目を向けた。進歩党の綱領、「国体を擁護し、民主主義に徹底し、議会中心の責任政治を確立する」と、自由党の「国体を護持し、責任政治体制確立を目的とする憲法改正を行う」とはさほどの違いがないにせよ、自由党はその具体的な政策では軍事主導体制の清算という色彩が濃いのに、進歩党は戦時下の議会の大日本政治会を中心としていて、その清算が曖昧《あいまい》に見えたからである。

GHQはそこでまず戦時下で陸海軍の動きに同調していた代議士が、国会に選ばれてくるのを恐れ、「軍国主義者の公職追放、国家主義団体の解散」を命じた。これが一月四日のことだが、この命令によって、自由党では鳩山一郎、河野一郎、三木武吉《ぶきち》らが追放になった。だが進歩党の側に打撃が大きく、結党に加わった代議士二百七十四人のうち、実に二百六十人が議会から追われることになったのである。むろん田中の後ろ楯であった大麻唯男や進歩党総裁の町田忠治などは追放リストの上位に位置していた。田中は、人脈の上では旧体制に足場をかけていたために、この追放令で自らの基盤が足元から崩れることになった。

さらに田中は、一月に総選挙が行われると考えて、昭和二十一年に入るとすぐに自らの会社である田中土建工業に新潟支店を設置すると称して、柏崎に新しい足場を築いていた。そこに現地の青年たちを社員として雇い、実際には選挙運動のスタッフとして利用した。当時の世相では就職難ということもあり、兵隊帰りの青年や農村青年をこの支店に社員というかたちで雇用したのである。

結局、GHQは三月十一日に総選挙の公示を認めた。こうして四月十日に戦後初の総選挙が行われた。

この戦後初の総選挙は、都道府県単位の大選挙区制で、しかも二名連記という暫定的な方法が採られた。加えて参政権は女性にも与えられ、これまで沈黙を強いられてきた女性たちが全国で立候補した選挙ともなった。日本の議会政治が白紙の状態からスタートすることになったとも言える。

新潟県では定員八人のところに三十七人が立候補することになった。田中にとって痛手だったのは、田中を支援するはずであった塚田十一郎、吉沢仁太郎《にたろう》といった同志もまた立候補してしまったことだった。さらに大麻が推してくれた新潟の支援者や運動員も、田中を応援するのをためらい、その許《もと》をはなれてしまった。大麻が追放になることで時代の変化を読みとった、旧体制の議会政治に身をいれていた連中が、新しい選挙方法になじまなかったからでもある。こうした動きに、田中が嫌気をさして立候補を取り止めてしまえば、政治家田中角栄は誕生せず、戦後の田中は児玉誉士夫のように政界の陰で動く存在になったとも考えられる。

それほど田中は、陸軍内部に政商というかたちでくいこんでいたからである。

田中が立候補をあきらめなかったのは、思うに二つの理由からであろう。ひとつは、旧体制から新体制への移行を敏感に感じとり、旧体制の人脈が舞台から消えていく状況が自らの事業に好都合であると考えたこと。そしてもうひとつは、すでに支店をつくったり、選挙スタッフを揃えていて引くに引けない状況にあったことだ。田中にはどれだけの私財が備わっていたか確たる証拠はないのだが、進歩党結成に百万円単位の資金を投入できるのだから、予想を超える私財をもっていたと考えることができるだろう。

この戦後初の総選挙に、新潟県からは多様な人物が立候補している。もともと農民運動が盛んな地だっただけに、戦前の全農（全国農民組合）会議の流れを汲《く》む活動家が社会党や共産党の旗を掲げて立候補しているし、旧体制のもとで政友会、民政党の流れを汲む地方議会の議員なども立候補している。誰もが経済的には貧しい時代だったから、自転車に旗を立てて村から村へと演説をくり返していくというのが、選挙運動の実態でもあった。

そういう選挙運動の中で、田中は独自の、しかもきわめて人目を引く選挙運動を続けた。田中角栄の支援者で、このころに南魚沼郡で選挙運動に加わった人物（のちに越山会の幹部）は、かつて私の取材に、「私は、青年団の先輩連中に、『おい、田中という面白い男が立候補しているから話を聞きに行ってみよう』と誘われ、演説会に行ったのだが、角さんの選挙運動は当時としては人目を引いたものだった」と述懐している。田中の演説は上手とはいえず、しかも野次を飛ばす対立陣営の支援者の前に行き、喧嘩腰でどなりつけることもあったという。

「成り金」候補の「若き血の叫び」

田中の掲げたスローガンは、尋常小学校のときに校内に掲げられていた額の一節であった。「真の勇者　至誠の人」というのである。田中が抜け目がなかったのは、この訓は当時の尋常小学校の校長草間道之輔自身の作であったのだが、田中はまず草間を支援者の一人に組みこんだのである。いわば教育界に足場を築こうとしたのであった。

さらに田中は、村々を回りながら、ほとんど同じ内容の演説を試みていった。それは「若き血の叫び」と題する演説であったが、要は新時代に民主主義精神にもとづいて、政治家としての姿勢を守っていきたいというのである。ミンシュシュギという語は、まさに流行語であり、田中もまたこの語を用いはしたが、その内容についての吟味に欠けていた。その意味では田中はこの時代の空気そのものを読み違えていた。のちに自伝の中で次のように述懐しているのである。

「私は前代議士たちのすすめもあったので、その日は散髪をし、下着をかえ、しかもモーニングに威儀を正して登壇したのに、ほかの人たちは泥だらけのゴム長靴に労働者風の詰めえりをきた人が多かったのには少なからず驚いた。『われわれ農民と労働者は……』と絶叫したり、『憲法第〇条は……』などと当時の私にはよく理解できにくいようなことを、どなりつけるような口調で長々とやっているのが多かった。私はこのふんい気に圧倒されて、少し自信がぐらぐらするような気がした」

当初は、新体制に転換していく空気を必ずしも自覚していたわけではないとの告白である。しかし、選挙運動を始めて十日もしないうちに、田中は自らに何が欠けているかを理解した。弁舌をふるおうにもまだ格別の理論がなかったのだ。田中の演説会場に集まる者は少なく、人びとの関心は他の労働者風の質素な姿の立候補者にあり、社会党や共産党の説く戦争反対、戦時指導者の責任を問えという絶叫型の演説に魅せられていた。加えて、草間を通して教育界に人脈を広げようと試みても、教育界自体に教師の追放や新時代の空気に傾く青年教師がふえていて、田中の支援者にはならなかった。

こうしたことに気づくと、田中はすぐに二つの手法を考えだした。

そのひとつは、東京の大学生を数人雇い、学生服で有権者の前を連れ歩いたのだ。大学生は弁論部に属する者たちで、彼らが田中の前座として演説を行うのである。それも「これからの時代は、青年の手によって、いや新しい世代の手によって日本を変えていこう」という内容で、学生たちがそうした意気ごみをひとくさり語ったあとに、田中が登壇してそれをなぞるように演説を行った。田中にとって、それこそが自らの自信のなさを隠す有効な方法であった。

田中がこの時代を語る言葉を自らではもっていないことを証明することになっても、学生部隊の演説自体は特に青年層の人気を集めた。前述のこの期からの田中の支援者の「田中という面白い男が立候補している」という言は、こうした光景を指していたのである。

そしてもうひとつ田中が考えたのは、聴衆の集まりのわるいのをのりきる手段として、社会党の小林進、自由党の内山大造の三人で一座を組んで演説行脚を行ったことだ。小林も内山も田中と同年代で、農村出身の青年であり、新しい時代の守護者であると自任して絶叫型の演説を行う。田中はそれに巧みに便乗したわけである。三人の政見は少しずつ異なっているが、田中にとってはそれほど重い意味をもちはしなかった。

こうした手法は、田中の側からもちかけたといわれているが、実際に田中にとっては多くの利益を生んだ。

とはいえ、このような手法を重ねても、田中には不安があったのだろう。選挙戦の後半になると、大量の宣伝ビラをつくり、それを応援スタッフに命じて町から村へと配布させた。この宣伝ビラは、いつもくり返している演説内容の「若き血の叫び」と題していた。新潟は当時春とはいえ、雪に囲まれた村々が多いだけに、演説行脚を続けても入れる地はそれほど多くはない。したがって、宣伝ビラは相応の効果を発揮した。

ただこうした田中の選挙運動は、ビラ一枚つくるのに苦労している候補者たちと比べてあまりにも目についた。そのために田中には、「資金力がある」という枕詞《まくらことば》が必ず用いられるようになった。新聞報道では、当時流行語にもなっていた「成り金」という語が使われ、「成り金候補」というレッテルも張られていた。その語は当時の世相では、必ずしもマイナスではなかった。むしろ時代を生き抜く逞《たくま》しさと同義語でもあった。とくに田中にはそのイメージが重なったのである。

昭和二十一年四月十日の選挙結果は、前記のように田中は三万四千百二十四票で第十一位の得票であった。八位までの票には届かなかった。田中にとって、この選挙は人生を転換させる意味をもった。自伝には「全くよい勉強であった」と書いているが、有権者を投票所に赴かせ、自らの名前を書かせるには、何が必要なのか、それを明確につかんだのである。

初めての立候補で、田中は落選という結果になったが、田中にとってきわめて不快な事実も残った。

それは田中陣営と信じていた塚田十一郎や吉沢仁太郎が当選圏内に入ったことだった。彼らは大麻唯男の推薦もあって自らの選挙を手伝ったはずなのに、複数連記制という選挙制度に彼らも立候補の意思をもち、結果的に彼らは当選してしまったのである。

田中は、次回には必ず当選すると自らに誓い、柏崎に開設した田中土建工業新潟支店を足場に、選挙区の村々に入り、「今回は不徳のいたすところ。次回は必ず通ります」と熱心に青年団の面々に説いたりもした。

「ちょうど長岡に第一回の総選挙の人脈の名ごりがあってね、この長岡にはある建設会社の出張所もあったんだ。そこには警察署長あがりとか、まあ地方の政治好きの人たちがいたんだね。県会議員をめざすような連中もいた。それでね、私は仕事を発注しましたよ」

当時はインフレの時期だったともいい、予算百万円の橋梁工事をひとつ受注しても実際の工事には五百万円もかかるという状態だったというのだ。事業としては先の読めない時代だった。田中土建工業は、東京で官庁から仕事をとり、契約の五倍もの価格で工事を請け負わせて、田中の表現でいえば、「相当損しただよ。しようがない」ということになる。実利を与えれば、人は必ず自分についてくるとの自信からの、損を覚悟の発注だったと述懐しているのである。

「三国峠を切り崩してしまう」

戦後二回目の総選挙は、昭和二十二年四月に行われた。この総選挙は、まもなく施行される新憲法を国民に問うという意味があった。いわば戦争という国民的な体験をもとに、その総括を連合国主導で行い、具体的に目の前に提示された新憲法を国民の側はどう受け止めるかを問う選挙でもあった。ＧＨＱとしては、この憲法を国民が承諾しているとの事実を示すために、第一次吉田内閣に一刻も早く実施せよと命じての総選挙であった。

同時に、新選挙法の手直しも行われ、前回の二名連記制は民意を正確に反映しないとして改められた。加えて一県一区という選挙区の手直しも進められた。田中は、長岡や小千谷、それに出身地の西山などを擁する第三区で民主党から立候補することになった。この選挙区は定員五人であった。初めての選挙の折に、比較的この第三区に力をもっていたのは猪俣浩三や石塚善治、それに佐藤三千三郎らだったが、二回目の総選挙では石塚や佐藤は、選挙はこりごりと立候補を辞め、猪俣は四区から立候補することになった。田中は前回に続いての立候補で、この第三区では馴染みのある候補者となった。

この二回目の総選挙のときは定員五人に十一人が立候補した。倍率からいえば激戦ともいえるが、田中には勝算があった。この一年間、人びとの間に入り、もし自分が政治家になったら、新潟の環境を大きく変えてみせると豪語もしていたが、それは今回は必ず当選するという確信をもったからだ。

選挙運動はすさまじいほどの人海戦術であった。田中土建工業の新潟にある支店は、ほとんどが第三区の選挙区に移されたといわれ、田中との利害関係をもつ者はすべて運動員になった。

田中は第三区に設けた支店（これもはっきりしないが、実際には民家にも支店の看板を掲げたといわれている）を実際には、後援会として利用した。そういう支店の従業員には、常時雇用されていた者が百人ほどいたというし、選挙の期間には臨時職員もまたふえたというのである。田中土建工業は、東京・飯田橋に本社があったとされているが、社員は本社に行くこともなく、ひたすら選挙だけの企業活動を行ったのだ。まさに代議士になるとの田中の執念のみがこのような選挙運動をつくりあげていった。社員たちには親類縁者、友人、知人に、必死に〝田中売り込み〟をはかる尖兵たれと要求したのである。

田中自身、第三区の有力者を訪ねては、

「ぜひ私を支援してほしい。きっと皆様のお役に立つはずだ。この新潟を活気ある県に変えていきたい」

と、くり返した。ときには青年らしい初々しさで、ときには涙を流してこの地方の古老たちの間を歩き回った。政友会、民政党、あるいは農民組合の戦前からの指導者と、それこそ手あたりしだいに訪ねた。

田中は、都市部の住民を説得するよりは、農民の間に入るのが性格に合っていて、そこではひたすら「若さと行動力」のみを訴えた。

『ザ・越山会』（新潟日報社編）に紹介されているエピソードだが、山村に選挙演説で入った田中は、山にトンネルを開いて町につながるのがわしらの夢だ、という農民の声を聞いて、その場で「それを必ず実行する」と誓ったという。

「皆さん。この新潟と群馬の境にある三国峠を切り崩してしまう。そうすれば日本海の季節風は太平洋側に抜けて、越後に雪は降らなくなるのです。みんなが大雪に苦しむことはなくなるのであります。なーに、切り崩してしまった土は日本海へもっていく。埋めたてて佐渡と陸続きにしてしまえばいいのです」

誰もが度肝を抜かれる内容であった。あまりにも荒唐無稽でもあったが、いや、もしかすると、この男のいうことはいつか実現するのかもしれない、この男ならやってくれるのかもしれない、との期待感を与えた。

さらに田中は、他の候補者にはない独自の戦術も採った。

それは次々に有権者と握手を交わし、その手のぬくもりをもって相手に安心感と信頼感を与えるという手法である。初めての選挙ではこのような握手戦術は採っていないし、他の候補者もそういう戦術は思いつかない。いや握手をするという程度なら珍しくなかったが、どんな有権者に対しても右手で相手の手をにぎり、左手でそれを包みこむようにするという候補者はまだいなかったのである。

こうした握手戦術はその後、日本のあらゆる選挙でもふつうのことになっていくが、その最初は田中ではなかったかと思う。手のぬくもりを通して、代議士という選良を高いところから有権者の位置にまでさげていく。田中の用いたこの戦術は、実は日本人の感性にもっとも有効であることを証明したと言える。

二回目の選挙運動の後半には、自発的に田中のもとに駆けつける青年がふえた。そして田中の名を自らの周囲に語り継いでいった。

田中の選挙をこのときから手伝うことになった越山会南魚沼郡連絡協議会（昭和五十八年当時のことだが）事務局長の小倉康男によるなら、田中の立ち会い演説会の内容もしだいに、他の候補と多くの点で違いがでてきたという。小倉は次のような記憶をもっていると証言した。

「田中さんのような演説には、共産党の支持者などがさかんに野次をとばすわけです。するど田中さんは、壇上から降りていって、その人の前で、がんがんどなりまくる。喧嘩をする、というわけではないが、『野次るとは何ごとか』とどなる。すると大体は黙ってしまう。田中さんというのはそういう直截《ちょくせつ》な行動をとる珍しい候補者だった」

田中のそのような個性も、青年たちにはたのもしく映ったという。太平洋戦争が終わって二年、まだ日本の社会には戦時下のヒエラルヒーがのこっている。農村部でも、都市部でも有力者とかボスと称する一団の支配層があり、それを受けいれて黙している青年たちや女性たちがいた。新しい時代にはいったというのに、それまでの壁をどのように破っていいのかと困惑している層に、田中ははからずも答えを示したことになった。

この第二回の総選挙では、田中は三万九千四十三票を獲得した。定員五人のうちの第三位であった。

このときに国会に入った同期生について、田中は昭和五十九年四月にある雑誌のインタビューで述懐しているが、その速記を見ると、次のような話しぶりである。

「私の当選以来、ずっと連続当選（注・昭和五十九年まで）していたのが自民党で六人、民社で三人、社会党三人。この社会党の三人は佐々木更三、成田知巳《ともみ》、勝間田《かつまた》清一《せいいち》、いずれも委員長になった。勝間田だけは一度落ちましたがね……。うちでは倉石忠雄、鈴木善幸、園田直《すなお》、石田博英、小平久雄、それにぼくと中曽根だったかな。そのうち佐々木が辞め、成田が死んで、(民社の)受田新吉と門司亮も辞めた。自民党は小平君が落ち、今度の選挙で辞めたのが倉石と石田。石田さんはその後亡くなり、倉石も最近逝《い》った。ですから、今残っているのは、ぼくと鈴木と中曽根の三人だけじゃないかな。(昭和)二十二年から与野党を通じて連続当選しているのはね……」

田中のこのような回顧を聞いて、すぐにわかるのは、すでに記したように記憶力のよさである。同時に、田中には、衆議院であろうと参議院であろうと、国会そのものがムラや職場のようなものだとの認識があることがわかる。どのような感覚や理念をもって国会にはいってきても、有権者の付託にこたえて国会に出てきても、このムラの住人になれば自分の仲間か、職場の同僚といった感覚で接してきたとも感じられるのだ。

田中は、ムラや職場の中に自らの体臭そのものをもちこみ、それをもってこの空間を支配しようとした点では、他の誰もがもち合わせていない独自の肌合いがあった。

新鮮に映った姿、声

田中が、国会に初めて登院したときはまだ二十八歳であった。同年代の者が、戦争の苦しみをなんらかの形でかかえているときに、この青年代議士はまるでそのような傷をもちあわせていないかのようにふるまった。

濃紺のダブルの背広に身を包み、若さゆえに軽く見られるのを防ぐかのように口ひげを生やしていた。声は、声帯が青年のそれではなく、すでに壮年期にあるように太く、そしてよく人の波の中を通った。まだマイクが充分に整っている時代ではなかったので、その声は与野党を問わず代議士間でもすぐに知られることになった。

田中が、相手に自らのイメージを植えつけるときの最初の武器は、その声にあった。戦前からの代議士は、マイクもなしで何百人もの聴衆に肉声だけで政見を訴える体力をもっていた。その体力に欠ける者は、議場での演説でさえ迫力がないとされ、それはそのまま説得力をもたない退屈な演説とされて嘲笑の対象になったのである。

そしてまた、田中も議会内にあっては戦争で傷ついた同世代の総意を代弁するかのような言説を口にした。「新しい政治は若い世代の手で。それこそが新生日本のスタートにふさわしい」といった田中の言は、相応に仲間うちにも快く響いた。だが田中のこのころの言動の中に、たとえば大日本帝国に対する自らの見解、そしてGHQの占領下にあるとの認識、軍事主導国家であった日本の政策に対してのみずみずしい批判はなかった。占領体制を批判するのでもなく、かといって擁護するのでもなく、ただひたすら「新生日本を若い世代の手で」という言だけが吐かれた。

しかし、田中のこのような態度は、議会の中でも新鮮に映ったのだろう。七月の議会では、民主党を代表して質問に立っているのである。

田中が初当選したときの国会は、新憲法下での初国会となるのだが、このときの総選挙で第一党を占めたのは百四十三議席を得た社会党であった。吉田茂の自由党は百三十一、そして芦田均を党首とする民主党は百二十四、それに書記長が三木武夫であった国民協同党（国協党）が三十一、共産党四、そのほか諸派、無所属などが百二十一という議席の割りふりであった。社会党が第一党になったのは、この期のＧＨＱの民主化政策をもっとも忠実に具現化しようとしていた政党が、片山哲の率いる社会党だったからである。とはいえ、社会党だけの単独政権は無理なために連立政権とならざるを得ないのだが、その政権構想をめぐって、四月二十五日の投票日から一カ月ほど各党の間で露骨な権力闘争と、それに伴う混乱が続いた。

早くも吉田の評、「刑務所の塀の上を……」

田中が属している民主党は旧体制下での反陸軍を鮮明にしていた代議士、たとえば斎藤隆夫がそうだが、そのような代議士と田中や中曽根康弘らの若手代議士が混然となっている政党で、社会党政権に対してそれぞれの信念をもとにした対応を行った。

民主党党首の芦田均は、社会党との連立を主張してそのとりまとめにかかると、戦前の民政党の流れを汲む幣原派、斎藤派は社会主義政権を潔しとせずに、一時は自由党に同調して連立不参加を決めた。芦田はそうした動きを牽制しながら、幣原派や斎藤派を抑えこむというかたちで、社会党、民主党、国協党の三党連立案をまとめた。党内には、幣原や斎藤が説く四党連立案にこだわる勢力もあったが、中堅代議士は、社会党につきつけた条件(極右・極左主義に反対など)が受けいれられたとして、自由党を除く三党連立案でまとまったのである。

こうして六月一日に片山哲内閣の組閣は終わった。

田中は幣原派に属していた。四党連立派だった。この派閥に共通する社会主義政権には批判的な一年生グループの中枢にいた。

片山内閣は、景気浮揚対策を打ちだして、その政策をもとに内閣の舵とりを行うことを施政演説で明かした。その後の経済政策にも相応の内容を盛りこんでいて、この期の混乱をのりきろうとする意思はあった。しかし、二十二年度補正予算案と臨時石炭鉱業管理法案(炭管法)が論議される段階に及ぶと、しだいに連立政権の枠組みに支障をきたすようになった。補正予算案は、増税一本やりで国民に耐乏を強いる内容だったが、なかでも間接税の増税はもっとも弱い層に負担が大きかったのである。

もうひとつの炭管法案は、エネルギー源としての石炭増産の緊急対策の意味あいがあった。この法案が六月末に商工省や経済安定本部にまとめられて閣議にかけられると、民主党出身の閣僚たちは一斉に、「これは国有を前提にしている」と反対の声をあげた。

七月の議会で代表質問に立った田中は、「若くて元気のいい代議士」という噂の中で確かに建設的な意見を述べていた。この演説草稿は、民主党の若い書記が書いたといわ

れているが、その中には、

「明治大帝陛下も、よきをとり悪しきを捨てよ、と仰《おお》せられましたごとく、他議員の発表はこれを聞き、しかして、それに対する賛否は自由なのであります。おのれのみを正しいとして他を容《い》れざるは、民主政治家にあらず、それをもし一歩を誤れば、戦時下におけるあの抑圧議会の再現を見るのであります」

という一節もあるし、とくに自ら中小企業の経営者という立場でもあり、中小企業の育成を執拗に訴えた。これは時宜《じぎ》にかなったものだったのだろう、議場内の拍手をなんどか浴びた。

だがもっとも拍手が大きかったのは、この政府の政策はもっぱら経済安定本部中心の傾斜生産にむけられていて、大企業主体であり、日本再建の基盤となる中小企業にむけられる予算は極端に少なく、その育成はできるものではないという個所であった。この演説の意味するところは、炭管法がまだ政府の段階で練られているだけで国会に提出されているわけではなかったから、表向き批判しているわけではないが、その実、中小企業の育成に熱意がないという言い方で、政府の姿勢を批判したものだった。

代議士に当選してわずか三カ月の青年代議士の代表質問は、先に記したように服装、話し方、そしてその独得の声によって国会内部では、「なかなか度胸のある若い代議士、これからの日本にはこういう人物が必要かもしれない」との印象が一段と広まった。実は、自由党総裁の吉田茂も、この代議士に注目した。ただ吉田は、田中の演説を聞いただけで、側近には、「あの男は有能な人物だ。だがいつも刑務所の塀の上を歩いているような危ない男だ」と洩らしたというのである。

その後吉田は、田中について独自にその経歴を調べた節がある。吉田は権力をもっている間、田中にしばしば汚れ役を引き受けさせている。吉田が田中を決して表舞台にださうとしなかったことについては、もっと深く吟味されてしかるべきだろう。それは、のちの吉田直系の佐藤栄作と田中の関係を見ていくことで、あるていどの吟味ができるということは記憶しておいたほうがいい。

田中は、この初質問を通じて二つの役割を自らが演じることができると理解した。そのひとつは、「この若い代議士はどのような伝手《つて》があるのかはわからないが、民主党を代表して質問する力をもっている」と知らしめたこと。もうひとつは、政治権力とはなにか得体の知れないかげろうのようなものではなく、台風の目のようにその中心点に存在する権力空間から放射線状に放たれる弓矢のようなものだとわかったこと。このふたつを田中は巧《たく》まずして身につけ利用していくのである。

後者の権力空間というのは、田中によると、権力をふるえるほんのわずかの人物がつくりあげている空間である。田中はこのとき、四党連立か三党連立かでもめている民主党の中にあって、芦田と片山とがつくりあげたその空間を幣原や斎藤が解体しようと試みてはいたが、かといって二人には、その中に入っていくだけの度量に欠けるとの目で見ていた。その空間にくいこむための能力や見識というのは、決して一朝一夕に身につくわけではない。それには今、権力の空間がどこにあるかを常に見抜く目をもつことが重要なのだという。

昭和五十九年四月、田中は信頼するひとりの人物（ジャーナリスト）に、その胸中を語っている。そこで次のような言い方を会話の中でくり返した。

「わしは（代議士に）当選したときから、ずっと政治の真ん中にいたよ。ずっと真ん中にいたよ。だから戦後政治はすべて裏の裏まで知っている」

実は、田中はメディアでもときおりこのような言を吐いていた。ところが論者の大半は、田中は戦後の法律が成立した経緯、そのプロセスでどのようなことが論じられたかの内容に精通していて、その記憶力のよさを法の抜け道を見いだすことに用いたと論じる。しかし、それは田中の一面しか見ていないことになる。

炭管汚職の発端

田中が、自らを「政治の真ん中にいたよ」と豪語するのは、権力空間の位置を正確に見抜き、そこにつねにかかわってきたよ、という意味なのである。

そのことをこの期にしぼって論じていくのは、実は意外に重要である。それは炭管法

（正確には臨時石炭鉱業管理法）が上程されたときに、田中は業者から賄賂をもらい、それにもとづいた質問を議会で行ったとして、昭和二十三年十二月に、東京地検に逮捕されている。民主党の代表質問という舞台に立ってから一年六カ月後のことだ。この間の田中は、二十八歳から三十歳に至るまでのときで、逮捕されたのは第二次吉田内閣で法務政務次官をつとめていた時期だ。わずか一年六カ月の間にこのポストに達するまでの田中の動きは、きわめて政治的遊泳術に長《た》けていた。それが権力空間を巧みに見抜くという能力であった。同時に、田中自身はこの炭管汚職で逮捕されたのは、本来の自らの行為が収賄にあたるのではなく、政治的謀略の罠にはまってしまったからだという理解をもった。GHQが、田中があまりにも露骨に政治行動に走る、別の言い方をするなら、権力空間の中に入りこんできてかき回すのを不快に思っていたから逮捕されたと考えたのである。

むろんこれが客観的に正しいか否かはわからない。ただ田中は、この間の自らの行動が、GHQの不興を買ったというのだが、ことごとくGHQに自分は抗したという言い方で、この一年六カ月を語っているのである。田中にすれば、自分は「アメリカに狙われていた」との思いがあったのだろう。このことは、昭和五十一年に、ロッキード事件で逮捕されたときに、すぐに「またアメリカの謀略にはまった」と信じた言動と一致する。そこで田中は、昭和二十二年九月から二十三年十一月までの間に、どのような行動をとったか、しばらくはそのことに紙幅を用いて検証してみることにしたい。

田中が、炭鉱汚職は謀略だったという根拠を、現実の史実と前述の昭和五十九年の田中の回顧をもとに考えるというかたちで以下に記述を進めていく。

片山三党連立内閣は、結局は十カ月で倒れた。倒閣に至る原因には幾つかの理由があるのだが、そのひとつが炭管法案をめぐる与野党対立であった。社会党にすれば、総選挙のスローガンとして「社会主義的政策を断行する」を掲げていたが、三党連立内閣のもとでは、この政策は実際は実行不能であった。ところが社会党内部の左派グループは、そのことに強い不満をもっていたのである。その期にこの法案が浮上してきた。

昭和二十二年は、片山内閣の経済政策は「産業振興」が主題目であった。そのための石炭増産ということなのだが、ところが石炭会社の経営陣は資材不足、熟練労働者の不足、資金難という状態で、石炭増産の要望にはなかなか応えられない。そこで片山内閣は、まず増産分を年間三千万トンと決めて、炭鉱を国家管理にするとして、前述のように商工省や経済安定本部に法律案をつくらせたのである。

この政策は、社会党左派グループにとって初めての社会主義的政策であった。炭管法をめぐって、まず三党の間でも一カ月余ももめ続けた。

この間、九州の炭鉱業者を中心に反対運動も活発で、彼らは〈黒いダイヤが赤くなる〉と叫んで衆議院内を堂々と闊歩し、反対派議員をさがしては陳情をつづけた。こうした炭鉱業者を怒らせたのは、民主党の幹部たちの発言であった。三党連立を優先させるために、この法案はやむをえない、三年から五年の期限付きで認めるという立場にかわったのである。GHQは、この法案を支持していて、一刻も早く国会で可決するようにと片山内閣に圧力をかけていた。民主党の幹部はそれに応じたとも言えた。

法案はそれぞれの党内の思惑で字句の訂正などもあったが、とにかく九月二十五日に衆議院に提出された。このときからは一気に「政治的な対立と闘争」が表舞台にでてきた。

「炭管法に反対」を声高に叫ぶ

炭管法は、衆議院鉱工業委員会で論議されたが、自由党はこの法案自体、「社会主義的すぎる」と一貫して反対の立場を崩さなかった。この委員会でも審議引き延ばしを図った。この動きに民主党の幣原派が同調したし、芦田派でも九州出身の議員は炭鉱業者の意を受けて反対に回った。

法案を押し切ろうとする政府与党と野党、そして与党の一部が殴りあいを演じるという一幕もあった。

炭鉱業者は院内をわがもの顔に歩き回り、反対派議員に酒をふるまったりした。そのために酔った大臣が婦人議員に抱きついて辞職に追いこまれている。あまりにも緊張感を欠く光景が国会内で演じられていたのである。

結局、委員会では十一対十五で政府原案が否決されるという異常な状態になったが、衆議院本会議では可決された。片山内閣にとっての目玉である炭管法案は、連立内閣の脆《もろ》さと社会主義政策への反発がいかに強いかを教えることになった。この法案は法案提出までの三ヵ月間で社会主義色は薄れていったが、それでも「国有」という語には、自由党は異様なほどこだわって抵抗している。

この法案成立に至るまでに、田中はどのような態度をとったのか。どういう政治的行為が収賄の容疑を受けたのか。

炭鉱業者の集まりである日本石炭鉱業会は、「絶対反対」を決議していたが、それは自らの経営権を脅《おびや》かされるだけでなく、もっと切実な理由があった。各炭鉱には「石炭増産」支援の名目で、復興金融金庫から融資が行われていた。そうした融資は、実際には業者が私腹としていたのである。石炭企業自体、その経営体質はまだ近代的とはいえなかった。そのような体質が国有化で暴かれることを恐れたのだ。まさにその陳情も、院内で金を撒くという荒っぽさであった。とくに炭鉱業者は、自由党議員に負けないほどの額を民主党の反対派議員に撒いたが、実はそれも復興金融金庫からの融資金であった。

民主党の幣原派は、炭管法反対の立場は崩さなかったが、そこでは自らの信念で社会主義的政策に反対する者と、炭鉱業者の側に立って反対する者とに分かれていた。幣原派の二十三人が本会議で反対票を投じたために、芦田ら幹部は七人を除名し、十六人に離党勧告を行った。田中もこの中に含まれていた。だが幣原は除名前に離党し、新たに同志クラブを結成したが、田中もこの同志クラブに移っている。

炭鉱業者がなぜ田中に目をつけたのかは判然としないが、炭鉱業者の意を受けてもっとも院内活動を行ったのは田中である。というより、炭鉱業者とともに院内を闊歩していた。当時、田中と同年代の中曽根康弘や川崎徳二は、戦後復興を自らの体験と重ね合わせながらの反対論を展開したが、田中はひたすら「反対、反対」と大声で叫ぶだけであった。

炭管汚職にメスが入ったのは、法案が可決してから一年近くのちのことだった。昭和二十二年十一月から翌年十月までの間に、炭管汚職が摘発される理由が眠っている。確かに田中の指摘するように政治的な謀略まがいの事実も浮かんでくる。

昭和二十三年三月、先述のように片山内閣が倒れている。社会党内の左派勢力の造反ゆえである。自由党を率いていた吉田は、「野党第一党の自由党が政権を担うのは、憲政の常道である」と主張したが、社会党の西尾末広、民主党の芦田均などは連立政権維持を譲らず、片山に代わって芦田が政権の座に就いた。この政争時に吉田を支持した勢力は、自由党や同志クラブであったが、この政党は合同（昭和二十三年三月十五日）して民主自由党が発足する。吉田が総裁であったが、田中は選挙部長に就任している。

二十九歳の青年代議士がなぜこのポストに就けたのか判然としないのだが、田中は同志クラブに移るや吉田のもとに頻繁に出入りするようになっていた。

吉田の二女である麻生和子（太郎の母親）の証言によると、吉田は田中を法律上のすれすれを歩く男と見抜いていた半面、その行動力に関心をもっていたようである。民主自由党結成時に、田中は吉田に「選挙で勝つための準備をしなければならない。自分に任せてほしい」と説いたといわれているのだが、田中はその豊富な資金から民主自由党結成の資金を提供した節もある。それが因だったとの見方もある。

田中が議員に当選して一年もしないうちにこのようなポストを得ていったのには、その処世術が巧みだという性格が挙げられる。これは田中の人生を通底している方程式なのだが、決して理論や知識を口にしない。まず時代の渦中にいる「中心人物」を見いだし、そこに取りいるのに全力を傾ける。そのうえで「中心人物」のもとに集まる情報や権力の一部を巧みに利用していく、という手法をとる。吉田に取りいったのは、これは推測する以外にないが、これまでの吉田が見たこともない「人間」の欲望の地肌を見せたからではないかと思われるのだが、具体的なエピソードとして表だったものはない。

時代状況は、GHQ内部の民政局（GS）に集まっているニューディーラー（民主派将校）たちの権力がまだ一定の力をもって存在していた。この昭和二十三年は政権内部で汚職が噴出した年でもあったが、田中はそのような状況を、GSが吉田の体質を嫌い、なにかと圧力をかけてきて、それに自分も巻き込まれたという既述のような認識でこの時代をのちには分析している。それが当たっているか否かの評価は分かれるにせよ、まったく当たっていないとは言えない。

芦田内閣は昭和電工疑獄事件によって倒れる。政権誕生からわずか七カ月である。昭和電工が汚職もみ消しのために政界に賄賂に類する資金を撒き、それがあまりにも露骨だったので検察が動いたというのが真相である。

とはいえ昭和電工疑獄事件が明るみにでた経緯について、先のGSの意図をもう少し説明しておくと、この年九月一日から衆議院の不当財産取引調査特別委員会が開かれたが、その鉾先《ほこさき》を政界浄化の方向にむけて活動を始めることになった。もともとこの委員会は戦後になって軍の隠匿物資が民間に流れていた実態を調査し、その摘発を意図していた。しかししだいに、その活動は政界・官界・財界に流れた不当物資を摘発して、その浄化を目的とする意味をもつようになった。GSのニューディーラーたちは、この委員会を背後からコントロールし、日本の政界浄化という名目で民自党や民主党よりは社会党に期待をかけていた。ニューディーラーは大体が、一九二〇年代後半から三〇年代にかけてのアメリカ国内で社会主義に同調する者が多かったのである。

この特別委員会は、昭和電工疑獄事件のあと、炭管法の成立に至るまでの反対派の資金の流れに関心を示すことになる。GSが法案に反対した自由党と同志クラブの議員の動きに注目したともいえる。委員会には、二週間ほどの間に衆参両院議員十四人、炭鉱業者や日本石炭協会職員など十八人、そしてこうした業者と関連をもつ業界人などが呼ばれ、次々に証言を求められた。ここで炭鉱業者から民主党の多くの議員に多額な政治資金が流れていることが明らかになり、その金の流れの全容がしだいに暴露されていった。

こうした事態になると、東京地検も炭鉱国管特別捜査本部を設置して捜査にのりだす。十月十九日のことだ。最高責任者には、野村佐太男次席検事が就任して、この汚職事件を徹底して洗うことになった。東京、九州で捜査が始まり、九州の炭鉱業者の帳簿が押収された。さらに炭鉱企業の経理担当者が次々と検察当局に呼びだされて厳しい訊問《じんもん》を受けている。十一月十三日の段階では、検察当局は事件の全体図をほとんど掌握してしまったのである。

九州の炭鉱業者の大半が、贈賄先として田中の名を口にしたともいわれている。

東京地検の検事たちは、炭鉱業者の銀行口座や小切手の振り出し先などを丹念に洗い、議員たちの収賄容疑を固めていった。十一月二十二日には、検察当局は首脳会議を開き、容疑が明白であり、その収賄の金も大口だった田中などの逮捕について秘密裏に話し合っている。翌二十三日になって田中の自宅、田中土建工業本社、そして田中がしばしば利用していた神楽坂の料亭の三ヵ所の家宅捜索を行った。田中へつきつけられた容疑は、炭鉱業者から反対運動の活動資金四百万円を受けとったこと、それに加えて炭鉱住宅工事をめぐって不正な入札があったという容疑も加えられていた。

田中は在宅のまま取り調べを受けた。田中は容疑に対して、「これらの資金は炭鉱会社の住宅を建てる工事代金であり、炭管法反対とは何らの関係もない。これは不当な逮捕である」と応じている。自らが経営する田中土建工業の代金という言い方で、検事の追及から身をかわそうとしたのである。田中のほかに旧民主党の議員四人が逮捕されているが、田中の言い分は、きわめて巧みであり、その弁は確かに筋が通っているようにも見えた。検察当局は田中が口にするであろうこれらの言い分にどう対処するかを会議で詰めていたから、その取り調べはつまるところは法解釈の問題にと移行していったのである。

田中はこの取り調べのあと記者会見を開き、次のように語っていた。

「私の会社は、福岡、佐賀と筑豊地区に出張所をもち、土建業者として炭鉱業者と業務上の関係は深かった。しかし噂されているように、炭管国営もみ消しのため業者から不正な金を受け取ったことはなく、関係者に贈賄した事も絶対にない。今度の家宅捜索は、会社の業務上の帳簿調べをしたのにすぎない。もちろん次官をやめるなど毛頭考えていない。高検の捜査に関して、法務次官の私が何も知らなかったことは、捜査当局の本来

の在り方として敬意を払っている」（「東京朝日新聞」昭和二十三年十一月二十三日付）
「チョビひげを生やした三十一歳の代議士は、別に動じることなく答えた」とも書かれている。

検察当局との闘いの原型

芦田内閣が倒れたあと、吉田茂が民自党の代表となり、民主党の一部の票を得て首相になった。官房長官には佐藤栄作を抜擢したが、佐藤は田中を法務政務次官のポストに就けている。前述の委員会審議が、しだいに中心部に入ってくるときであった。田中はこの委員会の審議が気にかかって、このポストを望んだ節があった。吉田のもとに通いつめての猟官運動を行ったと思われるが、今のところそれを裏づける資料はない。

佐藤と田中のこのときの結びつきは、どのような経緯があったかは明らかになっていない。しかし田中は、炭管汚職の網が自分にふりかかってきていることは承知していて、それを潰すか、あるいは無罪とするかを意図して法務政務次官のポストにこだわったであろうことは想像に難くない。

このポストに就いて一カ月もしないうちに、田中の身辺に検察の手が伸びてきた。すると田中は、露骨な対応を始めた。法務省の人事課長を自室に招き、検事たちの人名やその経歴をすべてさぐった。そのうえで法務省の官僚を自らも出資する料亭に連れていき、宴会をくり返しては情報を得ようと画策した。とくに田中は、九州の炭鉱に取り調べに赴いている検事はどのような人物か、その経歴はと関心をもち、その点を執拗に尋ねられたと、当時の人事課長はのちに証言している。

田中の政治家としての原型は、この昭和二十三年の一年間にすべてあらわれている。その原型こそが田中の方程式となるわけだが、田中はこうした方程式から終生逃れることはできなかった。それがしだいに明らかになっていくのである。

政界の「アプレゲール」

田中が法務政務次官のポストを辞任すると表明したのは、昭和二十三年十一月二十八日であった。「自分はやましいところがない」と記者団に語ってから四日目のことであった。情報収集の結果、自分の周囲は検察当局によって固められたことを知ったのである。

実際、翌二十九日から検察は田中逮捕を目指して急速な動きを進めた。田中土建工業の九州営業所が家宅捜索されて関係書類が押収されたし、検察は田中の心臓部に着々と手をいれてきた。九州営業所の所長は、田中のもっとも親しい友人の入内島金一《いりうちじまきんいち》であった。田中が新潟から東京に出てきて設計事務所の下働きをしていたころに出会った先輩格の友人が入内島であった。田中は入内島にしばしば自らの野望を語り、しだいに親友という関係になった。

戦後、復員してきた入内島は田中のもとに参じ、政治は田中、実業は入内島、という暗黙の諒解をつくった。その入内島は、検察での取り調べで田中とともに炭鉱業者から受けた百万円をごまかすために帳簿の改ざんを行ったことをあっさりと認めた。そのためにすぐに逮捕状が執行された。田中が炭鉱業者から百万円の賄賂《わいろ》を受けとっていたことは、こうして検察にも把握された。田中は、この段階であっさりとそのポストを退いたのである。

百万円のうち五十万円は田中土建工業に入金し、のこりの五十万円は田中が自在に使っていたが、検察はしだいにその使い道をさぐり、追いつめた。当時の検事団のひとりによるなら、炭管法反対運動で田中は九州の炭鉱業者と面識を得るやすぐに自ら九州に赴いて、その地に田中土建工業の九州出張所を開設し、汚職追及の火の手があがると、なりふりかまわずに偽装工作をするといった具合で、その手際のよさに改めてこの一年生議員のしたたかさに驚いた、と証言している。

田中と入内島は、炭鉱業者に百万円を返却したし、その領収書をもっているとも口裏を合わせたが、なんのことはない、この領収書もまた偽造していた。こうした田中の言動に怒った検察は、田中の容疑が固まったとして東京地裁に逮捕状の請求を行っている。これが十二月七日であった。この期は、国会が開会中だったために、田中を逮捕するための許諾請求が必要である。首相の吉田茂はとくべつのためらいも見せずに衆議院議長あてに請求手続きをとったのである。

民主自由党は、田中に対して、辞職を勧告した。議院運営委員会や衆議院本会議には、その方向での事態収拾を望む空気があったが、田中はそれに応じず、「自分は断固戦う」と譲らず、辞職勧告を聞き流した。まだ三十歳を超えたばかりの代議士が、戦前からの代議士の説得にもまったく応じなかったのである。

新世代を称してアプレゲールという語が当時、流布《るふ》していたが、田中はまさに政界のアプレゲールだったのである。もしこのポストを失ってしまったら、自分は単なる土建業者にすぎないとの焦りもあったのだろう。十二月十二日になって議院運営委員会や本会議で、田中逮捕の許諾請求が行われ逮捕自体は可決されている。

翌十三日、田中は逮捕を覚悟していた。自宅で待機していても検察は来る気配がない。すると田中は、自ら検察庁に出向いて逮捕されている。そこで取り調べを受けたあとに、東京拘置所に収監された。

この代議士が二十数年後には首相になるとは、このときの検事や新聞記者たちの誰一人として予想しなかったであろう。ともあれ、私益を追求するのに貪欲な青年代議士が警戒の目で見られる始まりであった。

A級戦犯七人の処刑と拘置所からの立候補

東京裁判で死刑を宣告されていたA級戦犯七人が巣鴨プリズンで処刑されたのは、十二月二十三日であった。

吉田はこの処刑に符節を合わせたかのように、衆議院を解散した。それはこの内閣が昭電疑獄や炭管汚職の責について審判を仰ぐという意味もあったし、さらには旧体制の清算後の新体制は自らの手で、という思惑もあったからだ。

東京地検は衆議院解散が決まると同時に、田中に次ぐ炭管汚職の収賄容疑で十人の代議士を逮捕している。そうした代議士の中には、田中万逸《まんいつ》、竹田儀一《ぎいち》、尾崎末吉、坪川信三など民主党系の代議士が多いのが特徴であった。田中が彼らとは別に、ただひとり議会開会中に逮捕されたのは証拠隠滅などが目に余ったからで、とくに悪質と判断されたからでもあった。

田中は、解散の決まった二十三日の夜に、小菅拘置所から選挙区の有力者に次つぎと電報を打っている。その内容は一様に、〈ギカイ　カイサンス　タノム　タナカカクエイ〉というものだった。田中は獄中から公然と出馬を宣言したことになる。田中はまもなく拘置所から出たあと、周辺の者に、「おれに逮捕状をだした裁判官はいつか必ずクビにしてやる」と洩らしているし、拘置所の中でもその思いを守り続けていたと述懐したと言われている。

田中は保釈の申請をなんどか行ったが、これにはGHQのGS（民政局）が強く反発した。第一審の裁判長であった小林健治（故人）は、かつて私の取材にこのときの真の事情を次のように語っていた（この証言は、昭和六十年に、弁護士となっていた小林を東京・銀座の事務所に訪ねて取材したときのもの）。

「GHQ側にすれば、汚職犯を保釈するのは民主主義の基本理念に反するということでした。それを受けて私も却下していた。昭和二十四年一月に入ってまもなくのころですが、また申請がだされた。ちょうど総選挙のときだったと思う。まあ判決の宣告をするまでは無罪なのだから、政治家は選挙でその判断を仰ぐほうがいいと考えたあげくに認めました。GHQは少々クレームをつけてきましたが、判事はあらゆる権力から自立しているという意味のことを言いましたら、あとは特別に何も言ってはきませんでしたね」

すでに八十代に入っていた小林は、当時の田中の様子をよく覚えていた。のちに首相になるとはまったく思わなかったというが、言動のひとつひとつに度胸の据わったところが目立ったといい、判事としてはもっとも印象にのこるタイプの被告だったともつけ足すのであった。

この期の田中の言動を分析してみると、すでに十五歳ごろから世の中にでているような人物に共通のエネルギーをもっている。つまり田中は、その青年期に机上の知識をつめこもうとせず、ひたすら金を動かす関係を見ながらの人物評価を行ってきた。生活に役だたない知識などは初めから無視していた。小菅拘置所から出たあと、まさにこの方程式を忠実に守る行動をとりつづけている。保釈されるや、すぐに新潟三区にとんで帰ったあとの行為がそうであった。

すでに選挙戦も佳境に入っていた。

田中の選挙区では、「汚職の犯人は新潟の恥だ」という他陣営からの声が強い。至るところで田中の名は、悪の代名詞になっていた。田中が師として仰いでいる星野一也が、「お前はまず魚沼に行ってそっちを固めろ」と助言したのは、どの候補者も手をつけていない地域を中心にして戦う以外にないとの意味をもっていた。それほど追い込まれていた。

『ザ・越山会』(新潟日報社編)によるなら、田中は新潟に戻るなり六日市駅前にある越山会に入り、「自分は何もやましいことはない」と胸を張って支援者たちに意気軒昂《けんこう》なところを見せたという。しかし実際にはこのときは選挙資金にも事欠く有様で、支援者たちが差しだしたカンパを手にして涙を流したともいわれている。

田中にとって三回目のこの選挙は、たぶん彼のこれまでの人生でもっとも呻吟《しんぎん》した体験であったろう。

「司法に抗する代議士」のイメージづくり

まず残された十日間の運動期間に、選挙区を終日歩き続けた。支援者が浄財を提供するという計算もあっての選挙演説であった。自分を当選させれば、生活が楽になるという演説に終始する。「汚職野郎！」とか「おい、石炭の金はどうした」という野次がとぶとすかさず、「あんなところに二度と入るものじゃないですな」と応じ、小菅拘置所の退屈な日々を、まるで漫談口調で語ったりする。ときに道化役に徹しきるだけの能力と才覚をもっていたから、このような漫談気味の演説は受けた。「あの男は面白い男だ」と同情の空気さえ生まれた。

するとそれを待っていたかのように、三国峠を切り崩して越後に雪が降らない時代にしなければならないと説く。「いいですか、いつの日か、新潟は東京と直結する、そんな時代を私はつくるんだ」というのが、田中の演説のさわりであった。

昭和二十四年一月二十三日の総選挙で、田中は四万二千五百三十八票を獲得した。亘《わたり》四郎に次ぐ第二位での当選であった。吉田の率いる民主自由党は過半数をはるかに超える二百六十四議席を獲得した。

この民主自由党と自らの勝利を、田中は、検察ファッショとの戦いに勝ったと位置づけた。それが田中話法の第一歩だった。そして次に、「これだけの票を獲得することで、私の政治的責任は晴れた」とも高言し、民主自由党の県支部に、「田中が今回勝利したのは司法ファッショの横暴の犠牲になったことに、県民は同情の意を示したのである」との声明を発表させた。県支部に対しては、この政党の成立時からの支援という経緯もあって、自由に動かすことができた。田中は特別に恥じることなく、そうした組織を利用し、とにかく自分は「司法ファッショに抗する代議士」だというイメージにつくりかえていった。それがひとまず成功して、田中のイメージはより広くプラスの側に転化していったのである。

田中が東京での顔と新潟での顔を使い分けていくのは、この選挙のときからで、三十一歳になろうとする二年生代議士は選挙によって有権者にどう接するか、集票の手法などをすべて覚えてしまった観がある。

田中の東京での代議士の顔は、決して順調ではなかった。「裁判闘争」が控えていたからである。ハンデを背負いながらの国会活動を続けなければならなかった。

田中が起訴されたときは、旧刑事訴訟法と新刑事訴訟法の境目の時代で、田中は旧刑事訴訟法で裁かれることになった。検察が提示した証拠資料をもとに裁判長の小林健治が田中に直接訊問する形式であった。検事側の主張は、田中が衆議院議員として法律案の審議をするうえで職務権限をもっていたと決めつけることで、次のような容疑事実を示したのである。

「田中は民主党代議士を通じて炭鉱住宅の工事を木曽重義（注・炭鉱業者）に頼み、炭管法案が国会に上程されないよう、もし上程された場合には通過しないよう、その反対に尽力されたい趣旨で請負わせてくれるものであることを察知しながら、請負契約を締結し、以《も》って衆院議員たる職務に関し賄賂を収受し、金百万円の小切手を受け取った」

田中土建工業の受注工事にからませて、世間の目を欺《あざむ》いていると決めつけたのだ。

懲役六カ月、執行猶予二年

田中は検察側の主張を認めつつ、次のような弁解を行った。

「これまで申したとおり、私が木曽から受け取った百万円の小切手は工事の前渡金であり、政治上または石炭国管問題に対する報酬の意味は全然含まれていなかったと私は信ずる。然《しか》し、契約書を提出できず、帳簿を書き改めたり仮装の受取書を作ってもらったりして、客観情勢の極めて悪いことは認めざるを得ない」

この言い分は、自らは石炭業者から収賄したわけではないが――つまりそのような意味があるとは思っていないのだが――ただ工事代金であることを裏づける資料がないことは、私にとって不利な情勢であることを認めざるを得ないという内容である。当初の検事の取り調べでは、百万円の授受そのものを認めていなかった。それが小林裁判長の訊問を受けるや、あっさりとそれを認め、こんどはそれを工事代金として認めるというのであり、それを裏づける資料がないのは、私にとって不利であることも理解できるという言い方にすり変えていく。

こうした田中の言い逃れにも似た論法は、必ずしも法廷で通用したわけではなかった。

というのは、法廷では入内島金一を始めとして、田中土建工業の社員たちが、検事に取り調べを受けたときの証言をさらに補完したり、肯定したりして、田中を追いつめることになった。田中にとって決定的に不利だったのは、ある社員が、田中自身の口から炭鉱国家管理問題で炭鉱業者から百万円はもらっているが、これは炭鉱住宅建設の仕事でもうけたことにすればなんとかなるだろう、と言われたことがあると証言したことだった。

前述の小林裁判長の私への言によれば、「田中の証言はあまりにも自分勝手だ」と不快な感さえ受けたという。著しく心証を害してしまったのだ。

昭和二十五年四月十一日、炭管汚職事件の第一審判決が下された。田中には懲役六カ月、執行猶予二年という刑が宣告された。田中はさして動揺した様子は見せなかったというが、すでにこの程度の刑は覚悟していたのであろう。刑の宣告を受けたあとにすぐ東京高裁への控訴手続きをとっていた。

田中は、東京高裁に移っても、炭鉱業者からの百万円は工事代金であると主張した第一審での論法を譲らなかった。

実際、田中土建工業は木曽本洞炭鉱の工事を引き受け、その工事に着手しているとも言った。そう言われてみればそうか、という程度の炭鉱住宅がこの炭鉱の周囲には建ちつつあった。この住宅が、田中土建工業によって建てられたか否かは不明だし、建設にあたった作業員がこの土建企業に所属していたかなどは当時は確認の方法もなかった。

こうした弁論が効いたのか、東京高裁では田中に対して無罪を言いわたした。その判決内容は、弁護側の主張を大幅にとりいれたものであった。判決の骨子は、田中の論法は相応に一定の正当性をもっている、と認めたものだった。田中の行為を収賄と認めるには、犯罪の証明が必要だが、それがないということでもあった。犯罪の証明がない田中を有罪にしようとするならば、さらに納得できうる証明の材料がなければならないというのだから、検事団は、無能と悪《あ》しざまに罵《のの》しられているような判決と解することもできたのである。

そのためか、法曹界では、「控訴審の検事は請託をまったく立証しようとしなかったのはおかしい」と囁かれることになった。法務政務次官だった田中に、あえてそのような立証を避けようとしたのではないか、という声もあがった。

昭和二十六年六月二十二日、田中の無罪が確定した。その経歴に汚点はのこらないことになった。第一審で有罪になり、控訴しなかった他の議員がやがて政界から離れていくのとは対照的に、田中はともかく「裁判闘争」そのものには勝つことになった。

東京高裁で無罪の確定を確かめたときの田中は、まだ三十三歳の青年代議士だったことになるが、新聞報道によると全身で喜色をあらわし、そして駆けつけた支援者たちと大仰に握手を交わしながら、「このことを選挙民の皆に知らせなければ……」と叫んでいる。

裁判から得た三つの教訓

炭管汚職の被告として、とにかく難関を乗りきった田中は、この裁判で政治とどうかかわるかについて多くの教訓を得たであろうことは容易に想像できる。無罪になったとはいえ、法律にふれたとして訴追される行為を働きながら、その法律を現実に運用するのもまた、人だという当たり前の事実をまず確認したということになろう。

田中自身、この後、炭管汚職について公に語ることはなかった。あれだけ饒舌に、自らの軌跡について語る政治家が、この一件にふれようとしないのはまさに異様と思えるほどであった。ただし仲間内の会話でこの事件がもちだされると、炭管汚職事件自体、GHQの謀略だったという言い方を好んで用いた。その謀略にはめられたのだとの言をしばしば口にしているのであった。私の手元にある私的会合での談話録では、検事総長がGHQの民政局の窓口だったとの言い方もしている。

田中は、この時期それほどの政治家だったか、つまりGHQが狙いを定めるような大物政治家だったかといえば、そうとはいい難かった。

田中が炭管汚職に連座し、つまりは無罪になったにせよ、このプロセスで学んだことをのちの動きとからませながら分析していけば、次の三つの教訓を身につけたといえるだろう。

第一点は、政治資金は自前で調達し、他人からの献金には頼らないという哲学である。献金にはつねに贈収賄の危険性がある。第二点は、法律に熟知するということである。これはやがて熟知の段階から、自らが法律の作成に積極的にかかわっていくといった段階へ進んでいく。第三点は、地元新潟三区の陳情はなんとしても実現させることであった。選挙民との実利的な関係を深めていけば、選挙に落ちるということはないとの確信をもったのである。

長岡鉄道の経営にのりだす

炭管汚職の裁判闘争を進めていたために、田中の経営する田中土建工業は、昭和二十五年には一気に衰退していった。

主因は田中の政治力が低下してしまったからだった。中央政界では、まだ陣笠代議士に列する身であり、土木・建築工事の受注に正面きってのりだす立場にもなかったからである。選挙区の有力者が中央官庁に陳情にくると、田中は官庁内を連れ回し、官僚たちに気易い言葉で、「この陳情を聞いてくれなければ、自分の票が減ってしまう」と冗談まじりに話したというが、被告の立場では、そのような押しも発揮できなくなったのである。

もとより田中土建工業の事業縮小は、田中の政治力の低下だけが原因ではなかった。昭和二十五年六月には、朝鮮戦争が始まり、そのあおりを受けて一時、建設業界が不況になり、仕事量も減ったのである。「いわくつきの」という表現があたっているだろうが、田中土建工業はごく自然に解散という状態になった。田中のこの企業には、五百人ほどの社員がいたとされるが、大半の者は田中のもとを離れて散っていった。しかし、田中の側近たち——彼らがのちに田中ファミリーと呼ばれることになるのだが——は、新たに田中の関係する企業に吸いこまれていったのである。

田中は、まず長岡鉄道（のちの越後交通）の社長というポストに就いている。昭和二十五年十一月一日であった。まだ東京高裁で無罪判決のでる前のことである。このころは経営状態がよくなかったこの鉄道会社の経営をなぜ引き受けたのか。

それは地元住民の生活を安定させるという点で、そしてそれによって、この沿線からは大量の投票が見込まれるという実利をもって、社長に就任したというのが当たっている。同時に、田中はこの長岡鉄道の苦境を引き受けたという借りを県内の有力者たちに与えることにより、この後の政治家としての道筋をつくることに成功したのである。

立花隆の「田中角栄研究（その金脈と人脈）」（『文藝春秋』昭和四十九年十一月号）によるなら、「この会社を母体に、やがて田中ファミリーのもう一つの部隊が形成されていく」という。実際に田中の軌跡を追う限りでは、この指摘は当たっている。さらに立花によるなら、このころに田中は「目まぐるしく色々の会社を作ったり、役員に就任したりしている」として、昭和二十五年から二十六年にかけては、東元工業、日本建設、そして理研産業など六社に関係しているという。

これらの会社には、田中土建工業の人脈が流れて創業したところもあるが、企業としてはまだ戦後の混乱期に形をつくるに至っていたわけではない。立花が指摘するように、実業家としての田中の動きはすべてこの長岡鉄道を基点に始まっていったと言える。

長岡鉄道の社長に就任したときの弁としては、「誰もが私に社長になぞなるな、と言った。しかし、私はあえて引き受けた以上、地域の人びとの悲願達成のために電化に努めたい。そのことを約束したい」と話している。田中なりに成算はあったのだろう。

実際に昭和二十六年十二月に新潟の一地方電鉄が全国の鉄道会社に先がけて電化に成功したという事実は、確かに田中の評価を上げることになった。

事業と政治、巧妙な人物配置

本書でしばしば引用する、田中があるジャーナリストに語った回顧談（速記録）を読むと、昭和二十六年、二十七年ごろの政治的動きにふれた部分で、当時、代議士となっていた佐藤栄作との関係では、その佐藤とのつながりがいかに深かったかを語っている。たとえば、次のような一節がある。

「佐藤（栄作）がその後、総理大臣になるまで昭和二十五年からずっと長岡鉄道の顧問だったんだ。年に給料一万円、信濃川のシャケ一匹、初めの一万円は高かったんだから。でも、だんだんインフレになってきて、『おまえはいつまでたっても顧問料上げないのか』といわれたけど、『安いときに高く払ったんじゃないか、何いうか』ってね。個人的にも事業的にもいろんなつき合いがあった。それが佐藤とぼくとの関係だ」

このあたりのことは未《いま》だ充分に明らかにされているとはいえないが、田中は長岡鉄道の社長に就任するにあたって、顧問や相談役などに将来を見すえての人材を配置している。佐藤もまたその一人だったのである。当時、吉田首相の全盛時代で講和条約交渉、そしてサンフランシスコ平和会議に至る日本の国家主権の回復というときであったが、田中はそのような政治的テーマのもとではまったく動かずに、むしろ事業を政治と結びつけることに意を用いていたと言ってよかった。

佐藤だけでなく、運輸省電気局長から政界に入っていた西村英一（のちに田中派の長老格になっている）に、長岡鉄道の電気工事主任技術者というポストを与えている。これは電化工事の施工にあたって、主任技術者資格をもつ者が長岡鉄道にはいなかったので西村を迎えいれたという経緯があったにせよ、政治的配慮ともいえた。長岡鉄道が軌道にのりはじめた昭和二十九年には、取締役に就任させている。

田中は、こうした人物配置を自らの事業の枠内にも巧妙にとりいれていた。

長岡鉄道は、昭和二十七年十月には第二期工事を終え、来迎寺線も完成して、全長三十九・三キロの全線の電化に成功した。一日数本だったダイヤも増発されていき、「列車のスピードもアップされ、通勤定期客の増加、夏期は長岡方面からの海水浴客の急増がみられた。長岡に職を有する者、長岡の高校に通学する学生はダイヤの増加に伴い、従来冬期間の下宿生活をやめ、通年して通うことができるようになった」(『越後交通社史』から)という。こうした生活環境の利便さから実用性まで、すべてそれは田中の実行力と理解された。

田中はやがて長岡鉄道を単に鉄道会社にとどめておくだけでなく、その定款を改めて事業を拡大する方針を採用した。前述のように田中ファミリーの出発点は長岡鉄道にあったわけだが、電化工事を見切り工事として踏みきったころの昭和二十六年五月に、この鉄道会社の定款一部変更を株主総会にもちだして承諾させている。それは定款第二条にある「自動車運輸事業」の次に「砂利採取販売業」を加えるということであった。

戦後復興のこの期に、誰もが簡単に予想できたのは、都市でのビルの建設、一般住宅の建設といったことだった。経済状況が好転すれば、建設ブームともいうべき現象を生みだすはずであった。加えて道路や河川工事、それに各種の公共事業が飛躍的に増大することも予想される。必要なのは砂利である。しかも信濃川や渋海《しぶみ》川の川底にある砂利はきわめて良質であり、国鉄の基準にも合致することがわかった。田中はそのような事情を読んで、長岡鉄道の貨物輸送部門が砂利を輸送することで増収を図ることを考えたのである。

それと同時に、新たにバス部門の拡充にものりだした。事業拡大によって、新たに田中の蓄財の手法があきらかになるが、その当初はあまりにも杜撰《ずさん》な手法であった。田中が長岡鉄道を舞台に、実業家としての才能を発揮すると同時に政治家の地歩を固めるのが昭和二十年代の半ばから後半にかけてのことである。三十代前半にして、政治と実業に通じるふたつの顔をもつようになった。

田中は、一方で吉田人脈の佐藤栄作や池田勇人《はやと》と親しく交わり、もう一方で炭管汚職に引っかかり、その裁判闘争を続けながらも、地元の鉄道企業を経営していく。そして、地元に国の財政支援をもたらすルートをつくりあげていくのである。そこに見えるのはしたたかな遊泳術である。そのことは、田中にとって高邁な政治哲学よりも、政治もまた「人間の我欲」の闘いとの信条を実践したことを物語っている。

田中のこうした信条には、確かに昭和二十年代の政治家たちの身につけていない俗物性が含まれていた。政治哲学や政治思想をまったくといっていいほど語ることはなく、ひたすら人脈のなかで息づかいのみを生来の勘で見究め、そして動き続けた政治家というレッテルが張られる。それは田中が政治家として出発したときからの定められたコースだったのだ。

実際、田中がさまざまなところで語った証言や新聞記者などに洩らした証言を丹念に集めていくと、戦後保守党政治の人脈図がきわめて正確に田中自身の中で整理されていることがわかってくる。

田中が整理していた人脈図とは、たとえば次のような内容である（前掲の速記録から）。

「池田勇人が大蔵大臣になったときの次官は長沼弘毅《こうき》だ。長沼もぼくは親しいんだよ、ずっと前から、（大蔵省の）管理局長だったからね。長沼や福田（赳夫）がその前に主計局長でもって、昭電（事件）で辞めちまったときからね。前尾（繁三郎）が主税局長、福田が主計局長だったんだ。福田と前尾は、昭和四年入省組だ。長沼も四年入省。その長沼を次官にしたわけだが、大蔵大臣は大正十四年（入省）の池田だよ。それで池田大蔵大臣は、省議は長沼がやることに、そして閣議（での案件）は福田に任すことになったんだ」

「この池田大蔵大臣の秘書官には、黒金泰美《やすみ》がなった。それから登坂（重次郎）だ。その次が大平、宮沢だ。大平よりも宮沢があとだな。（略）大平個人は秘書官になる前から知っていた。それは大平が、ぼくが牛込南町五番地に住んでいたころ、彼もその近くに住んでいたからだ。当時、大平は経済安定本部公共事業課長をしていた。これは占領軍の窓口です。（略）大平という男は緻密《ちみつ》な人ですよ。とにかく考え方も仕事ぶりも緻密な人です」

こうして田中は、国を動かす要《かなめ》ともいうべき大蔵省の人脈図を池田をとおして頭にいれて常に確認していたことになる。田中は、このような人脈が共通してもっている長所と短所も理解した。帝国大学法学部を卒業して、高文官試験に合格し、そして大蔵省に入省してくるような人物は、いずれも有能であり、その知識には抜きんでたものがある。人間的にも大筋を外れるような言動はとらない。しかし、彼らに決定的に欠けているのは何か。

田中は、その欠けているものを十代の半ばから社会に出て辛酸をなめていたがゆえに、容易に見抜いたと言うことができる。それは〈言葉〉の使い方が総じて不得手だという一点である。情に訴える言語を口にすることができないという性格もまた見抜いたのである。田中が、〈言葉〉を武器として用いていくのは、そのことを自覚していたからであった。

「大平の言葉は心を打たない」

公的な立場にいる者が用いる言葉は、常にふたつの点が厳しく問われる。ひとつは、ひとたび口にした以上、宿命的に負わされる責任、もうひとつは、大衆を動かす情緒的な言語を駆使する能力、である。

田中は、官僚たちは前者に比重を置くあまり、ほとんど言語使用能力を失った状態にあることに早くから気づいた。さらに、民主主義の時代に入って、国民の誰もが選挙権を有するというのに、官僚出身の政治家たちは大衆を説得する術《すべ》をなにひとつ身につけていないことも知った。官僚は、それぞれの出身地で小学生のときから秀才と言われ、立身出世の道を歩むよう陰に陽に圧力をかけられてきただろうから、その性格はきわめて慎重になり、他者に対しても胸襟《きょうきん》を開いた会話は不得手となっている。官僚出身の政治家は一様にこうした特徴をもっていた。それはこの時代には最大の弱点となることを田中は理解したうえで、それを逆手にとって利用する処世を己《おの》れのものとしていくのである。

田中の証言によれば、官僚出身の政治家として自分の見てきた限りでは、たとえば大平正芳はもっともすぐれた能力をもっていたという。ちなみに昭和二十年代から三十年代にかけて、政治家、官僚などの国会答弁、あるいは国会での質問などを見てきて、田中が心底から優秀だと感心したのは五人しかいなかったと述懐し、そのなかに大平を加えている。ほかには芦田均、北村徳太郎、社会党の鈴木義男、そして国会に証人として出席したことのある滝川幸辰《ゆきとき》だったという。彼らの話し方、口ぶりは鈍重に見えて目立たないのだが、ひとたびできあがった速記録を読むと、話す内容も論旨も、誰もが驚くほど明快だというのである。

田中は、大平の話す内容は精緻であり、その論旨も明快なのに、なぜ人の心を打たないのだろう、といつも気に掛かっていた。そして気づいたのは、その話の進め方に、〈間〉がないということだった。つまり他者をどう説得していくかの話術を身につけていない。

田中は、そのことを大平になんども忠告したという。

「お前さんの話の内容を記録に残すと、誰もが感動するような重みがあることがわかる。しかし、なぜ同じ言葉で説得しても人が動かないのか。お前の喋《しゃべ》りは眠たくなってしまう。まずは〈間〉をとるように気を使わなければだめだ」

大平は、「だからお前にいつもごまかされてしまうのかな」と苦笑したという。

こうしたエピソードで、内容よりも話し方によるという掌握術を田中が身につけて、政治家や官僚を手なずけていったということがわかる。昭和三十年代から四十年代にかけて、田中が政治家としての地歩を固め、その勢力を拡大していくときに、この掌握術は如何《いかん》なく発揮された。官僚には、情と恫喝を、そして国民に向けての話の内容は官僚の受け売りであったが、話術はすべて自らの人生体験を通して学んだ手法を用いていたことになる。

田中の、人に利益を与えるという試みは選挙区の新潟で始められた。長岡鉄道の社長に就任するや、側近の助言をいれて、後援会づくりにのりだしていく。「越山」という独自の後援会組織を生んでいくのだが、会員にはバスを連ねての東京見物をさせ、田中の顔で国会見学も行い、政治活動を視覚で確認させるというプログラムが考えられた。

帰りには、田中から土産品をもらい、ときに田中と旅館で飲食会を共にするという体験が加えられた。

昭和二十六年から始まったこのバスツアーは、選挙民には田中を支援することで、多くの実利が得られる証となった。当時、このような実利の伴う有権者への活動を進めている国会議員はいなかったから、田中はその点でも国会内で注目されたのである。

打算と実益の選挙システム

田中角栄が有権者に与えた実利はそのまま田中への票となって還元される。

この集票システムは、予想を超える現実となって反映された。昭和二十八年春の総選挙で、田中は六万二千票を獲得しトップ当選を果たしている。新潟三区での選挙では決して敗れることがないという構図をつくりあげていくきっかけになったのだ。ただこのときと、続く昭和三十年の総選挙をとおして、田中は確かに大量の票を得たが、その集票にはきわめて大きな特徴があったのも事実であった。

『ザ・越山会』が分析しているのだが、田中の得票分布図を見ると、「郡部に強い農村政治家でしかなかった」という。この三区の主な票田は長岡市となるのだが、この地は城下町特有の排他的性格を有していて、田中を「よそ者」としか扱っていなかったという。圧倒的に強いのは、保守では大野市郎、革新では三宅正一《しょういち》であり、そこに顔をだすにしては田中はまだよそ者にすぎないとの扱いを受けていた。それに都市部のサラリーマン層の票は、ほとんど獲得していないと分析された。

長岡鉄道の社長に就任したといっても、都市住民にはまだその名が深く知られているわけではなかった。そのために田中は、「それまで代議士が訪れたことのない辺地、農村に分け入り、『地域開発』をテコに支持基盤を広げる」以外になかったのである。

前述のバスツアーは、国際興業のバスと決まっていて、ここにもゆくゆくは政商となる者との利害がからむ関係が生まれていた。言うまでもなく、その経営者が小佐野賢治《おさの》なのだが、田中が小佐野と面識を得たのは、代議士になってまもなく炭管汚職に連座したとき、その弁護を引き受けた弁護士の正木亮《まさきあきら》の事務所でだった。小佐野は田中と同様に特別の人脈や学閥もなく裸一貫で実業の世界にのりだし、戦後の混乱期に大量のバスを軍から払い下げてもらったり、あるいは安い価格で購入したりしてバス事業に進出してきた新興の実業家であった。ふたりの間には、まず共通の環境や事業の才能を認めあうという関係が生まれたのだろう。加えて、田中が炭管汚職容疑で拘置所にあるとき、小佐野もまた獄に入っていた。進駐軍のガソリンを不当に横流ししたとして、横浜憲兵裁判所で裁かれて重労働一年と罰金七万四千円を宣告され、受刑中だったのである。そのような実業家としての経歴が、ふたりの間で許容されたのだ。

田中の有権者サービスである東京へのバスツアーは、そのまま小佐野の国際興業を潤すことになった。このような利益を受けると、小佐野もまた田中に見返りを行っていたのである。それが、長岡鉄道のバス事業部門の拡大に伴うバスの大量提供であった。つまり、長岡鉄道のバス部門を充実させるために必要な車輌やその整備は、すべて小佐野の手を通して流れるようなシステムがつくりあげられた。

これだけの田中の実業家としての側面を押さえたうえで、一方で政治家田中角栄はどのような動きを示していたのか。つまり、国会ではどういう動きをしていたのか。そのことを見ていこう。

田中は、立法府の一員として、法案づくりに熱心に取りくんでいた。田中は、官僚たちに「立法男」と噂されていたというが、その法案づくりも他の議員がもちあわせていない独得の手法を用いた。「当時は立法提案から委員会答弁まで議員が務める『議員立法』の盛んな時代だ。田中が中心になり成立させた法案のハイライトが〈道路三法〉だった」(『ザ・越山会』)と言われるほど、仲間の代議士と語らって熱心に法案の案文づくりに取りくんでいる。

ところが田中が手がける法案は、ほとんどが自らの利益と合致する法案ばかりであった。たとえば道路三法などがそうなのだが、この法案は、一般には道路法、ガソリン税法(道路整備緊急措置法)、そして有料道路法(道路整備特別措置法)をさしている。まず道路法案を昭和二十七年四月に三人の議員と共に議員立法として提出し、すぐさま国会で可決され六月には施行されるに至っている。これらの道路三法は、昭和三十一年までに順次成立していくのだが、委員会などでこうした法案を説明するときの田中の論法は実に巧みである。

この巧みさの裏にひそんでいるのは私益を公益と思わせ、公益を私益にもっていくという論理だが、よほど勉強していないと見抜けないほど緻密である。国会での審議がいかに形骸化していたかを裏づけることにもなるが、田中の説得力は官僚の比でないことも改めて検証してみることが必要である。

とはいえ、こうした田中の説得力にひそんでいるからくりは、実は田中の側近たちはほとんど知悉《ちしつ》していた節があった。長岡鉄道で要職に就いた者、さらには田中の縁戚に列《つら》なる者などが、この期の田中の動きを語るときに紹介するエピソードのなかでは、国会で見せている田中の緻密な論理が破綻している姿がよく示されている。

田中は、国会では、幾つものレッテルを張られるようになる。たとえば、吉田人脈に列なる代議士からは、〈小回りがきき話のわかる男〉〈政治資金の調達に長けている男〉〈情報収集力にすぐれ、それを武器にする男〉といった見方をされる一方で、他の派閥からは〈政策に通じている男〉〈よく勉強している男〉といった具合の評判も得ていくのである。

しかし、田中が国会で見せていたその顔を「大臣到達」までの戦略であったとみるならば、田中は実に冷静に戦略を実行したともいえる。それは地元新潟での実業家の顔とは明らかに異なっていて、狡智《こうち》に長けた政治技術を駆使する能力とも思えるほどだ。そして長岡鉄道が、田中にとって政治資金を生む基盤の核として利用されていったと考えられるのだ。

そのことは、昭和三十年九月に、新潟県警察本部が長岡鉄道の本社や各営業所の一斉捜査に踏みきっている事実でも窺える。立花隆の『田中角栄研究（その金脈と人脈）』から引用しておくと次のような内容であったという（原文は箇条書きだが、本稿では改行なしで引用）。

「経理部長を背任横領の疑いで逮捕。片岡甚松砂利部長が業務上横領容疑で逮捕。関藤栄専務が特別背任容疑で書類送検。長岡市議八人が収賄容疑で任意取り調べ。田中角栄社長を召喚、事情聴取。と二カ月間ほどの間に、新潟田中ファミリーをゆるがす事件に発展していく。問題は長岡鉄道の経理の不正ではじまった」

長岡鉄道では、物資購入の名目で一千万円の裏金がつくられ、その一部は社員のボーナスにあてられたというし、またその一部は市会議員への賄賂だったという。この賄賂は、長岡鉄道の株主でもある長岡市側の目をごまかすためのカネと受けとられている。先の立花レポートによるなら、一千万円のうち二百万円の使途が不明確だとして、司直の手が入ったというのである。二百万円は社員の横領なのか、それとも田中が関与していたのかが曖昧であった。

このほか幾つかの不明朗な事実も明らかになった。そこで市議会は臨時議会を開き、長岡鉄道がこの数年の間に二億数千万円もの赤字をだしたのは経理に不正があるからではないかと特別委員会を設置して究明にのりだしている。この委員会の動きに呼応して県の警察本部が前述のように関係者を逮捕している。

この特別委員会の調査結果は、未だ明らかになっていないというのだが、田中と長岡鉄道の資金のからくりについては結局謎とされている。

第三章　権謀術数の渦中で

田中が郵政大臣として初入閣した第１次岸信介改造内閣。２列目の右端が田中。前列左から河野一郎、岸首相ら（1957年7月10日）

時代転換期という幸運

田中は、代議士になってまもなくの炭管汚職、そして昭和三十年に社長をつとめていた長岡鉄道の経理不正事件と、いずれも政治的には微妙な立場に立たされた。田中が三十代の時期にあたるが、こうしたふたつの事件の影響で常に不明朗な噂がつきまとうことになった。政治家としては、もとより陣笠クラスに数えられたのだが、しかし田中は幾つかの幸運もまた常に引き寄せていた。

ひとつに、時代の変化があった。敗戦、そして被占領という時代背景は図らずも人材の入れ替え期にあたった。昭和二十年代初期から中期の国会は、太平洋戦争時の軍事体制に協力した議員が公職追放で議会からは追われていて、議席をもつことはできなかった。そのため鳩山一郎、河野一郎らに代表される政治家は、この期は雌伏《しふく》期にあたっていたし、尾崎行雄や斎藤隆夫のような反軍部の動きを示した政治家は、この期には老齢のためもあって政治的影響力を失っていた。大麻唯男や津雲国利、それに三好英之らの親軍派の議員は追放となったり、あるいは政治家を引退しなければならなかった。

もうひとつは、二十歳以上の国民であれば一様に選挙権が与えられ、政治への参加が容易になったために、大衆的人気が必要とされたことである。官僚や軍人、それに地方有力者の意向だけが反映するような国会は、新しい時代の政治理念にそぐわないとされた。戦前の選挙のように、地方ボスに選挙資金を与え、それをもって集票にかえていくと、実際にどれほどの票が生みだされるか、極端に言えば端数まで当ててしまうという選挙運動は、この期には表面上は姿を消した。しかし、現実にはこのような「買収資金の横行」は、水面下ではごく当たり前に行われていた。

田中は、このような戦前型選挙を正義派の側に立って批判したことはない。選挙はお祭りであり、有権者にはカネが撒かれるという風潮が一朝一夕に改まるとは考えていなかった。

そしてもうひとつが、田中が国会の中で力をもつようになっていく理由になるのだが、政治にカネがかかるという現実を率直に認め、それを忌避したり、批判したりするのではなく、自らもその渦中にとびこんでいったことである。立花隆の『田中角栄研究』は、このときの田中のカネのつくり方と、それをファミリーで固めて、その秘密が外部に洩れないようにつくりあげている構造に斬り込んだ書なのだが、こうした書（さらには田中の金脈に批判的な書も少なくないが）でも、田中の金脈づくりが巧みな仕組みになっていることを認めざるを得ない。それほど田中は、現実社会を打算で分析していたことになる。

「田中角栄」という政治家は、平気で形而下《けいじか》の言を弄し、人の欲望を「地位」と「カネ」で割りきった。決して高邁な言を用いずに日常の庶民の会話レベルで利害得失に満ちた演説に終始するという戦後政治家の象徴であり、時代の風潮やこの期の日本人の心情にもっとも照準を合わせた指導者として名を残すことになった。

「大臣のポストをカネで買った」との噂

田中が政治家として官位栄達をきわめる道のスタート台は、昭和三十二年七月の岸信介改造内閣での郵政相としての入閣にあった。このとき田中は三十九歳で、大臣としては史上もっとも若い年齢であった。

岸信介は、鳩山一郎首相が総辞職したあとの自民党総裁選で石橋湛山と争い、七票差で敗れている。ところが石橋首相は就任から四十日足らずで病に倒れ、首相を辞任する。そこで岸がほぼ既定の事実として首相に就くことになった。岸は第一次内閣では石橋内閣を継ぐかたちになったが、改造内閣では自らの思うような人材配置を行った。外相に日商会頭の藤山愛一郎を据え、田中を郵政相に抜擢したのも、自らが「東條内閣の閣僚」であったという事実が国民には不評だったために、そのイメージを刷新する役割をふたりの閣僚に与えたのである。

田中は、すでにこのとき当選五回を誇っていたから、当選年次から見れば、入閣はとくべつ不思議ではなかった。しかし、田中の政治家としての経歴に疑いをもつ者は、「田中は大臣のポストをカネで買った」と噂した。そのカネも、自らが経営にあたる企業の会計からだされたのではという噂が常につきまとった。本書でしばしば引用する『ザ・越山会』には、この期からの田中の支持者だったという老人の言が紹介されている。それがあまりにもなまなましい証言なのである。

「岸内閣改造の前、田中は『岸にいくらゼニを持ってったらいいかな』と相談した。『三百万円でどうだ』と話が決まった。まだ五千円札もない時代だ。小さなリュックに札を詰めて行った」

このころ地元に戻った田中は、古くからの支持者には「おれはカネで大臣になった」と堂々と高言していたという。田中がどのような意味でこのような言を口にしたかは定かではないが、心を許した支持者の前ではつい本音を洩らしたのかもしれない。こうしたカネでポストを買ったという話は、昭和三十年代（この時代だけではないが）には決して珍しくない。真偽は不明としても充分にありうる話であった。

悪しき官僚主義の改革を促す

郵政大臣としての田中は、まず省内の派閥人事を解体してしまうという荒療治を行った。このころ郵政省は、二大派閥人事が横行していて、省内では凄《すさ》まじい対立抗争が続いていた。加えて、労働組合（全逓）の力も強く、組合活動が日々の業務と一体化するというほどの乱れようであった。

労働組合のストライキや職場大会のたびに、田中は遠慮会釈なく処罰を行った。組合活動家の反発も買ったが、しかし官僚や政治家には、田中の政治力を見直すきっかけにもなった。田中は強引な手は用いるが、組織のけじめをつけることに関しては、相応の力を発揮する、という評価であった。

田中がこうした政治技術を身につけたのは、郵政大臣の就任前に国会の商工委員会の委員長を務めていたときの体験がもとになっている。昭和三十年から三十一年にかけての委員長時代、田中はそれまでの委員会審議をまったく無視した。田中自身が、昭和五十九年四月の、ある編集者とのインタビューで次のような告白をしている。

「大体、党や役員会などで、いちいち（法案の）説明などしていたら、大仕事はできやしない。今の（自民党の）政調会なんかに上がっては駄目だ。ぼくは、商工委員長のときに二十四回か二十五回、法を通したんだが、理事会なんか一回も開いていない。そのころはまあそれが当たり前といえば当たり前でもあったんだ。その法案の中には、石炭売山法から輸出入取引法の改正など重要なものもある。鳩山内閣の時代だ」

田中は、鳩山内閣の誕生時は自由党所属だから野党だが、昭和三十年十一月に保守合同が成ったときは、与党という立場になっている。ただ野党時代の委員長としては、強引な国会運営を進めた。

田中は、委員長にあれこれ抗議する者には、「私語を禁ずる」とか「退場を命ずる」

という具合に、なんのためらいもなく議事進行を進めたというのであった。

田中が郵政大臣に就任したあとで、省内人事や組合活動にメスをいれていったのも、こうした強引な手法だった。そのことは同時に、日本社会に巣くっている悪しき官僚主義の改革を促すものであった。このような手法は、国民が疲弊を感じている停滞した組織を活性化させることになるので、むしろ「田中は実行力の伴った政治家だ」という評判を生んでいったのである。このような評価を得たあとは、こんどは逆にそうした組織を自らの意に沿うようにつくりかえていくという能力も併せもっていたために、田中は、少しずつ国民の間にその政治力を認められていくことになった。

田中は、郵政大臣の時代に、新しい免許事業を自らの手で進めている。テレビの免許に田中なりの配慮をしていき、そして政治力をなおいっそう固めた。

「テレビ時代」前夜

田中が郵政大臣のポストに座っていたのは、昭和三十二年七月から翌三十三年六月までの一年足らずである。もともとこのポストは「伴食大臣」といわれていて、大物代議士が座る例は少ない。当時は利権に直接結びつくというわけではなかった。

ただこの時期の郵政省には、テレビ事業に免許を与えるという難事業があった。

昭和二十八年にＮＨＫがテレビ放送を始め、つづいて正力松太郎の経営する日本テレビも放送を始めていた。こうした放送の電波は、郵政省が与える免許によって認可されるが、テレビ放送は次代の有力なメディアになるとして、各地からテレビ企業を起こしたいとの申請が相次いでいた。田中の前の郵政大臣は、この申請の多さにどういう対応をしていいか、その基本方針を決めていなかった。それぞれの地方からの申請は、有力地方紙を母体にしながら、地元財界人や地元の政治家がその企業を支える体制をとっていたから、片方に認可を与え、もう片方をないがしろにするというわけにはいかなかったのである。

田中は確かに自ら「決断と実行」を口にしているだけあって、郵政大臣に就任した折にも「郵政大臣というポストはこれまでのように伴食大臣であっていいわけはない。郵政大臣としてまず取り組むことは、国民生活にもっとも関心のあるテレビ事業の免許問題である」と話したが、田中のこの発言は郵政省内部でも率直に受けいれられたわけではなかった。

田中がそれぞれの地方に大量に免許を与えるつもりだとの意思が伝わると、郵政省の技術陣はそれだけの技術力が日本には備わっていないと首をひねったといわれているし、事務当局も果たして日本にそれほどのテレビ企業が必要なのかと懸念を示した。大臣席の机に、現行での方針、つまりＮＨＫの地方局五局と日本テレビ、計六局を十一局に（東京での民間放送やＮＨＫの地方局を若干増やして十一局とする）増やすという方針を守るべきだとの意向を文書にして届けていた。

田中は、事務方のこういう方針をまったく相手にしなかった。官僚の方針などに自分は囚われないとばかりに、「申請が多いのだから、それを調整して免許を与えればいいだけのことだ。その調整は自分がやる」と前面にのりだして申請者の企業人や新聞社幹部、それに政治家と個別に会い、「あなたの地方から三局も四局もつくりたいと申請がきているが、そんなムダなことはしないで、話し合って一社にしぼりなさい」と説得した。

テレビの免許問題は、単に電波を与えるというだけではなく、テレビ受信機という機器の開発・生産が国内メーカーの育成につながるという利点もあった。というのは、もともとNHKがテレビの本放送を始めたときの受信契約数はわずかに八百六十六台にすぎず、テレビそのものが庶民には高嶺《たかね》の花だったのである。その一年後に一万台に達したが、それでも当時の平均月収の五倍から六倍ものテレビ受信機を購入できるのは、限られた高額所得者だけだった。

そのころ財界でも、「受信機を普及させるために輸入依存もやむを得ない」と主張するラジオ東京社長の足立正と、「テレビ受信機は国産品に限るべきで、確かに今は技術は劣っているが、将来のエレクトロニクス技術の土台をつくるために国産に徹するべき」と主張する東芝社長の石坂泰三との対立があった。こうした対立は、主に電子工業の側の技術陣を励ますことになり、テレビが洗濯機や冷蔵庫と並んで次代の主力製品となると見て、東芝や日立、それに松下電器産業などが、莫大な研究開発費を投入して、量産体制をつくっていった。

昭和三十年には生産台数も二十八年の十倍をはるかに超える十三万七千台となった。価格も昭和三十年には14型は十二万四千円だったのに、年を追って安くなり、田中が郵政大臣に就任したころは八万一千円、そして昭和三十三年に入ると七万六千円となった。さらに三洋電機が二万八千五百円のテレビ受信機を市場にだすと、爆発的に各家庭に入っていった。昭和三十一年ごろの神武景気によって、テレビ受信機は洗濯機、冷蔵庫とともに「三種の神器」と称された。そして、昭和三十四年四月の皇太子御成婚を機に飛躍的に売れ、日本の全戸数の五〇％を超える普及率を示すに至った。

テレビ局の大量認可とメディア対応

田中は、このようなテレビ受信機ブームを演出した政治家としても家電業界に名をのこすことになる。電波監理審議会が答申していた「六局を十一局に」を忠実に受け継ぐ郵政官僚に耳を貸さず、再度審議会に案を練り直させて、「もっと多くの局をつくってかまわないから、改めて諮問《しもん》し直してほしい」と注文をつけたことがきっかけだったのである。

こうして最終的に、NHK七局に免許を与え、民間のテレビ放送企業三十四社、三十六局を許可することになった。日本にそれだけの技術力があるか、それほどのテレビ局が必要か、という指摘に対して、田中は「これからはテレビの時代。国民生活に潤いを与え、勤労意欲を高めるための免許許可である」と譲らなかった。

田中は後年になって、テレビ受信機が百万台にも達していないのに、テレビ放送局がどうしてそれほど必要か、と問われたときの自らの思い出話を至るところで語っている。

「今後十五年くらいでテレビ受信機は一千五百万台ぐらいにふえるだろうと予想したんだ。それが当たったどころか、その三倍も五倍もの数になったではないか」と自慢気だし、早坂茂三著の『田中角栄回想録』によるなら、「テレビ局の大量免許はテレビ受信機の生産拡大だけじゃない、輸出の拡大にもつながり、やがて電卓、電子機器の爆発的な輸出に連動していったんだ」と見通しのよさを自賛してもいる。

実際に、テレビ放送の隆盛に至るプロセスを見ると、このときの郵政大臣としての田中の方針がターニングポイントになったのは事実であった。実行力があるというだけではなく、その方針は日本の高度成長を支えていく土台にもなった。わずか一年の在任期間にこれだけの土台をつくりあげたという先見の明で、田中が並み外れた政治的計算と時代を透視する目をもっていたことに多くの者は容易にうなずいたのである。

同時に、田中が情報操作に「卓越した能力」を発揮する素地もこのときに固まった。

ここで私のいう「卓越した能力」とは、テレビ放送事業そのものを意のままに動かすという手法をつくりあげたということでもある。自らの息のかかった人物を送りこんだり、郵政官僚の天下り先として、テレビ企業は重要な受け皿となっていく。NHKの会長人事もまた田中の意に沿うものでなければならなかった。

郵政大臣を経験したあとの総選挙では、田中は前回の五万五千票に三万票以上も上積みした八万六千票を集めた。新潟三区で八万票以上もの票を集めた代議士はこれまで一人もいなかった。田中は初めてその壁を破ったことになるし、集票そのものは磐石の体制ができあがっていったのだ。十年余の代議士生活で、田中は選挙区内で支援者に、ささやかな利益誘導から始まって、東京見物というお土産つきのバス旅行まで、多くの〝利益〟を与えつづけたのだが、そのような目に見える形の〝利益〟に加えて、新たに「庶民政治家」「実行力ある政治家」というイメージが加速度的にふり撒かれ、新潟三区の知識層の間にも田中に対するプラスイメージが増幅されていった。

恩人で「ライバル」曳田の死

二〇〇〇年に入ってから私は、田中の周辺にいた関係者からなんどか話を聞いてきた。そのような折に誰もが口にする言葉があった。「角さんの本当の恩人は曳田《ひきた》さんだね。曳田さんがいなければ角さんの政治家としての生活はあれほど順調にはいかなかったよ」

という言である。昭和二十年代からの田中の政治生活を支えた曳田照治の像は、しだいに私のなかにも固まっていった。

曳田は、田中が郵政大臣であった昭和三十二年十二月八日に四十歳で病死している。田中より一歳年上の曳田は、一兵士として南方戦線に従軍していたが、戦後に日本に戻ってからもマラリアの後遺症に悩まされていた。そのマラリアが再発したのである。当時、曳田は田中の大臣秘書官という肩書をもっていたのだが、田中に仕える秘書官というよりも、田中の指南役といった立場であった。

この期の後援会組織・越山会は、まだ新潟三区全域に根を下ろしていたわけではない。田中の庶民政治家という看板に魅《ひ》かれた給与生活者や農民、中央からなにかと予算を獲得してきてくれる政治力に期待する土建業者、そして越後交通やそれに対抗するバス会社の中越自動車を支配下に置いた田中に生活を託する人などが加わっていたが、それを束ねて「田中支持」の地盤を固めていたのは、ほかならぬ曳田の人徳によった。

曳田は、この地の素封家の跡とり息子で早稲田大学を卒業していて、戦争から戻ったあとは青年団運動にとびこんだ。そこで東京から戻って代議士をめざす田中と知りあったといわれる。曳田は新潟三区の魚沼地域にとくに強い影響力をもっていて、田中を連れて歩いては集票に成功するよう手助けをした。むろん曳田なりの計算があって、田中を推しながら、ゆくゆくは自らも政治家への道を模索するつもりだった。

曳田と親交のあった越山会員の農民（農民運動の指導者のひとり）は、私に、「曳田さんはいずれ角さんと袂《たもと》を分かつことになるというのは、誰もが予想できたし、なにより角さんは東京にあっても曳田さんがいつ自分とわかれるかと不安をもっていた。だから大臣秘書官として東京にでてこないかと誘ったのも、そういう不安を解消するためだったというのは、われわれの常識だったね」と洩らしていた。

前述の書（『ザ・越山会』）には、すでに昭和二十八年の段階で、自由党の党内争いとして、田中の地盤での対立候補かつぎだしの動きがあった経緯が語られている。「早くから田中を支持し田中土建の顧問弁護士になるとともに、秘書としての仕事も分担していた」人物、弁護士の佐藤信一をかつぎだす動きが表面化する。田中を支援するグループとそりのあわないグループが、佐藤をかつぐのである。

結局、一時は佐藤もその方向に気持ちが傾いたのだが、軋轢《あつれき》の大きさに驚き断念している。田中を敵に回すことはできなかったのだ。

そのうえでこの書は、「実力者・曳田がいる限り、田中勢力が二つに割れる危険は去らなかった」とも書いている。事実、まず県議をめざすべきとして高まる曳田の支持者の声に、田中は常に「しばらく待ってほしい」と押しとどめていたとの証言もあった。

曳田が病に臥しているとき、田中は親身になって、その面倒を見た。曳田が病死するや、岸首相にかけあって勲六等の勲章を贈らせて遺族を感激させている。葬儀には当時の自民党指導者たちの花輪が並び、弔電もまた多く、田中の権勢を誇るかたちになった。それが田中の誠意とされた。

田中が、前述のように昭和三十三年五月の総選挙で八万票の壁を超えたのは、曳田に支持を寄せたグループが、田中支持に積極的に動いたからでもあった。田中の支持団体越山会の幾つかの支部は、実質的に曳田が動かしていて、田中は直接には差配の手を伸ばすことができなかったのだが、曳田の死によって、越山会を一本化する体制が整えられた。田中支持だけにしぼりこむことになった越山会からは少しずつ曳田色が消えていき田中は選挙区にはまったく心配の必要がなくなった。

田中の〈中央〉と〈選挙区〉は、こうして土台が固まった。〈中央〉と〈選挙区〉を結びつける回路は、ひとつに予算の流れをつくりあげることであり、もうひとつは中央の権勢をそのまま地方にもちこむことであった。曳田の病死時に、勲六等を自らの政治力でもちこんだように、その手法は、田中が政治家である限り有効な支持票獲得の一手段としてのちの首相在任時までつづいている。そのことを野党やジャーナリズムは、「政治の私物化」として批判したが、当時の日本ではそのような手法を駆使することができる政治家こそが実力者の列に加えられた。田中は、しだいにその予備軍の位置に加えられていった。

昭和三十年代は、日本の保守政治がその内面でもっとも金権化していた時代だった。

自民党の総裁選では、つねにカネが動いた。総裁選に勝つために、集金したカネの多寡《たか》とその分配が、そのまま票となってあらわれた。その一方で、岸内閣が相次いで国会に提出した法案は、戦後日本の進む方向を改めて再検討し、占領期の政策の手直しにはいる重さをもっていた。教師への勤務評定、日米安全保障条約の見直しと、政治家の識見が問われる政策の具体策が示された。

政治の基本姿勢を問うこうした政策の論議に、田中は表だって発言することはなかった。もとより自民党の要職を占めているわけではなかったのだが、それでも自らの政治理念や思想について語る機会はあったのに、田中はそれには応じずにもっぱら陳情を受けつけ、それを行政につないで予算を獲得する政治家生活に明け暮れていた。

ひたすら権力を追求する政治家タイプ

田中は理念をくり返し口にするタイプではなく、むしろその本質は「政治理念は極めて不明確で、権力追求に徹した型の政治家というべきであろう」(冨森《とみのもり》叡児『戦後保守党史』)という点にあった。あらゆる現実を自らの側に引き寄せ、その現実を改革したり、手直しし是正するという労にはさほどの関心を示さない。現実が存在するには——たとえそれがいかに不合理であろうとも——相応の理由がある。その理由は、田中に言わせればすべてが人間の欲望や打算、そして世智によって生みだされるというのであった。人は誰でもが、欲望や打算に忠実に生きているというのが田中の人間観であり、また人生観でもあった。

田中は、昭和三十三年六月十二日、第二次岸内閣の成立によって、郵政大臣のポストを退いた。前述したが、もし田中が多額の政治献金によって岸からそのポストを「買った」というのであれば、その約束はこれで果たされたということになる。しかし、三十九歳という史上最年少の若さで大臣のポストを占めたという事実は残ることになった。その後、中央政局は日米安保条約の改定をめぐって、国会内外で混乱状態になるが、田中はとくにポストに就いていなかったため、この混乱状態にはほとんど意見を述べていない。

中央政界が安保改定で揺れているときに、ひたすら地元新潟に独自の利益構造をつくりあげていたと見ることができる。

昭和三十五年七月に、岸内閣は安保改定の混乱の責任をとるかたちで総辞職する。次いで誕生したのが、池田勇人内閣である。池田は、自民党内の官僚グループと党人派の対立という構図の中で、党人派が大勢をまとめることができずに自己崩壊したために勝利を得ることができた。党人派の領袖でもある河野一郎は、そうした崩壊の様に怒り、いちどは新党樹立を考えるのだが、その動きは党内の大勢を占めるには至らず、その構想は途中で挫折していた。こうした動きに、本来なら党人派に列する田中は一切関心を示さず、佐藤栄作や池田勇人に従うかたちで動き、党人派の有力者とは一線を画する態度をとった。

田中の遊泳術がすぐれているのは、戦前からの党人派である大野伴睦《ばんぼく》、三木武夫、松村謙三らの動きに常に批判的であったことだ。党人派とどれほど接したにしても、党内野党に終わるにすぎない、権力そのものを奪取することはありえない、と冷静に分析していた。

実際に、田中は少なくともこの期の自民党政治は、吉田直系の佐藤栄作や池田勇人に権力が移行する過渡期と見ていたのだが、それは確かに的確な読みであった。吉田直系のグループは——大体が官僚グループであったが——吉田茂、池田、佐藤のスムーズな権力移行を想定していた。たとえば、党人派の先輩格にあたる保利茂でさえ吉田、佐藤(あるいは池田)という路線こそ「保守本流」と説き、この路線によって昭和二十年代の吉田政治は完成するとも豪語していた。実際に、保利は昭和四十年代に入ると、吉田、池田、佐藤、そしてそれに続く田中を保守本流として見るべきだと発言していた。

保守本流の定義

田中は、吉田さんにはかわいがられてきたとしばしば語り、あたかも保守本流の流れに乗っているかのような言い方を好んだ。それは自らが権力に近づくための、雌伏期の便法であったのだが、自民党の要職ポストを占めるに従って、巧妙にその言い方を変えていった。たとえば、昭和四十年代半ばには次のような言い方をしていくのである。

「(保守本流という語は適切でないと前置きして)その時々の要求に応じて政治をになってきた総理は吉田、鳩山、石橋、岸、池田、佐藤と変わった。この政権を支えてきた政治家がわれわれ自民党の議員なのだから、われわれみんなが本流の意識をもってもおかしくはない」(馬弓良彦『人間田中角栄』)

田中は権力に近づくまでと、その権力を手中におさめたときと、そして権力を手ばなしはしたが権力の二重構造をつくっていくときとで、決して同じ発言をくり返してはいない。そのときどきに応じて、自らの権力と権威を補完する人脈や現実をすべて利用していくのである。この視点で田中分析を試みていくと、昭和三十年代、四十年代の現実はすべて容認されたうえで、自らが獲得していく地位に応じて発言を使い分けていることがすぐに理解できる。それは政治家・田中角栄の本質そのものと言ってもいいだろう。

田中が自民党の政務調査会長に就任したのは、昭和三十六年七月であった。それからの一年間、このポストに就いていたが、田中に与えられたのは、池田内閣に対して自民党側の政策をつきつけていく役割であった。このとき田中は四十三歳であり、その政策能力は未だ充分に評価を得られているわけではなかった。

しかし、この政調会長時代に、日本医師会と池田内閣の対立という局面で、武見太郎医師会会長の保険医総辞退という恫喝に屈せず、武見に直接会って、医療保険制度を抜本的に検討し直すという案をもって説得し、事態をおさめることに成功している。それは田中らしい駆け引きだったのだが、医師の社会的立場を尊重し、あわせて相応の経済的利益を保証するという、日本医師会の言い分をほとんど丸のみしたような印象ながら、その実、武見の政治力が弱まっていく将来にあっては、それが必ずくつがえされることを予見した内容での収拾であった。田中にとって、医師優遇税など税制上の特典は、いずれ国民の側から批判を浴びると予測済みだったのである。

田中はこの政調会長時代に、自らが理念なき政治家であることを見せる失態も犯している。いや、外交にはほとんど定見をもっていないことを顕わにしたと言いかえてもいい。昭和三十七年二月のことだが、ケネディ米大統領の実弟であるロバート・ケネディ司法長官が来日した際の会談で、「アメリカ側が日本に沖縄を返還するときは、憲法改正や再軍備を要求していただきたい。それを日本が受けいれるという形をとりたい」と提案したのである。これは、田中自身が語った数少ない政治的理念を窺わせる発言であった。田中は、戦後のアメリカによる民主主義的改革が、日本にとってはいきすぎた状態になっているとの判断が図らずも本音として洩れたのであった。野党から集中砲火を浴びると、田中はすぐに「私の発言は舌足らずだった」と弁明し、以後はこの種の発言になおのこと慎重になった。このような発言でよけいな批判を浴びる必要はないというのであった。この教訓こそ、田中の政治家生活に一貫してつきまとっていく。

大平正芳と手を結ぶ

この政調会長時代から、田中は自らが動かす資金が潤沢になっていった。『ザ・越山会』には、「古い田中支持者の多くは、『三十年代前半まではカネがなかったが、政調会長になったころからグンと羽振りが良くなった』と言う」と書かれているが、実際に幾つかの企業に関連し、ときには経営者となって新潟の土地開発との関係を深めている。

政調会長時代の田中は、衆議院の質問で「農漁村の振興は、日本人の心の故郷を慈《いつく》しむことである」といった名演説を行っているが、要は農漁村にもっと公的資金の援助を続けるべきだというのがその本意であった。

このころ米の買い上げ価格をめぐって、農村を地盤とする代議士は、官房長官や政調会長に前年比三％や五％を超える額を要求するのが常であった。田中は、そうした代議士の扱いに実に手際のいい策を用いた。官房長官の大平正芳と連携を図っての策とも言えたが、実際には田中がなんども大平を助けるという構図がえがきだされた。田中にとって年齢の近い大平と手を結び、大平を通して池田首相に自身の功績が伝わるよう配慮するという策が有効だったのである。同時に、田中は大平との間で、池田の跡を継ぐ大平、佐藤の跡を継ぐ田中、という諒解事項をつくりあげていった。

自民党の農村議員が、「大平官房長官は農民の気持ちも知らないから、米の買い上げ価格に対する理解がない……」と政調会で発言したことがあった。激怒したのは大平である。

「今の発言は聞きずてならない。私は香川県の貧農のせがれに生まれて、『耕《こう》せば天に至る』ところまで田んぼを耕さなきゃならん。朝は未明に起きて、毎日肥樽《こえだる》をかついだものだ。そして朝五時には駅に通学のために行かなきゃならん。夜など寝なかったものだ」

と早口でまくしたて、「理解のない君らとは席を同じうしたくない」と席を立とうとした。すると田中は、大平を席に戻し囁いた。

「政治家は政治の公の席から立ったら、再びこの席に戻ることはできないんだぞ」。大平は渋い表情で座っていた。こうして、田中は大平に政治的駆け引きを教える役も引き受けた。

田中は、大平といかに親しい関係にあり、そしてともに権力をめざすのにいかに助けあったかを語るときに、この種の話をもちだす。大平は、このあと田中に、「なるほど、この席から立てば戻れない。そういう掟《おきて》は官僚にもわかる」といって感謝したそうだ。

池田派の代議士たちは、田中に対して必ずしも好意的でなく、大平にも「田中とはあまり接触するな。あいつに会うといいことはない。最後はあいつの言うとおりになって、その手柄はあいつのものになる」と忠告したというが、大平は、厄介な事態に直面したときは密かに田中のもとに電話をかけたり、手紙を届けていた。そういう親密な関係によって、田中の饒舌が大平が立案する政策にとりいれられることにもなった。権力を裏から動かすしたたかさを、田中が身につけていったと言えるだろう。

田中にとって、権力の座が決して遠くないという計算が、池田を支える大平との盟友関係の中でより強固になっていった。

「田中・大平のクーデター」に河野一郎が激怒

昭和三十年代半ばに固まった田中と大平の盟友関係は、四十年代、五十年代にお互いに首相の座に辿りつくことで表面上は政治家としての利益を共有したかに見える。だが歴史というプリズムで見ると、田中の側が圧倒的に利益を得たことになるだろう。なにしろ、大平が田中の政治力を評価する言で周囲を説得して歩いたからである。大平の計算は、田中に恩を売ればその見返りが大きいだろうという曖昧な目論見《もくろみ》にすぎなかった。

昭和三十八年七月、池田は自らの政策を明確にするために初の内閣改造を行った。この改造で田中は大蔵大臣に就任して政界だけでなく、世論を驚かせることになる。改造内閣の私案をまとめるように言われた官房長官の大平は、外務大臣に自身の名を書き、大蔵大臣に田中の名を書いて届けたところ、池田は絶句したとの説もある。田中の政治力は相応に認めるとしても、内閣の重鎮である大蔵大臣に……しかもまだ四十五歳の若さでとひるんだというのである。加えてこの期は、経済政策を根本から変えようというときであり、経済理論を政策の骨子に据えておかなければならないというのに、田中にはそのような理論があるのかと考えたとしても不思議ではない。

『ザ・越山会』(前掲書)は、昭和三十年代半ばに田中が地元企業をどれほど巧妙に「錬金化」の対象にしていったかを詳述しているのだが、そこには「(田中は)昭和三十年代後半から県内で〝金脈づくり〟に手を染め始めた。その一方で、越山会の強化にも努めた。越山会にとって昭和三十五年十月の越後交通誕生は大きな転機となった。転機を一言で表現すれば、新潟三区全体を見渡し指揮を下す参謀本部を越山会が初めて持ったということだろう」という一節がある。越後交通を母体にしながら、錬金化の段階から金脈づくりにという段階へ。それは、田中の大蔵大臣在任時のことだったというのであった。

池田がこのような状況をどれほど知っていたかは不明だが、池田周辺には田中の大蔵大臣就任に難色を示す政治家が多かった。だが、大平がそれを押し切った。そして、大平自身も外務大臣となった。この改造内閣には、佐藤栄作が北海道開発庁長官として入閣したし、河野一郎が建設大臣、それに三木武夫が政調会長となって党三役を担うなどしたために、「新実力者内閣」とも評された。田中は佐藤派の一員であったが、佐藤がともかくも入閣して池田と協力態勢をとるという布陣は、田中の政治力によって派内がまとまったと言えたが、これが大平にとって池田への忠勤にもなった。

この改造内閣は、「田中・大平のクーデター」という語で語られもした。そこまでの語で表現できないにしても、下克上《げこくじょう》という言い方はできた。戦前を知る政治家にかわって新しい時代の政治家へと主導権が移る予兆でもあった。大平と田中がその中心に座るだろうと実際に見せつけたという報道も、くり返されたのである。

党人派として一派を率いていた大野伴睦や河野一郎は、「この内閣は大平・田中内閣ではないか」と激怒し、大野にいたっては直接にどなりこんでくる事態になった。田中は、このときのことを「おれと大平は官房長官室へ鍵をかけて入り、昼寝していたよ」と述懐し、「新聞でもずいぶん叩かれたけれど、考えてみればあれがもっともよかったんだ。田中と大平の盟友関係によって、政治が動くようになったのはあのときからだよ」とも話している。自民党のなかでは、佐藤派と池田派とで三分の二近くの議員を有するのだから、この数字の重さで自在に動かせるという自負でもあった。

大蔵官僚への甘言と恫喝

大蔵大臣として初登庁した日、田中は大蔵官僚に歴代の大臣とは異なる挨拶を行った。早坂茂三の『田中角栄回想録』によると、「私が田中角栄だ。小学校高等科卒業である。

諸君は日本じゅうの秀才代表であり、財政金融の専門家揃いだ。私は素人だが、トゲの多い門松をたくさんくぐってきて、いささか仕事のコツを知っている」と切りだしたのだという。続いて、共に仕事をしていくにはよく知り合うことが大切だ、われと思わん者は遠慮なく大臣室に来てほしい、上司の諒解など必要ではない、と話を続けた。田中らしい正直な言ともいえるが、改めて分析してみれば、大蔵官僚に田中流の媚《こび》とへつらいを示すことによって表面上はなだめ、もう一方で、意に沿わなければ、容赦なく切り捨てるとの意味に解することができた。

田中は、甘言と恫喝を使い分ける政治家であることを告白したとも言えた。このような大臣が大蔵官僚の目の前に現れたのは、その歴史上初めてであった。

大蔵大臣の田中に対して、当初大蔵官僚は決して甘くはなかった。官僚たちは内心では史上最年少のこの大臣が——しかも彼らによるなら「基礎的な財政知識をもっているか否かわからない叩きあげ」となるのだが——大蔵省を牛耳ることに強い反感をもっていた。当初田中は意見を述べにくる高級官僚のあまりにも人を愚弄した言動に怒りを隠さなかったし、ときには大臣室で口惜《くや》し涙を流したとも言われているほどだ。

そのような体験を経ながら、田中は自らにしかできない官僚操縦術を身につけていった。それは官僚たちの序列や慣行をつぶさに記憶していっただけでなく、官僚個人の私生活についてもくわしく調べあげることだった。誕生日には贈り物をするというような、田中なりの手法もくり返した。もとより、それだけで官僚が黙するわけではない。自民党の他の派閥に通じている官僚には人事権をフルに利用して閑職に追いやった。

田中が大蔵大臣に就任したとき、国際社会ではアメリカのケネディ大統領によるドル防衛が露骨な形で政策として練られていた。こうした政策は、そのまま日本の貿易収支に影響を与えるのではと懸念された。証券市場ではダウ平均が短期間に百円から百五十円もダウンするという状態になった。株価の暴落は池田内閣に痛手となった。これが俗にケネディ暴落と評されたのだが、池田内閣は、市中銀行から日本証券金融への協調融資の幅を広げるよう要請を行うなどの手を打った。しかし、さしたる効果はなかった。

田中は大衆投資家に株式投資を控えないよう呼びかけるなどして、この事態に対応した。

だが実際には、アメリカのこうした政策は政治と結びついていて、当時モスクワで結ばれたアメリカ、イギリス、ソ連による部分的核実験停止条約に対して日本の参加を促す意味もあったのだ。政治と経済が一体化している現実、さらに高度経済成長政策を採用しはじめたときの日本経済について、まだその基盤は弱いとしても、現実には国際収支は黒字であり、しかも日本では金利が高いので、アメリカ政府としては自国の資本が日本にむかっているとの懸念をもっていた。日本に対するこれまでの幾つかの特典を再検討するとの方向が、明確に打ちだされてきたのである。

田中の財政政策の要は、好むと好まざるとにかかわらずアメリカとの協調関係の枠組みをどのように捉えるかという点にあった。田中はここでは、きわめて独自の立場を採った。国内経済政策を第一義として、高度経済成長政策の実効性をそのままこの社会の現実の姿に変えていく、一国経済膨張主義という語がふさわしい手法を自らの信条とするものであった。その政策を支える思想、理念はどの点にあったか、を確認しておかなければならないのだが、田中はそうした考えについてこの期とて明確な意見を明らかにしたことはない。あまりにも下世話な言い方で語っていることが多いのだが、あえて探していけば、前述の『田中角栄回想録』からそれに類する述懐を求めることはできるように思う。

「これからの日本経済、産業構造、これをどうするかといえば、とにかく二次産業の比率をもっと上げることだ。一次産業比率は好むと好まざるとにかかわらず、落ちていくんだ。六パーセントぐらいまでは落ちる。今の統計数字では一〇パーセントぐらいになっているけどね。(略)アメリカの一次産業比率四パーセント、EC十カ国平均の六パーセントと比べてみてもいずれわが国の一次産業比率は六パーセント近くにならざるを得ない」

「地方に新しい産業がどんどん立地していくためには、もっと道路をよくしなくちゃならんし、土地の造成も進めなくちゃならない。つまり国土利用を広げなくちゃいかんわけだ。それにはカネがかかる。しかし、そうした国土利用の改造資金はね、民間を利用してつくればいいんだよ。有料道路などの建設費はみんな民間の資金を使えばいい（略）。民間に道路をつくらせて、地方自治体がそれを手伝えばいい。その場合には、すぐに補助金を出すことだ。補助金がなかったら、税理上の面倒をみてやればいいじゃないの」

田中の説明はこのような単純化した表現に終始するのだが、しかしこの単純に見える論法のなかに確かに本質は見えている。

池田内閣の経済政策は〈インフレなき高度成長政策〉であったが、その柱は公共投資と減税と社会保障にあった。国内経済に活力を与えながら、国際情勢に対抗するために貿易の自由化を図る。雇用を拡大し、労働力の質と量を高め、そして農林業や中小企業については一気に近代化を図っていく。そのために三十六年度を初年度とする道路五ヵ年計画から始まって、第一次産業から社会保障まであらゆる方面にわたってのプランづくりと、それを果断に実行していく政策が詰められていったのである。

高度成長政策での池田勇人との違い

田中の意図していた政策は、池田の高度成長政策をもっとも単純に言いきり、そしてそれを現実化するための本音で支えられた。田中は、池田のように経済政策を支える「人間」までを見つめての思考の幅広さがないかわりに、池田の意図していた政策を実にわかりやすく国民の前に示すという役割を果たした。

田中は確かに記憶力にすぐれていたのであろう。大蔵官僚が説明する数字などはすぐに暗記してしまい、それをふんだんに話の中に盛りこむ。この種の話法は、しばしば軽薄で、しかも信憑性に欠ける話を補完するために用いられるのだが、田中の話も各種の演説や講演を改めて聞いてみると、いささか誇大に聞こえてくる。もし田中が一庶民としてこのような話をくり返したのなら、単なるほら話として終わったかもしれない。だが、実際に政治権力をもって果敢に現実化したがゆえに、「実行力のある庶民政治家」のレッテルが張られることにもなったのである。レッテルを張られるだけでなく、その後の時代の歪みもまた生みだしたと考えれば、この政治家の体質はある時代の日本人の感情を見事に代弁していたと評してもいい。

あえてもう一点つけ加えておくなら、池田とそのブレーンは自らの政策が物量主体の経済社会を目標としているがゆえに、もう一面で「人づくり」もまたスローガンに掲げてバランスを保とうと試みた。田中も入閣した改造内閣では、とくにこの点が強調された。

池田と田中の違いは、物量と精神をともかく対峙するものとして捉え、それを政策としようとする池田と、精神にまったく関心を払わずに物量充足のみを目的とする田中との、教養や性格の違いという言い方もできた。田中にとって、精神と倫理、さらには公徳心といった社会的規範はさしあたり意味がなかったのである。その田中が、昭和三十八年七月から四十年六月までの二年間（その間に池田首相が退陣し、佐藤内閣が誕生したが、田中は大蔵大臣に留任していた）に、大蔵大臣として果たした功罪は多岐にわたるが、その罪は、「精神なき物量社会」という社会の空洞化だったとも言えるであろう。

田中が大蔵大臣であった二年の間、日本社会には多くの変化があった。昭和三十九年十月の東京オリンピックは、物量社会の第一段階に到達するまでの国家目標であった。この国家目標を達成するまでの公共投資や社会資本の充実の時期は、田中財政の時代ではなかったが、しかし田中は、このオリンピックに付随して地方から社会施設の拡充という陳情があると、大体はそれに応じ、そしてその実現化を図ることで社会環境を強引に一変させてしまうという手法も採った。

佐藤栄作首相の田中観

共同通信社の政治記者でこのころの田中の動きを取材しつづけた記者（故人）から、私はくわしい話を聞いたことがあるのだが、田中の描いていた国づくりとは、全国に新幹線を走らせ、高速道路を整備して経済効率を上げることのみを意味していたと証言している。東京オリンピック開会式の十日ほど前に日本にも初めて新幹線が登場した。国民は近代の科学技術がいかに利便なものか、そしてビジネスだけでなく日常生活がいかに簡便化されるかという、大仰にいうなら技術革新の恩恵を改めて認識することになった。東京——大阪間が片道三時間で往来ができるとの現実は、まさに高度成長そのものの具現化だったのである。

田中が描く国づくりは、この充足の上に成りたっていた。さしあたりの目標として、新潟に新幹線と高速道路をというスローガンを地元では口にしていたが、それはこれまで軽視されてきた日本海側に太平洋側と同じ開発プランをもちこむのだとの言い方だった。国づくりは国土利用という語でも、しばしば語られるようになった。

大蔵大臣時代の田中の動きを改めて検証してみると、すぐに幾つかの事実がわかる。ひとつは、官僚掌握の手法を身につけていたこと、もうひとつは、地元新潟に優先的に施策を講じていることだった。加えて予算編成にあたっても、官僚や有力政治家の圧力にも屈せず自らの思うように差配していたことも特徴のひとつとして挙げられる。

そしてもう一点、田中の財政政策の基本は、公的資金による民間活力の活性化にあった。そのことは同時に、国の財政システムの根幹が揺らいだときにはそれに処方箋（経済理論や合目的的な経済救済策）を示すことができないことを意味していた。大蔵大臣といっても、高度成長期には「富の分配」をいかに公平に行うかという秤《はかり》の論理に気を配っていればよかったのだが、安定成長を必要とされる時期に入れば、有効な手だてをもてない政治家であることをすでに露呈していたのである。

昭和三十九年十一月に、池田が前がん症状にあるとして療養が必要になったという理由で身を退いたあとは、佐藤栄作内閣にかわったのだが、佐藤は翌四十年六月に大幅な内閣改造を行っている。大蔵大臣が田中から福田赳夫に替わったのは、実際には財政上の難問が噴出しつつあるこのときに、田中の力量では事態はのりこえられないとの佐藤の判断があったからだろう。昭和四十年の証券不況は、本格的な不況の表出現象でもあり、証券市場そのものが新たな事態に対応できる体質をもっていないことも示した。このような事態に、いささか大仰に言えば「体制の危機」を予想した佐藤は、その能力や識見、それに財界主流との協調などを考えても、田中を信用しなかったのは当然とも言えた。

「豪雪は災害である」

田中が権力へ到達する道をもっとも細部にわたって検証した新潟日報社編の『ザ・越山会』は、大蔵大臣時代の田中が、地元にいかに利益誘導をしていたかを一定の範囲で暴いている。そしていかに巧妙にカネを撒くかということだけでなく、このころから秘書的存在となった佐藤昭《あき》（のちに昭子と改名。平成二十二年死去）を腹心がわりに用いたことも明かしている。「勝ち気でテキパキとしたヤリ手の昭は、田中が蔵相になるころからグングン力をつけてくる。大蔵省に自分の机を持ち込んで執務し、田中のカネを一手にまかせられるようになった」とも紹介している。

田中のもとには、地元の越山会を通じて各種の陳情が届いたが、田中はその陳情（就職や結婚の世話まで含まれていたという）も、集票の実態に合わせて即座にランクづけをし、中央官庁にとりついだり、自らの縁で企業に押し込んだりしていたというのである。新潟から、市町村長が揃って田中詣でをするのも決して珍しくない光景となった。

昭和三十八年一月に、東北、信越、そして北陸地方は何年ぶりかという豪雪に見舞われた。田中はこれまで新潟への豪雨、豪雪の折に地元市町村から、災害工事、道路整備などの陳情を受けるたびに、越山会のルートを通じてそれを査定したうえで、自らの利益になるとなれば、すぐに建設省、大蔵省などを通じて予算を回すよう画策した。この異常な豪雪のときも、田中のもとには陳情が殺到した。市町村の段階では、予算のうえでこの豪雪から住民を守る手だてをもっていなかったからだ。そこで田中は、この豪雪のときはこれに伴う災害工事は公共事業補助の対象にするよう建設大臣の河野一郎に申し入れたのである。

「雪は災害になるというのか。そんなところまで範囲を広げたら『激甚災害』の範囲はどこまでも広がってしまうではないか」と反発する河野に、田中は、「今度の異常豪雪は災害としかいいようがない。これは特別なんだ」と正面切って応じた。当時、実力者といわれていた河野にとって、明らかに自らの選挙目あての対策でありながら、表面では積雪地帯の苦衷《くちゅう》を代弁している田中の姿勢は不快ではあったろうが、予算をにぎっているのは田中であり、河野も渋々といった表情でこの申し出を受けいれた。

こうした前例をつくることで、田中は豪雪そのものを補助金の対象にしてしまった。それ以後は豪雪によって、市町村は国から補助金を受けとって復旧工事や道路整備、それに住民の日常生活を保護するさまざまな設備への投資を行うようになった。新潟県をはじめとする豪雪地帯では、建設業が新たな産業となって仕事量をふやし、業界全体が冬期にも一定の仕事を確保することになったのである。

ひとつのプロジェクトをもちだすときに田中の用いる便法は、常にマイナスをカバーする論理を含ませている。正確な田中像を描くときに重要なのは、この論法の普遍性を確かめうるか否かにかかっている。多くの角栄本（田中角栄礼賛本）は、この普遍性を無視するところから始まっているので、説得力に欠けている。立花隆の田中角栄に関する書は、この便法をロッキード裁判のなかで見破っていたと言えるのではないかと思う。

山一証券に日銀特融

昭和三十九年四月二十八日、日本はＯＥＣＤ（経済協力開発機構）のメンバーになった。二十一番目である。いわば先進国の仲間入りを果たしたことになるが、その半面で資本取引の自由化を約束させられるなど、日本の経済政策は欧米と先進諸国にあらゆる面で伍《ご》していかなければならなくなった。

すでにこの四月一日からは、IMF（国際通貨基金）の対日勧告にもとづきその加盟国になり、為替自由化の義務を負っていた（八条国への移行）。日本の円は世界に通用する貨幣となり、その代償として外資導入が容易になった。田中は大蔵大臣として、IMF総会で「世界銀行は自由世界の自由市場から資金を調達すべきである。金利は従来の五・七パーセントのもののほかに、六・七五パーセント、七・七五パーセント、八・七五パーセントの金利があってよい。日本はそれを受けて、毎年一億ドルずつ世銀債を引き受ける」と宣言したと自賛している（『田中角栄回想録』）。

IMFやOECDへの加盟など、日本の国際市場への参加を機に、国内に起こった不況は、幾つかの要因がからみあっていた。高度成長期には、「銀行よさようなら、証券よこんにちは」とのスローガンが示すように証券に時代が移るのではないかとの声さえ起こっていた。証券市場にはサラリーマンや主婦なども加わったが、それは証券会社側が投資信託を採用して、小金で、しかも証券知識がなくても市場に参加できるシステムをつくりあげたからであった。

田中が大蔵大臣になって、公共投資による建設ブームなどが演出され一時的にはそのような市場への投資家もふえている。つまり「田中角栄」という存在自体がブームと結びついたが、しかしオリンピック後の不況やケネディ・ショック（利子平衡税）が日本全国にもじわじわと及んできたし、加えて国内企業の体質改善期と相俟《あいま》って、この投資信託ブームはしだいに陰りを見せるようになった。運用預かりという制度は、顧客が証券市場から遠のくことでむしろマイナス要因に転じ、証券会社は大量販売をあてこんでの購入株および借入金の利息が肥大化する状態になり、その経営基盤は著しく衰退していったのである。

そのなかでも大手証券会社の一角を占めていた山一証券は、もっとも株屋の体質をのこしていた証券会社だったが、運用預かりで顧客から預かっていた債権が返せなくなった。

山一証券への債権取り付けが、わずかなニュースをきっかけに起きることは目に見えていた。実際にそのさわぎが少しずつ始まっていたのである。残された道は、担保なしで特別に融資する日銀特融という選択しかなくなっていた。もしこの状態を放置すれば、証券業界全体に波は及び、現実に日本経済はパニック状態になる段階に進み始めていた。

昭和四十年五月二十八日のことだが、田中は大蔵大臣として確かに機敏に判断を下した。日本銀行法第二十五条を適用して、市中銀行を通じて無担保で無制限に融資するという「二十五条の発動」であった。田中は、市中銀行の幹部などと相ついで会談し、この案に渋る頭取、副頭取たちに「おまえは銀行の頭取といえるか」と言葉荒くどなりつけたというエピソードも残っている。

田中は記者会見で、日銀特融を発表し、日本興業、富士、三菱などの銀行を通じ、特別融資をして証券界を救済することを約束したのである。

証券会社への措置は、昭和初期の金融恐慌以来のことであった。

このプロセスで窺えてくる田中の姿勢は、国家体制の枠組みを守るためにはたとえ恫喝や威圧を用いても、民間の経済原則に介入するというものだった。田中にとって、国の根幹をなす財政政策とは、民間の補助的、補完的意味をもつにすぎず、それゆえに公的資金とは政治力の増大によって私的資金に流用できるという方程式を示した事例だったのである。

佐藤首相は、この政策をこのときは支持したが、田中財政の底を流れる拡大、肥大、膨脹だけの方針に異をもったのであろう、まもなく福田を大蔵大臣に据え、田中を幹事長へと転じる人事異動を行ったのである。佐藤にすれば、田中の財政政策は数量的な発想に終始し、理念がないことに不満だったのであろう。

昭和四十年六月に、田中が幹事長のポストに就いたとき、政界には当然という受け止め方があった。田中の名は、大蔵大臣を体験することで重みをもつに至ったのである。自民党の実力者という言葉も少しずつ使われるようになった。また、好感をもって語られもした。たとえば朝日新聞（昭和四十年六月二日付）などは、次のような表現で田中を評した。

「ハラと策略を重んじるのが保守党旧派であるとすれば、政策と実行を軽視しない新しい感覚もある。が、若い時から鼻下にヒゲ、ナニワ節をうなり、将棋を指し、ゴルフはだめ。新旧両面が同居している奇妙な魅力をかもし出す。いつも日の当たる場にいるので、佐藤派の中でも風当たりがやや強くなっているが、ちょっとやそっとでへこたれぬシンの強さをもつ」

この期の田中の人物評は確かにこの点に凝縮されている。「新旧両面が同居している奇妙な魅力」というのは、きわめて適切だと言えた。

「日韓国会」を差配して得た自信

昭和四十年代初めの日本は、国内経済は一時期停滞にあるにせよ、それをのりきる体力も備えつつあった。佐藤は池田の所得倍増政策に批判的で、大蔵大臣を田中から福田赳夫に替えたのも、安定成長への転換を意味していた。この内閣が採用したのは、均衡財政を軸にすることであった。

歳入不足を補うため国債の発行に踏みきったことは、田中財政の手直しを迫るものにもなった。さらに予算規模の拡大と大幅減税を掲げ、建設国債の発行にも踏みきった。こうした国債は利回りが六・七九五％と、他の金融機関よりも高率とあって、またたくまに売りきれる状態になった。

昭和四十年から四十一年にかけて、企業の設備投資も活発になり、消費傾向も上向きとなる。輸出も順調に拡大する方向にむかい、ひとまず福田財政は均衡財政の名のもとに落ち着きを見せていく状態に転じた。

佐藤はこの期に、十数年続いている韓国との国交正常化交渉の解決を謳い、その外交関係を良好にすることが自らの政権の責務であるとした。戦後処理の一環ともいうべき性格があり、佐藤なりに新たな国際社会の枠組みづくりに意欲を示したのだった。とくに韓国との関係では、三十六年にわたる日本の植民地政策への公式な謝罪とその補償が前提になるのだが、椎名悦三郎外相はこの点では率直に謝罪をした。

この交渉では、日本と韓国の間で、韓国が朝鮮における唯一の合法政府であることや、これまでの日本と韓国の間にあった旧条約（日韓併合条約）を破棄するなどいくつかの合意ができあがり、日韓条約は締結の方向にむかった。日本では社会党が北朝鮮擁護の立場からこの条約に反対したし、韓国内では野党や学生団体などが日本の譲歩が少ないとして「屈辱外交反対」を叫び、韓国政府に異議申し立てを行った。とくに、この条約によって朝鮮半島の分断が固定化することへの反対論も強かった。

昭和四十年の秋の臨時国会を前に、田中は野党の幹部と話し合いを続けて、その反対論の強弱を見究めている。社会党の反対は硬直的だが、民社党は原則的にこの条約に賛成であり、公明党もまたそのような立場にあることを確かめて水面下で説得を続けた。

加えて社会党内部にもこの法案に賛成する者がいると見抜いた。実際にこの日韓国会では、社会党内からも賛成の議員が出て、社会党を離党している。そのような動きは、田中がひそかに野党の中に手を回したという事実を物語っている。

このときのいわゆる日韓国会は、今では年譜の中に単に「日韓基本条約を衆議院で可決」という一行になって残っているにすぎない。しかしこの一行の中に政治家それぞれの人生や政治生命が凝縮している。田中にとっては、政治家として実力者に加えられるスタートそのものになり、佐藤はこの国会の経験をもとに長期政権を維持していくことになったからだ。

社会党は、閣僚の不信任案を次々に提出しては審議の引き延ばしを図る。牛歩戦術を使って抵抗する。自民党は根気よくそれにつきあう。閣僚の不信任案、そしてまた牛歩戦術。議長の船田中《なか》は、しきりに速やかな投票を促す。しかし事態は動かない。もとよりそれは田中が予想していたことだ。こうした事態はたとえ日韓条約に反対であっても、国民の目には奇異に映る。「議会政治そのものを否定することではないか。審議を拒否するというのは、野党の責任も大きい」という声は増幅していく。各メディアもそうした論を掲載していった。

このような状態の国会が四日目を迎えた十一月六日、午前零時を回ってまもなく、閣僚の不信任決議案が審議されている途中で、突然、議長はこの審議を止めた。以下、前述の早坂書から引用するなら、次のように事態は動いていくのである。

「石井法務大臣不信任決議案が審議されている途中で、議長が衆議院規則第百四十二条の『議事日程変更』という権限を発動、日韓条約および関係三法案を議題とした。そして、委員長報告を省略して、混乱のうちに衆議院は日韓条約を承認し、関係三法案を可決した」

こうした手続きは、田中が周到に脚本を練って進めた。すでに議会人としての生活を二十年にわたって続けていただけに、このような議長権限も知悉していたのである。世論は奇策、あるいは強圧的と批判をくり返したが、田中はまったく気にせず、「私は政権与党としての責任を果たしただけ」と言ったが、その言の中に田中の自信と自負があふれていた。

参議院でも特別委員会が設置され強行採決で可決したうえに、本会議でもまた同じ光景がくり返された。審議時間はほとんどなく、自民党、民社党議員によって可決されて、日韓条約と関係法案はすべて成立した。

このような一連の動きのなかに、「政治家・田中角栄」の、あえて言えば〝成長した〟姿が見える。幹事長が、自らのもとに国会対策委員長や特別委員会の委員長、さらには議長さえも呼び寄せて説得し自在に動かし、その政治的主張を貫いてしまうことになったのだから、その政治力は誰もが認めるところとなったのである。

このときの田中の姿は、本来なら功と罪の両面をもっていた。それはあまりにも簡単なことなので見すごされてしまったのだが、その一面は「政治とは数の力である」という信仰にも似た信念である。数さえ揃えれば、どのような政策も可能になるとの自信が田中の言動にはあふれるようになった。では、もう一面は何か。妥協すべきことと妥協してはならないことに、明確に線を引いていることであった。

田中にとって妥協すべきこととは、政策そのものではなかった。「富の分配」という語でくくられる政治技術上の領域については、いかようにも野党の要求に応じた。いわばそれは権力構造のおすそ分けという指摘ができた。予算編成の折に野党の要求に一定の枠内で応じていたのがそうであった。しかし、妥協しない領域ももっていた。政策のなかで、これは自民党の屋台骨をゆるがすとかこれは体制の根幹にかかわるというときには、決して妥協しなかった。このときの日韓条約などがそうであった。この妥協線を譲ってしまったら、田中は自民党のなかで政治力を駆使することはできないと知っていた。それは体制の守護という保守本流の意識でもあった。

こうして田中の中央政界での動きを克明に見ていくと、昭和三十年代半ばから四十年代初めにかけて、権力への階段を順調に上りつめていったことがわかる。「順調に」というのは中央で力を得ていくのと同時に、地元新潟での実業家としての力を肥大化させて、中央政界とは異なった顔をもつことにもなったという意味である。

そして、中央と地元で、その存在感が確固たるものになるにつれて、田中の代名詞のひとつである「金権政治家」の顔もまた、窺われるようになっていく。少々大仰な言い方になるのだが、昭和三十年代の保守政治には政財官の癒着構造が当然なこととして存在した。財界の献金は主に官僚出身の政治派閥に優先的に撒かれていて、党人派の系譜に連なる派閥は政治資金集めに頭を悩まさなければならなかった。もともと政治に多大な資金を要するというのは、この国の政治風土として明治期から続いていたことで、それは議員自身の責任に加えて、有権者の側の意識が、議会政治のありうべき姿を求めるよりも、家業としての代議士誕生を補佐し、そこに利権構造をつくりあげようとする風土そのものにもつながっていた。そのことに気づくなら、確かに田中ひとりのみに「金権」の汚名を浴びせることは妥当とはいえないだろう。

錬金術の方程式——越後交通発足

昭和三十五年十月に、新潟の中越地区交通網の拠点としての役割を果たす越後交通株式会社が発足した。この会社は、長岡鉄道、中越自動車、それに栃尾電鉄の三社が合併したものである。田中はこの新しい企業の会長におさまった。

越後交通は合併によって、「資本金五億七百五十万円、従業員千七百人、中越の公共交通を一手に握る独占企業の誕生である。合併は三社の対等合併の形を採った。しかし、当時の実績からいうと黒字の栃鉄、収支トントンか黒字気味の中越と赤字続きの長鉄の対等合併はあまりにも異様であった」(『ザ・越山会』)という見方がされた。

つまり、田中が社長をつとめていた長岡鉄道の業績がすぐれないのに、他の二社がそれに応じたのはなんらかの裏があるのだろうといわれたのである。むろん田中が中央政界で重きを成しつつあるだけでなく、自民党の新潟県連会長をつとめる立場にあったから、政治的な意味が詮索されたことになる。加えて、この越後交通の役員人事は、臨時株主総会で会長に田中、社長に中越自動車社長の田中勇、それに副社長には栃尾電鉄専務の松本友三郎が座った。取締役には、小佐野賢治が座っている点に注目が集まった。

この対等合併の裏には、小佐野賢治がかかわっていたとされている。というのは、先の『ザ・越山会』では、合併は当初、長岡鉄道側の中越自動車の株の買い占めによって始まったといい、当時の中越自動車側の幹部の「合併は長鉄による中越株の買い占めによって決まった。買い占めは三十三年夏ごろから公然化し、中越も防戦買いをしたが間に合わなかった。裏で秘密裏に長鉄に資金を出したのが小佐野だった」という証言を紹介している。

だがもう一方で、中越側の分散株を中越側経営者に集めさせるという名目で資金をだしていたのも小佐野だったという証言も紹介している。一定の株が集まったところで、東急電鉄の五島慶太にもちこみ、五島から田中に合併の話がもちこまれたのだともいう。

ただ当時のこの合併話を、その後に刊行されている各書に目を通し、そして主に中越自動車側の幹部などに話を聞いていくと、赤字続きの長岡電鉄経営陣（それは田中角栄ということになるのだが）が中越自動車のもつ路線や企業としての安定度を傘下におさめて、新潟に独占的な交通事業を起そうとしたことだけは窺えてくる。

昭和六十年十月に刊行された『越後交通社史』には、三社の合併に賛意を示さなかった中越自動車側が、その意思を明確にするや、「この直後、中越自動車の株式の値動きが異様な相を示し始め、俄然、市場の耳目をそばだてることとなった」と書かれているほどで、つまり中越自動車乗っとりの動きが公然と始まったのである。裏に誰がいるのか、誰が資金をだしているのかが詮索されることになった。越後交通の社史には、「中越地区交通網の統合によって企業は生き抜くべきであると考える長岡鉄道側が、大手企業である東急・国際興業から資金を仰ぎ、買収による企業合併の行動に入った」とあるのだから、暗にその背後関係も認めているとも言える。

田中が五島や小佐野と親しい関係にあったのは衆知のことだったから、すべては〈田中の描いたシナリオ〉どおりに進んだと言っていい。ここでわかることは、田中は小佐野や五島を資金源とし、あらゆる政治力をつかってこの合併話をまとめていることだ。黒字ではあったが、企業体質の弱い栃尾電鉄は東急車輌の払い下げを受けていたので、この合併話には初めから協力せざるを得ない状況に置かれていたために、まさに対等合併という名の田中角栄による新潟の中越地区交通網の再編成であった。

この合併が成立した直後に行われた総選挙では、田中はトップ当選を果たし、驚異的ともいえる八万九八九二票を集めている。この選挙で田中は、新潟県内の道路網と公共施設の充実を約束している。田中が実質的経営者となった越後交通がその分だけバス路線をふやすことになり、利益を拡大する意味ももった。住民にとっても生活上の利便さが増し、少なくともこのことによって誰もが表面上は打撃を受けなくてもすむというかたちができあがった。

越後交通の合併に至る昭和三十三年、三十四年、三十五年は、田中が中央政界で史上最年少の大臣を体験したあとの政治的空白期間であった。この三年間、田中は政治活動と企業活動のバランス（むろんそれは自らの錬金術の方程式をつくるという意味にもなるのであったが）をとるシステムづくりに取り組んでいたことが裏づけられる。

昭和三十六年からの「危ない橋」

田中は、確かに現在より一歩先、二歩先を見ることにはずばぬけた才能をもっていた。その才能は、つまるところ生活者としての打算を適確に読み抜く目と言ってもよかった。

しかし越後交通誕生時までは、政治力でどのように錬金化するのか、まだその方程式はもっているとはいえなかった。田中土建工業から始まって、実業のなかに足を踏みいれながら、政治家生活を続けている限りでは、政治家であり実業家であるという言い方ができた。しかしこの段階では、田中自身の裁量による政治資金の調達などは及びもつかなかった。自らが実業にタッチすることで政治資金を生むような構図をもてるほど、まだ政治的力量はなかったというようにも解することができた。

その田中が錬金化の構図を固めていったのは、昭和三十六年からである。

この事実は立花隆も『田中角栄研究』で指摘していて、たとえば「三十六年、田中氏は決定的なスプリング・ボードを踏む。日本電建を入手するのである。これによって、田中氏は虚業家へ飛躍する」と書いているが、まさにそのとおりで田中はしだいに危ない橋をわたり始めたと言っていい。危ない橋とは、土地を投機の対象として扱い、そこに生まれる巨利を一気に政治資金として活用していくことであった。この事実を改めて確認しておくことは、政治家田中角栄の負の軌跡を追いかけていくことにつながる。もとより田中と同じような手法を用いた政治家は少なくないが、こと改まって田中がそうした検証の対象になるのは、ひとつにそれでもなお首相になったという歴史的事実、そしてもうひとつが、田中がもっとも直截に実行した政治家であったからにほかならない。

日本電建社長に就任した一カ月後、田中は自民党の政調会長に就任している。昭和三十六年七月十八日から翌年のこの日まで一年間そのポストに就いた。ちなみにこのポストのあとは、これまで書いてきたように池田内閣の大蔵大臣に就任している。田中が立花によって「虚業家」といわれるのは、こうした表の華々しい政治経歴が錬金術と直結することがわかったからである。むろん田中が政治家として成した業績そのものは、こうした虚業家の土台によって支えられたという言い方もできた。

日本電建は住宅建設販売を専門とする企業で、昭和三十年代になって急速に経営が悪化した。住宅建設そのものがこの期に庶民の手近にあったわけではなく、給与所得者にしても持ち家にはまだ手が届かないのが現実であった。この企業の経営にあたっていたのは新潟出身者だったが、経営の後任に田中を指名したのである。むろんこのプロセスはそれほど簡単な推移を辿ったわけではなかったが、経営困難、お家騒動のなかで、田中とて好んで経営に参画したわけではなかった。

田中としてはなんどかの懇請により、渋々というかたちで引き受けた。しかし、この企業の内情を知るにつれ、強い関心をもったことは否定できない。この企業には月賦《げっぷ》で家を買うために預託されている現金が「四十六億円」（立花隆レポート）も眠っているのと、住宅用に購入している土地もまた「一億円（相当）」（同）も有していたというのである。

こうした資金を担保に銀行から融資を受けて、土地や株を買う戦略をたてた。そのために日本電建の経営戦略を改めて、土地や不動産売買に積極的にのりだすことになった。こうして潤沢な資金で、日本電建は都内の土地を買い、不動産に投資するという新しい経営に手を染めるようになった。この企業の経営権は、昭和三十九年に小佐野に譲渡されるが、それまでの三年間に田中は巧妙なからくりを用いて、実体のない企業を自らの周囲につくりあげている。

昭和三十六年五月に日本電建社長に就任したあとの田中は、自民党政調会長就任をはさんで、八月には新日本電建と新星企業を設立している。そして田中土建のグループ会社として田盛不動産も設立したとされるが、これは自らの影響力がそれほど自在に発揮できるわけではないというので、別に室町産業も設立している。田中人脈といわれる人たちが役員に名を列ねた。このようなファミリー企業は法的にはまったくの幽霊企業でもあった。

立花レポートは、この幽霊企業の実態をあますところなく伝えたために、社会に衝撃を与えた。実のところ、田中はこうしたファミリー企業をペーパーカンパニーとすることにとくべつの警戒心をもっていなかったと言える。なぜなら、新星企業は目白の知人宅に本社があり、室町産業に至っては東京・市谷にある佐藤昭宅と同じ住所に本社が置かれているという有様だった。なぜ、これほどあからさまな幽霊企業をつくることができたのだろう。

しかもこうした企業には、田中の信頼する人物が配置されていただけでなく、彼らは田中の後援会組織越山会に依拠しながら、実質的に田中につながる予算獲得の選り分けや中央から降りてくる公共事業費の割りふりなどを進めていた。田中は、中央政界でその政治的立場を強めながら、選挙区、つまり地元では錬金化と集票のマシーンを自在に動かすことができるシステムを完成させていった。

田中の錬金化の構図は、昭和三十六年にはじまりながら、その実、政治的には自己崩壊する芽を生んだことになる。田中はこのようなファミリー企業で、どのようにして政治資金づくりの手法を考えだしたのだろうか。

昭和三十年代の自民党には官僚出身者の政治資金集めと、藤山愛一郎のように私財を投じての政治活動があったが、田中は、このような構図を見て、まったく独自に資金調達の手法を考えだしたといってよいだろう。それが幽霊会社を使っての土地売買であったり、自らの関連会社の不動産部門の拡充であったりした。加えて自民党の要職に就いて政治力を身につければ自らの選挙区に優先的に公共事業を回すことは容易であり、それがしばしば政治資金に還流するとの知恵を身につけたのである。

したがって、田中の政治資金の手法が批判されるとすれば、先述のように田中が育った時代の自民党の政治風土が問われなければならない。田中はその政治風土が生んだもっとも「正統的な金権政治家」であると、私は考えているが、一面で田中が政治力を身につけるにはそれしか有効な手だてがなかったとも言える。田中を擁護するつもりはなく、田中は日本の政治風土が生んだ政治家そのものだった、という意味である。

昭和三十年代の政治状況のなかで、田中の選んだ金権政治の道は、もとより田中自身の哲学を反映しただけでなく、田中を支えた人脈もまたそのことを当然のことと考えていた。田中の忠実な秘書で、「江戸家老」とも言われた山田泰司は、私への直話《じきわ》でも「田中さんが政治力をつけていくプロセスで金権政治の道をひたすら走ったというのは事実でしょう。学閥もない、門閥もない、裸一貫で政治家になったのですから、他の政治家と対決していくときにもある程度のカネは必要でした。カネがなければ政治力が増すわけはなかった。あの時代に田中さんが力をつけていくときには避けられない道を歩んだと言えると思いますね」と述懐していたが、それは山田だけでなく、田中を支えた人脈の誰にも共通の認識だった。

昭和三十六年以後、田中が公然とペーパーカンパニーをつくつて、しきりに土地の転売買をくり返しながら政治資金を生みだしていくプロセスで、もっとも信頼したのは、いわゆる田中ファミリーと称する人物たちだった。このことは、単にこうしたペーパーカンパニーの実態を知られることを恐れたというだけではなく、結社のような結束を必要としていたと解することができるだろう。その結束の固さを中心円として、その外側に幾重にも円輪をつくりあげていったのだ。その円輪は中心軸からの距離に比例して、結束を固めるための策を施したように思える。もっとも近い円輪をファミリーで固め、それを守る円輪。これこそが、後援会「越山」の実態だったということになる。

田中がつくりあげたこの構図はやがて解体するが、表現が適切か否かは別にして、露骨に政治資金を生みだす中心円とそれを固く守っていた田中ファミリーの円輪そのものが官僚を軸にした政治家と財界人、それと連動したアメリカの国益とによって狙い打ちされたという歴史的な見方ができる。やがて一定の時間を置いて検証してみれば、この見方が浮上してくるに違いない。

ファミリー企業という仕掛け

以上に述べてきたような日本の政治風土を前提にしながら、さらに田中の金脈づくりについてふれていくことにしたい。

田中は日本電建社長に就任したあと、ふたつの幽霊会社を設立したとされている。新星企業と室町産業がそうなのだが、これはなぜなのか。その点について立花隆の『田中角栄研究』によれば、「(こうした)企業に自分の分身の役目を果たさせるため」と分析している。確かに、田中がこの二つの企業と自らの名義で新潟交通の株を買い占めたときなど、二つの企業は実際には田中の分身であった。田中は中央政界で自民党の政調会長のポストにありながら、地元ではその「人格」を三つに分散し、錬金化の方程式をつくりあげたことになる。

新星企業や室町産業は、主に土地や河川敷の買い占めをはかり、それがのちに柏崎刈羽原子力発電所に転売されてもいる。まずこうした土地や河川敷を買い占める段階で、すでにどのようなプロジェクトが進むかを知っていれば買い占め自体、ひとつの政治行為ということになる。もとより田中はそのような政治行為が政治的事件にならないよう注意を払いつつ、こういう類の政治資金づくりを行うわけである。俗にいう〝土地ころがし〟によって膨大な利益をあげ、それを自らの政治権力の肥大化に利用していったとの見方ができる。

たとえば、新星企業がかかわった鳥屋野潟《とやのがた》事件を見てみると、それが明確になってくる。

『ザ・越山会』などが、この事件を紹介しているのだが、こうした書を参考にこの事件を追いかけてみると以下のようになる。

新潟市の南西部に鳥屋野潟はあり、巨大な湖面で農民にとっては農業用水でもあった。ところが新潟市が南西部にも発展するためには、この鳥屋野潟を埋めたての都市化を図るべきだという声があった。昭和二十年代から続いていたともいう。鳥屋野潟の買収はある業者によって行われ、それが紆余曲折はあったにしても、この買収には銀行も一役買ったというし、東京の実業家のなかにも協力を申しでる者があった。新潟市の将来の発展のためにこの買収は都市計画そのものに繰りこまれていった。

しかし業者側の資金難と資金集めのプロセスでの一実業家の不祥事が重なって、この買収交渉は中断してしまった。

こうして鳥屋野潟買収の話が田中のもとにもちこまれてくる。

田中にとっては、この買収話は魅力的であった。『ザ・越山会』によるなら、田中支持者のひとりの次の証言が紹介されている。「田中の側近から、『田中は将来、政界でカネがいる。そん時の資金になる土地かどうか、見てきてくれ』と頼まれた。見に行くと実にいい場所だ。『買った方がいい』と進言した」というのである。

結局、田中は日本電建社長の立場で鳥屋野潟を買収している。一億八千万円だったという。このときに埋めたてが終わっていた蓮潟《はすがた》の買収もこの一億八千万円に含まれていた。「蓮潟は、三十七年に新潟県と新潟市に二億一千三百万円で売却された。田中にとって得な買い物だった」というのだ。

この日本電建という企業は、田中が社長に就任してからは、とにかく県内の土地や河川敷を買いあさった節があった。昭和三十六年度は土地購入額はわずか一億円だったのに、田中が社長になった三十七年度からは一挙に三十億円にふくれあがっている。鳥屋野潟や蓮潟もそうしたなかに入るのだが、これらの土地を田中ファミリーの間でころがしあって利益をあげたということになる。立花隆の田中金脈追及レポートはこの面を詳細なデータをつくりあげて追いかけている。

田中のこうした政治資金づくりは、昭和三十七年と三十八年に複雑なかたちで行われている。田中が政調会長、そして大蔵大臣時代のことで、この期、田中はしばしば地元に帰り、自らが関係する企業をいくつかにしぼりこむようにしている。そしてもっぱら土地開発、転売のくり返しから売却へと進んで多額の利益を得る構図をつくりあげたといえるのだ。昭和三十九年七月の自民党総裁選は、もっとも金が撒かれた汚れた選挙として知られるが、池田勇人が佐藤栄作を破って三選を果たした折、田中が集めたカネはこうした総裁選で撒かれたとも推測される。

日本の共同社会の凝縮

田中の軌跡を追うときにもっとも注意しなければならないのは、表（中央政界）で権力の基盤を確立しつつ、裏（新潟の地元企業を軸にしつつ、東京にペーパーカンパニーを設立していくのだが）では錬金マシーンをつくりあげていったという事実である。比喩として言うならば、田中は前輪の権力構造と後輪の錬金構造とを巧みに回転させながら、政治家としての像を肥大化させていった。

田中はその体質において、日本の共同社会（農村自治体）の凝縮そのものである。ここでは義理とか人情といった、いわば人間関係の紐帯《ちゅうたい》を軸にしての利害関係が成りたつのだが、田中はそれを心底から信じていた政治家でもあった。近代日本にあって共同体で幼年期をすごし、成績優秀をもって帝国大学に進み、そして官僚としての実績を積んでから再び共同体に戻り、そこを地盤にして政治家の道に進んだ者はこの紐帯を身につけることができなかった。擬態としてそのような体質をもつのであったが、田中はそうではなかった。新潟三区という田中の地盤にあって、彼はまさに心底から共同体の紐帯を身につけていたし、むしろそのことにもっとも価値を見いだしていたのである。

表と裏の接点にあるのが、彼の後援会組織である越山会であった。この越山会は単に田中の選挙支援のための組織ではなかった。もとより田中が、この組織の軸に据えていたのは情とか義理といった結びつきであったが、昭和三十年代後半になるとこの組織は、ひとつの権力機構と化していくのである。

つまり田中と人間的に交わり、その人間性に魅かれるという関係をもつと、それがそのまま利益に結びつくといった関係をもつくりあげていったのだ。これは重要なことなのだが、田中は表の場で権力を肥大化させていくときに、後援会組織越山会で行っている人心掌握術をそのまま利用するのである。会員の名を覚え、その肉親や人間関係を頭に叩きこみ、冠婚葬祭の折には電報が届く。ときには田中自らがそのような場に赴いて、会員たちとの交わりを深めるといった具合であった。

中央政界で実力者のひとりに数えられ、自民党政調会長、大蔵大臣に就任していく昭和四十年前後には、田中は越山会を自らの政党の如くにつくりかえていた。地元の市町村長にすれば、田中のもとに陳情にでかければすべてが可能になる。いやそうするまでもなく、田中は地元の秘書グループに市町村を回らせて要望を聞きだし、しばしばそれに予算をつけたのである。この役を果たしていた秘書の山田泰司は、「田中さんは他の代議士とは発想が異なっていた。私は地元を回りながら、この地区はどういう問題をかかえているか、どのような行政上の困難にぶつかっているか、それを確かめては先生に報告していた。このような緻密な手法で地元の面倒をみるような代議士はどこにもいなかった」と私への直話でふれたことがあったが、確かにそれは事実であった。

その一方で、田中は目白にある私邸を地元の人びとに開放し、そこではどのような相談も受けつけた。国政に直接関与する秘書とは別に、こうした〈よろず相談所〉の実務（就職から結婚までの相談）に携わる秘書も揃えたのである。

人情と実利という両面立てで、田中の選挙区の有権者は特別扱いをされることになった。当時の多くの庶民が味わうことのない独得の空間が、越山会を中心にできあがっていったと言ってもいいだろう。

マッチポンプと黒い霧

日本電建社長というポストに就任してからの田中が、経営者として土地買収を精力的に進めたことはすでに記したとおりである。この企業は増資をくり返して、資本は潤沢そのものなのに決算上はむしろマイナス、という方向に進んでいく。この点についての立花隆のレポート（『田中角栄研究』）は、きわめて適確な表現を用いて説明している。

たとえば、次のような具合にだ。

「田中氏が（この企業経営で）やったことは、家・建物の月賦販売会社を、きわめて合法的に、一種の金融資産運用会社的なものにしてしまうことであった。加入者にそのつもりがなくても、相手はいつの間にか大衆の掛金を利用した運用会社に変わっていたのだ。しかも、法的になんの規制も受けない大衆資金運用会社にである」

そのうえで、立花は「第二の保全経済会事件になる恐れは十分にあった」とも指摘している。大衆から、マイホーム購入の名目で集めた資金が一方的に土地の購入にあてられ、その土地転がしによって利益を得るという構造をつくりあげれば、それは資金運用会社そのものでしかないとの分析であった。この場合、自らのペーパーカンパニーを利用しながら土地投機を肥大化させていけば想像できないほどの利益を生む可能性がある。可能性があるという意味は、土地そのものがつねに高騰する前提があったということであった。

これも田中金脈が追及されたころにすでに明らかにされたことなのだが、田中が大蔵大臣のときに、国有地の払い下げがもっとも多かった。大臣就任時の昭和三十七年度、そして三年目の昭和三十九年度には他の大臣のときの三倍近くにまでふえている。その払い下げの土地は、ときに小佐野賢治の国際興業によって買いとられている事実も興味深いというべきであろう。

この払い下げ問題については、先の立花レポートが精力的に分析しているし、昭和五十年代になっても田中批判を軸とする論者たちがかなりこまかく分析している。しかし、この期のメディアはまったく批判しなかった。むろん、その理由は単純なわけではない。しかし、次の点だけは容易に説明できるのではないか。

〈当時の保守党政治は、産業界、政界、それに官界の間に暗黙の相互扶助のルールがあり、田中のような手法は法的にみて違法性がない限り追及しない。そのことの追及を始めると体制の根幹が崩れていく危険性がある〉

ペーパーカンパニーを用いての土地転がしなどは、少なくともこれまでの政治的実力者は考えもつかなかったし、そうした政治技術を用いることはなかった。したがって、そこに法的な規制はなかったのである。

田中は、その領域にとくにためらいもなく足を踏みいれたと言っていいであろう。そしてそのことを当時の政界もマスメディアも、充分に理解していなかったということにもなる。政治家はカネを工面し、それを用いて選挙に勝ち抜くことが第一の要件であり、彼がどのようにしてカネ集めをしているかは特別に検証されることはなかったのである。

田中や小佐野の手法に、独自の立場から批判を浴びせて、やがて刑事事件として浮上したのは、国有地払い下げにからんで国会で質問を行った田中彰治のほうであった。田中彰治は、新潟四区選出の代議士であったが、議会での質問を利用して、つまりは疑惑を追及する風を装いながら、その実、モミ消しに動いて政治資金を手にするというタイプであった。マッチポンプ代議士とも言われていたのである。

田中彰治は、田中が大蔵大臣時代に行った虎の門公園跡地払い下げにからんで、国から小佐野の企業ともいうべきある企業に払い下げていることに疑念を呈しての質問を行った。払い下げの条件として、五年間は譲渡禁止であったのに、小佐野はその企業を自らの系列の企業に吸収合併させたのだが、田中彰治はそのことを鋭く質問したのである。

「これは実際には転売ではないのか。大蔵大臣が小佐野賢治に便宜を図ったのではないか」

この質問自体は確かに痛いところを突いていた。もしこのとき（昭和四十年）、こうした問題を洗いざらい調査していたのであれば、大きなスキャンダルになったことはまちがいない。ところが現実には、田中彰治は質問の見返りでもあるかのように田中のところに手形割引の話をもちこみ、小佐野にとりつぐように頼んでいたのである。田中はこれを受けて、田中彰治を小佐野に紹介している。しかもその後も田中彰治は、小佐野を脅していた。自分の言うことを聞かなければ、あのこともこのことも議会で質問するというのであった。

結局、田中彰治は東京地検特捜部によって恐喝と詐欺の疑いで逮捕されることになる。

このことによって、田中にも芳《かんば》しくない噂が立った。

当時の佐藤内閣は、この一連の事件の間、大蔵大臣、そして幹事長となる田中によって政権に傷がつくことを恐れて、辞任させている。田中はこのときに政治生命を失うかに見えたのだが――本来はそれに値する黒い霧事件でもあったのだが――すでに蓄えている政治力は、佐藤によっても御しきれる段階ではなくなっていたのである。

田中は自らも希望するかたちで、自民党の都市政策調査会長のポストに退いた。田中にすれば、この期に従来の持論であった列島改造論に取り組むことになった。土地そのものの高騰と土地転がしによってその利権の肥大化を保証する最大の政策が、この日本列島を根本から改造してしまうということであったが、それを理論化する機会を得たのであった。

日本列島改造論は、社会の経済効率を高め、富の配分を行い、生活の簡便さを保証するという、まさに田中の地盤である「新潟三区」での手法を全国化するという意味をもっていた。田中は、日本列島をひとつの共同体と化し、その空間全体をまず経済的、物質的、社会的に誰もが満たされる充実した空間として保証するという謳い文句を強調した。この実利的発想は、簡単にいうなら「進歩」と称する概念の具体化でもあった。

進歩的と称する団体や知識人のなかにも、田中に対する支持や礼賛の声が起こった。それがやがて田中待望論にまで高まっていくのだが、自転車の前輪と後輪を必死にこいでいる田中が、ペダルを踏む足を止めてしまえばそのまま倒れてしまうという危険性には、気づいていなかった。田中が昭和四十年代にはいって、虚像として肥大化していくプロセスには、この田中待望論こそが追い風となったのである。もとよりそれはやがて向かい風となって田中を追いつめていくのであったが、やはりそれにも十年近い時間を必要としたのであった。

昭和四十年代、田中はひたすら脇目もふらずに走り続けることになったのである。

第四章　庶民宰相への道

田中角栄内閣誕生。前列左から中曽根康弘通産相、三木武夫国務相、田中首相、大平正芳外務相ら（1972年7月7日）

都市政策大綱の観点

昭和四十一年八月に虎ノ門の国有地払い下げ問題で、自民党代議士の田中彰治が小佐野賢治を脅したとして逮捕されたのを機に、政治家たちの金権体質が問われた。とくに佐藤内閣を揺るがせたのは共和製糖事件であった。共和製糖グループをめぐる過剰融資問題は、自民党議員が特定企業と深くかかわっている事実をあからさまに物語り、自民党政治の腐敗の象徴として野党から内閣退陣の要求までだされた。佐藤内閣の支持率は急速に下降カーブを描き、朝日新聞の世論調査では支持率は三〇%にまでダウンしている。政権発足時は四七%であったから、人心は急激に離れていったのである。

昭和四十一年十二月の自民党総裁選では、佐藤批判勢力を代表するかたちで藤山愛一郎が立候補したが、予想された百五十票を獲得することができず、自民党内には佐藤にかわる指導者が育っていないことを裏づける結果になった。田中はこうした選挙では、表だって活動はせず〝自民党腐敗政治〟を批判する勢力に直接は反論せず黙する時間が続いた。むろん田中は無役であり、発言の立場をもっていないこともあったのだが、しかし自らには直接に関係のない〝黒い霧〟によって幹事長のポストを離れたことは、政治的には得ることが多かったのである。

昭和四十年代初めは、田中は不遇であったと言いきる論者もいるが、しかし田中はこの期に表だって発言しないことによって、逆にその存在の大きさを示すことにもなった。昭和四十二年三月に発足した自民党内の都市政策調査会長に就任したのも、「田中を野に置いておくのは党の損失である」として坂田道太や原田憲など各派閥の中堅クラスが、田中にこのポストに就くよう要請したからである。田中も内心では、このポストに関心をもっていたのだが、それはこの調査会で、日本列島改造の具体的なプランづくりを考えていたからである。当時の田中の心情については、秘書のひとりであった麓《ふもと》邦明（ジャーナリスト出身）がいくつかのメディアで次のように明かしている。

「この調査会で、新しい国家改造論をつくりたいから、君も協力してほしいといわれた。もともとこの調査会は、高度成長のひずみが都市に集約的にあらわれているので、それを正すためにと各省庁の官僚なども集まってきていた。実際に、土地利用にあたっては私益よりも公共性を重視し、土地の値上がり分は社会に還元するというかたちの政策案を練っていったわけです」

麓のこの証言にみるとおり、田中が都市政策にきわめて斬新な観点をもっていたのは事実であった。この都市政策大綱がまとまったのは、昭和四十三年五月である。自民党が初めて都市政策に体系づくりを行ったことになるのだが、当時の世論はこの大綱にきわめて好意的であった。たとえば、朝日新聞の社説は、「（高度成長による）都市化の急激な流れは、都市地域の過密と、地方の過疎による幾多の弊害をもたらし、国民生活に不安と混乱を与えている。ところが、わが国では、これまで政府も与党も、総合的、体系的政策に欠け、その施策は個々バラバラの対症療法として、ほころびをつくろうものばかりであった。それを二十年後の都市化の姿を展望し、問題解決の方向、手法を単なる理屈でなくて、政策ベースに乗せたという意味で、この大綱は高く評価されてよいだろう」と書いている。

とくにこの大綱は、公害問題などのマイナス面を克服して、生産者主導の発想の転換を訴えてもいた。この都市政策大綱にかかわった官僚たちの証言はその後数多く紹介されていて、自民党の都市政策がこのときに大きく変化したと歴史に刻まれることとなった。

水木楊《よう》の『田中角栄（その巨善と巨悪）』という書では、都市政策調査会に官僚として加わった下河辺《しもこうべ》淳《あつし》（経済企画庁）、武村正義（自治省）などの証言を紹介しているが、このなかでとくに関心がもたれるのは、下河辺の言である。下河辺は、田中は「都市政策の主人公は市民である」とか「農村と都市を対立するものとして捉えない国土の都市化（が肝要だ）」と発言していたという。田中がこの都市政策についてどのような基本理念をもっていたか、このふたつの言から（つまりこうした言は、当時の官僚には新鮮な響きをもっていたといえるのだが）、田中がこのころに辿りついた政治姿勢が窺える。このことは、田中が昭和四十年代半ばに国民の支持率を高める因であると同時に、確かに地元では金権構造をつくりあげていたにせよ、新しい政治感覚を身につけていたことを示していたのである。

「都市対農村」の構図を解体

田中が、農村と都市を対立軸として捉えていなかったという事実は、昭和という時代に根強く広がっていた農本主義を根底から否定することでもあった。

農本主義は、昭和という時代のもっとも重いテーマとして存在している。農本主義の系譜は、農商務省の官僚や農政学者を中心とする流れ、民間の農業従事者のなかの理論家の流れ、さらには社会主義思想の流れを汲む農民解放の思想、そして日本村治派同盟などに集まった農民救済を掲げた活動家たちの流れと多様にわかれる。とくに昭和初年代にあっては純粋な農本主義者であった橘孝三郎に代表されるように、「都市と農村」という図式のもとで反都市、反工業、反共産主義という姿勢を明らかにする者も少なくなかった。都市は農村を収奪し、解体し、農民の人間性を資本に隷属させる空間と捉えられていた。

昭和初年代から十年代へのさまざまな社会的事件には、農本主義者の影響も少なからず見てとれた。そして中国や東南アジアでの日本軍の占領政策には、日本的農本主義の姿勢も垣間見ることができた。

田中はこうした農本主義の流れとはまったく別の発想を、昭和四十年代になって政治の世界へもちこんだ。都市と農村、という図式を解体し、それらの一体化を政策としてもちこんだ。官僚たちは、昭和という時代にそれこそ抜きがたく存在しつづけた都市と農村という対立の図式を実にあっさりと解体していく田中の政治力に驚いたというのが本音であろう。実際に、この都市政策大綱に末端で資料づくりにかかわった官僚は、「田中さんの理論は、確かにこれまでの発想の硬直性をつき破るもので、それだけにこの都市政策大綱というプランをきっかけに田中さんを、単なる地方出身のやり手の政治家というイメージとは異なった目で見る官僚がふえたのです」と述懐していたが、その後の史実を見ると、確かにそれはうなずけた。

田中は、まず農村を工業化、都市化することを前提にする。農村の工業化というのは、農村それ自体を農業を営むという枠内にとどめず、そうした地にも工業を興すという考え方をもちこみ、農村の構造も農民の住む場とするのではなく、一市民が農業という職業を選択して住む場というふうに考える。農民の家を旧態然とした農家という空間ではなく、都市と同様に市民が生活する場につくりかえていくという発想である。これを田中流の言い方にするなら、次のようになる。

「わが国の三十七万八千平方キロの国土のうち、八五％は山岳地帯。全体のわずか二％の地域に産業の七、八割が集中している。これは過度集中だよ。しかし、わが国に土地がないわけじゃない。大都市から少し離れると土地は、まだいくらでもある。東北は寒いし、新潟は雪が降る。しかし、一千百万人が住むモスクワと七百万人のロンドンは、いずれも青森に比べて緯度がはるかに北だよ。だから、東北だろうと北海道だろうと、どうっていうこともない。そういう広い土地のある場所と東京を新幹線が結べば、日本人はまだまだ富と土地を持つことができるんだ」（早坂茂三『田中角栄回想録』）

全国に道路網を敷き、新幹線を走らせ、そして全国をまったく同質の都市空間にしてしまえばいい。そうすれば、人はどこにでも住めるし、短時間で自由に往来できる、つまり生活空間は圧倒的な広がりをもつことができる。もとより田中のこの考えには、大雑把な面もあったが、前述の官僚や調査会に集まった代議士などの討論によって理論化されていった。独自性があるものの曖昧な側面のある考えを理論化するだけのスタッフを集められるというのが、田中の能力とも言えた。

多くの書が指摘しているように、この都市政策大綱は「ニューヨーク・タイムズ」にも、きわめて現実的、理論的な内容を伴っているとして紹介された。田中角栄という政治家の名が、プラスのイメージを伴って広く紹介されたのは、このときが初めてであった。

昭和三十九年十月に、東京・大阪間に東海道新幹線が開通して以来、田中のもとには、新潟の各地から「新幹線を通してほしい、その節はぜひわが町に停車してほしい」との陳情が次つぎと寄せられていたが、その機運をあおったのは、むしろ田中の側でもあった。

「新潟にいつか新幹線を通すし、いつか高速道路をつくる。それを必ずなしとげる。そしたらいつ政治家をやめてもいい。新潟に銅像ぐらい建つだろう」

と田中は陳情者に語ったというし、そのための政治的動きをはじめているんだ、との言を聞いた町村長なども多かったのである。

佐藤の後継者に成長させた幹事長時代

この都市政策大綱は、小冊子となって、全国の書店に並んだ。昭和四十三年六月のことである。これは政党の作成した冊子としては珍しく万の単位で売れたとの記録も残っている。昭和四十七年六月、田中が自民党総裁選に立候補する折に、この大綱をもとに独自の政策を書きこんで著した『日本列島改造論』はベストセラーになった。ただしこの書は、都市政策大綱を土地本位制とするような内容にかえてしまったために、あらぬ誤解を与えることになったとの評があることも付記しておかなければならない。

田中が、第二次佐藤内閣の第二次改造の際に、再び自民党の幹事長に返り咲いたのは、昭和四十三年十一月のことだった。このころの日本社会は、学生たちの社会への抗議活動（たとえば、ベトナム戦争への反対とか公害反対、あるいは体制変革など）が激しく、ときには街頭でのデモが暴力化して、政府与党は治安上でもなんらかの対策をとらなければならない状況にあった。田中も、自らが対峙したことのない問題と向きあわなければならなくなった。田中自身の総合的な政治力が試される局面に入ったといえるだろう。そして田中はこのときから、幹事長のポストにほぼ二年半にわたって座りつづける。

昭和四十六年六月に、総選挙での敗北の責任をとって辞任している。

この二年半の間に、日本社会は前述の治安上の問題、藤原弘達の『創価学会を斬る』の刊行をめぐっての著者と公明党との対立、赤軍派のハイジャック事件、三島由紀夫事件、成田空港予定地の収用をめぐる騒乱、と社会的な事件が幾つも起こっているが、田中がそうした事件にどのような対応をしたのかも、新聞に詳細に報じられた。さらにこの期間は、公害をどのように克服するか、世代間のギャップにもとづく断絶にどう回路をつくるか、など政治以外にも変化の波が襲ってきたときでもあった。

この期の自民党では、佐藤首相の指導力は盤石なものといわれ、次期総理をめざす有力な政治家は不在であった。佐藤長期政権と言われながらも、あえて後継者といえば大蔵大臣に就任していた福田赳夫の名が挙がっていた。確かに故池田勇人の宏池会を継ぐ前尾繁三郎や、松村謙三の流れを汲む三木武夫の名もあったが、いずれも自民党の多数派をにぎる情勢にはなかった。そうしたいわば有力な人材が薄いときだったのも、結果的に田中には幸いだったのだが、この幹事長のポストに就いている間に、田中は福田と並ぶ佐藤の後継者に育っていった。

田中の開放的な性格は、官僚としてとくべつに失点のない政治を目指す佐藤とは対照的であった。佐藤内閣を側面から支えるのに、田中はもっともよきパートナーとしての役割を果たしたのである。

自民党本部の職員として三十年間つとめ、とくに幹事長室室長のポストで二十二人の幹事長の動向を見てきた奥島貞雄が、二〇〇二年十二月に『自民党幹事長室の30年』という書を著している。自らが仕えた幹事長の素顔を明かしているのだが、二十二人のなかでもっとも印象深かったのが田中だったという。

奥島は、「人情家で浪花節的で、せっかちで行動的な人柄から、ともすれば大雑把で力任せのイメージが濃いのだが、田中は、〝コンピュータ〟といわれるほど実は合理精神に富んだ政治家でもあった」と前置きして、当時、自民党には職員の服務規程などがなにひとつなかったといい、「まさに〝大福帳的な〟組織だった。職員の側からすれば、『臨時日雇い』のようなもので、腰掛け的な気持ちでいる者も少なくなかった。否、むしろそれが普通だったのである。しかし、幹事長となった田中は、『党に働く人間の身分こそちゃんと近代組織化する必要がある』と当時の人事局長に自民党事務局規程を作れと命じたのである」と書いている。

田中が職員たちの心情を巧みにつかんでいったのは、こういう手腕にすぐれていたからだ。ただ田中の「金権政治」の片鱗にふれることもあったと、奥島は書いている。国会の開会中に二時間ほど個人秘書の運転で外出したことがあり、あとでその秘書から、あっけらかんと、知人から紹介された土地を見に行ってきたと聞かされたというのだ。そして「今度買うことになったよ」とも言われたという。

「『仕事を放って土地探しか……』。さすがに我々も嫌な気持になったものである」

田中のもうひとつのこの顔が、やはり幹事長の表の顔とは別に動いていたのである。

「百万円の餞別は間違いでは……?」

幹事長は総裁への道に通じている——この期の自民党内にはこの不文律があった。とくに昭和四十年代には、総裁候補者たらんとする者はこのポストに座るために露骨な猟官活動を行ったほどである。政治評論家の戸川猪佐武は『田中角栄伝』のなかで、「田中の厚い義理人情、面倒みのいい親分肌、仕事のできる実力、若さ、新しい感覚——といったものが、多くの人びとを惹きつけ、心服させた」と書いている。

幹事長も一年、二年と時を重ねるにつれ、当初の佐藤派五十九人のうち五十人までは田中系と言われるほどになる。それも中堅や新人に勢力をもつに至る。田中は戸川の指摘したように人間味まるだしでこうした中堅や新人たちに接した。まず〈政策よりも義理人情〉〈理論より実行力〉という武器をつかってシンパのなかに中核となる勢力をつくり、そこからさらに田中に親近感をもつ議員をふやしていったのである。

しかし、田中シンパあるいは田中系といわれる中堅、新人議員が義理人情や実行力だけで田中のもとに集まったわけではない。もっと実利的な誘いもあったのだ。田中に近いジャーナリストや評論家がこの点にふれることはほとんどタブーとなっていた。田中の金権ぶりが暴かれるのは、首相退陣後のことである。その折には掌《てのひら》を返すように語られるのであったが、この期は誰もが田中の体質に気づいていたにもかかわらず、その権力を恐れて黙した状態だったことになる。前出、奥島貞雄の『自民党幹事長室の30年』では、田中の金の使い方がきわめて巧みだった例として、次のようなエピソードを紹介している。

「自派の若い代議士が『外遊したいが少々資金が足りないので、なんとかご援助を』などと頼みに来ると『よっしゃ、これ持ってけ』と紙袋を渡す。礼を言って帰って行った代議士から、ほどなく幹事長秘書に電話がかかる。『私は二〇万ほどお願いしたつもりだが、数えてみると一〇〇万ある。間違いではないだろうか』。秘書が田中に確認したうえで『間違いではない』旨を伝えると、当人は大感激である」

こうして田中シンパはふえていったと指摘するのである。しかも田中はこのころから「陰の金庫番」と噂される女性を公然と自らの周囲に登用している。先にもふれたこの女性、佐藤昭は東京・新橋で水商売をしている折に田中と知りあい、しだいに秘書同然の役割を与えられていったと言われている。もともと記憶力にすぐれ、事務能力に長けていることもあって、有能な補佐役になるとの判断があったのだろう。田中が開いた個人事務所の金庫番を務めるのだが、田中に目をかけられた代議士はしだいにこの個人事務所にも顔をだすようになり、ここで佐藤と顔見知りになっていった。

彼らは昭を「佐藤ママ」と呼び、ご機嫌とりに精をだした。

「選挙の神様」との異名

田中は、権力欲に加えて金銭欲が人間そのものの弱点になるということをよく理解していた。他人に（とくに政治家に）金を渡すのが巧みだったというのは、幹事長時代にはよく囁かれていた。金の渡し方がうまいのは、ある論者は「人情の機微を心得ていて、渡すタイミングがうまかったから」と言い、またある論者は「人は高邁な理論よりも目の前の札束に弱いことを実生活で知っていたから」とも言っている。

もとよりそのいずれの理由も正しいと言えるのだが、より本質的な意味は田中という政治家の体質が日本の政治風土に合致していたということであろう。もうすこし別な言い方をするなら、田中は日本の政治家の本音をすべて代弁していたということだ。

その事実は、田中が幹事長の時代に行われた総選挙を見てみると容易にうなずける。昭和四十四年十二月に行われたこの総選挙（第三十二回）は、「初の師走選挙」といわれたのだが、田中が幹事長として実際に仕切った初の選挙でもあった。自民党は二百八十八議席を獲得するという記録的な結果をのこした。それに保守系無所属の十二人を加えると、実に三百議席を占めるに至ったのである。

田中はこの選挙を差配した際に、それまでの歴代の幹事長とはまったく異なる選挙戦術を用いている。田中が「選挙の神様」との異名をとるようになったのも、この大勝以後のことである。あえてつけ加えるなら、国民は欲望肥大のピークに達する充足感と不安感をないまぜにした複雑な感情を、田中の政治活動を見ることで解消しようと試みたのである。

こうした国民の感情は、むろん昭和三十五年の池田内閣による高度経済成長政策が十年目を迎えて、この国の社会構造を一変させたことに端を発している。国民総生産は十年間、毎年一〇％もの伸びを示した。農業人口は昭和三十年には四一％を占めていたのに、昭和四十年には二五％を切り、さらに二〇％に近づきつつあった。その分、一般労働者、事務職の比率が合わせて六〇％近くに達していた。国民の九割は、自らを中流階級として意識するとの調査結果さえ示されていた。

生活上のあらゆる指数は、この社会が従来の欲望をほとんど満たしていることを裏づけたのだが、そのことが充足感と不安感の複雑な感情の源となっていた。田中に代表される自民党は、この期はまだ欲望肥大の方向をめざしていたし、野党にしても具体的な政策を示すより、ひたすら「富の分配」を弱者にという、田中に欠けている点に比重を置いて選挙戦に臨んでいたのである。

田中がこうした時代に、どういう選挙戦術が有効かを知っていたのは、十代からの社会生活で培われた感性があったからと言うこともできた。

課せられた三つの歴史的使命

前述の奥島書によるなら、この総選挙まえに自民党の限られた職員が、田中の命令によって膨大な資料づくりを行ったという。

奥島は、「当時〝選挙の神様〟といわれていた選挙対策事務局責任者の兼田喜夫から全国各選挙区の情勢を聞いてまとめる作業で、兼田のほかには田中秘書の麓邦明、早坂茂三と私だけという、極秘裏の作業」と書いているが、要は全国の選挙区をくまなく分析し、そこにどのていどの保守票があるか、革新票はどうなのか、どの議員が強いのか、それこそ綿密な調査報告書を作成したというのである。

田中はこの報告書を佐藤首相、保利茂官房長官など政府と党の要人六人に配布し、そして独自の集票作戦を行った。六人はいずれも佐藤派の中枢にいる幹部たちだっただけに、田中はこの総選挙の期間、どこの誰が弱いか、今どのような状況にあるかを佐藤派の拡大に利用したとも言えるし、また、自らの勢力拡大の重要な契機にしたとも言える。

むろんこの総選挙の背景には、社会構造の変化を田中が巧みに利用したと同時に、佐藤内閣がニクソン米大統領との直接交渉によって沖縄返還を可能にしたことへの国民の素朴な信頼もあった。翌年、大阪で開かれる万国博覧会が、この年の瀬に明るい空気を醸成していたのも理由としては挙げられる。

ベトナム戦争もまたアメリカの軍事的敗北による決着という方向が見えていた。いわゆる過激派の反政府闘争も沈静化し、突出したグループが武装革命を叫んで直線的な行動に走ってはいたが、それもまた国民的な批判にさらされていた。時代の空気は日々の生活次元の安定を望んでいた。

そういうすべての状況が、田中という政治家に幸いしたのである。田中はまぎれもなく、歴史に呼びだされたかのような立場に佇んでいた。

一方で国民は物質的充足感から、やがて精神的充足感を求める方向に変わっていくだろう、と田中は予測していたのである。田中が幹事長として、教育や宗教、それに文化についての私見をしばしば口にするようになるのは、この予見を具体的な政策に据えていくための伏線とも言えた。

しかし、田中の軌跡はこの面ではあまりにも貧弱であった。それを補うかのように、自分も少年時代には作家志望であったと口にし、そして読書歴も人には負けないと胸を張ってみせたりもした。だがそうした発言は、田中にはあまりにも似合わない。国民もまた、そのことを田中には求めていない。田中も、その点には気づいているとは言えなかった。

こう見てくると、昭和四十四年十二月の総選挙を起点に、それは自民党の未曽有《みぞう》の勝利という政治的実演をもとにしてという意味になるのだが、田中には政治家として三点の歴史的役割が課せられたと言える。この三点とは次のようなものである。

一、国民の欲望肥大を加速させるのか、抑制させるのかの選択。

二、歴代内閣と異なる過大ともいうべき期待への対応。

三、議会政治の内部からの変革。人材交代劇の演出。

もうすこしかみくだいた言い方をするなら、〈この国のありうべき姿を提示し、実行できるか否か〉という点が問われる政治家に変貌したということになる。この三点はあとで詳述する。

佐藤派の一員として佐藤政権を支えながら、幹事長として党内に目くばりをする。加えて昭和四十四年十二月の総選挙時には新人議員のために資金援肋をする。そのような田中の政治手法は、昭和四十年代半ばには有力な政治家への近道でもあった。

佐藤は内心では田中の勢力拡張に不安をもったし、やはり派内の総裁候補のひとりだった福田赳夫は、佐藤派そのものが田中派に鞍がえしかねない状態であることへの焦りを露骨に示すようになった。福田を支持する議員のあいだには、田中が幹事長の地位をあからさまに利用して政治的権力を肥大化させているとの不満が募り、幹事長更迭《こうてつ》の動きさえ生まれることにもなった。佐藤派内で福田支持を示している保利茂を、幹事長に据えようと画策したのもその一例であった。

評論家の戸川猪佐武は、言論活動で田中を推し続けたが、その戸川のこのころの著（たとえば、『田中角栄伝』）には、佐藤派内の田中支持は長老、中堅、新人とすべての世代にわたっているとして、「長老の橋本登美三郎、木村武雄、中堅の先頭に立つ二階堂進も田中支持である。官僚出身の西村英一、植木庚子郎、木村俊夫、西村直巳、愛知揆一、小沢辰男たちも、同じだ」と書いている。このなかには、この期には必ずしも田中支持ではなかった者も含まれているが、しかしその後、田中支持の旗色を鮮明にしている。

さらに戸川が名を挙げている中堅・新人のなかには、竹下登、金丸信《しん》、亀岡高夫、小渕恵三、小宮山重四郎、仮谷《かりや》忠男、山下元利《がんり》、橋本龍太郎、石井一、奥田敬和《けいわ》、小沢一郎、梶山静六《せいろく》、羽田孜《はたつとむ》、高鳥修、渡辺肇、西銘《にしめ》順治、林義郎が含まれている。いずれも昭和五十年代、六十年代、それに平成に入ってから、政治的有力者に育っている。田中は、彼らに政治家への道を歩ませただけでなく、その政治的姿勢も教え込んだということがいえるだろう。あえてつけ加えておけば、田中が昭和五十年代にロッキード事件の被告という身でありながら、闇将軍と呼ばれ、権力の二重構造をつくりあげていくのは、こうした中堅・新人の議員の支持があったからである。

昭和四十五年秋に行われる自民党の総裁選挙に、佐藤は実は四選を狙っていた。しかし表面上は出馬を明らかにするのを避けつつ、その一方で「これからの私の役割は後継者をつくることだ」と発言し、自民党内を牽制した。「後継者をつくる」とは福田を育てることと同義であることを、田中も、むろんその系列下にある議員も充分に知っていた。佐藤は、田中の力をそぎ、福田に派内を委ねていくための策を模索していたというべきだが、しかし十月の総裁選に至るまでの間に、田中の政治力が派内だけでなく党内にまで広がっている事態に驚きの感情をもつことになった。

福田はすでに六十五歳になっていた。だが田中はまだ五十二歳であった。日本社会の活力は、昭和四十年代半ばといえば、まだ高揚期だった。福田の年齢はこの活力と合致するものではなかった。その点でも田中は有利だったのだ。めぐりあわせという意味でも、田中には僥倖がついて回った。福田はこうしためぐりあわせや社会の活力には無縁であった。

田中はこのような政治情勢を読んでいた。佐藤の次は自分が総裁にという計画は、限られた側近にしか明かしていなかったが、佐藤の次は福田、そのあとを田中が継げばよいではないかとの声は、田中にとって決して心ある忠告ではなかった。当時、すでに新聞などでは報じられていたが、田中は「人生における勝機というのは一度か二度しかない。それを逃すと、次の勝機がくるか否かは定かでない」とか、「自分は政治家の人生は五十五歳定年制を布《し》いてもいいと思っているほどだ」と発言し、もし佐藤が四選に立候補しないのであれば、自分と福田との戦いになることを想定していた。

昭和四十五年十月二十九日に行われた自民党総裁選では、佐藤は圧倒的多数で総裁となったのだが、この圧勝を支えたのは、田中と副総裁の川島正次郎であった。川島は、福田と田中を並べたてたときには田中を支持する姿勢を見せていた。川島は自民党の実力者と言ってもいい立場にいて、佐藤もその政治力を敵に回すことができずになんども自らの陣営に引きいれようとしていたが、川島は佐藤の申し出にもすべて田中が利益を得るようなかたちで応じた。川島は自らの派閥を率いていた。実際に、佐藤に四選を果たさせて、そのあとは田中を、との戦略を練っていたにせよ、川島は佐藤に四選に出馬するよう促し、もう一期総裁の椅子に座らせておくことにしたのであった。

党人派の重鎮は、その体質が反官僚政治に彩られていた。川島は、佐藤四選の十一日後に心臓マヒによって急死してしまう。首相を目指す田中に、試練が訪れた。

佐藤が仕かけた巧妙な罠

佐藤は四選後も内閣改造は行わず、田中もしばらくは幹事長のポストに座っていた。しかし翌昭和四十六年六月には、幹事長を辞職する。表向きは、四月の統一地方選挙と六月の参議院選挙で、自民党の敗北の責任をとったというかたちをとっている。

昭和四十四年十二月の総選挙で、自民党は幹事長である田中の差配によって圧倒的な勝利を得たにもかかわらず、一年余のちには驚くほど不人気な政党になった。佐藤四選は、自民党のなかで強大な権力構造をつくりあげての結果だが、国民にはまったく人気がなかった。佐藤の政治が、「反共」という枠内にとどまっていることによって、時代に対応しえないことが明らかになったからだ。昭和四十六年七月にアメリカのキッシンジャー大統領補佐官が突然中国を訪問し、ニクソン大統領の訪中を決定する状況に、佐藤内閣は対応の術を失ったのである。

中国に対する政策が「無策」であるとの批判が、佐藤政権をゆるがせることにもなった。

佐藤その人の人気が薄らいでいったのは、その性格が時代の空気と合わなくなったからとも言えるだろう。首相の性格と時代の空気とが一致するとき、内閣支持率が高まるのは政治的事実といっていいが、佐藤の、よくいえば重厚、いささか皮肉気味にいうならば、世論に妥協する姿勢の欠如が、国民の人気に結びつかなかった。

そのことはこの年四月の統一地方選挙でも裏づけられた。都知事選では、革新派の美濃部亮吉が大差をつけて秦野章《あきら》をくだした。大阪では、革新統一候補として推された黒田了一が、自民党候補を僅差《きんさ》で破った。京都、東京に続いて大阪もまた革新知事になったのだが、このことは日本にも革新政権が生まれるかのような錯覚を生んだ。

田中はそれに抗する自民党の幹事長として、その錯覚の犠牲になるかたちで辞任することになった。逆説的な言い方をするなら、こうした革新勢力の躍進により政治的に負の役割を背負ったかに見えるのであったが、現実にはそのこと自体、田中にはプラスになった。このときに、田中は幹事長のポストをはなれて、官房長官に就くよう佐藤から要請されている。この経緯については、水木楊の著書（『田中角栄』）がもっとも適確に分析している。その部分を引用しておくほうがわかりやすい。

「官房長官は総理のスポークスマンであり、一心同体の関係に立たねばならない。首相官邸に同居して毎日指示を仰ぐことになる。昼食を共にすることも多いから、首相にしてみればコントロールがしやすい。毎日の仕事も多忙で、党内の自分の勢力を拡大する暇もない。要するに佐藤は田中を自分の手元に取り込んでしまおうとしたのだが、田中はその手をするりと逃れた。断ったのである。佐藤の魂胆を先刻承知だった」

田中の政治家としての勘がすぐれていたのは、この官房長官就任を断ったことでも明らかである。もしこのとき佐藤が、田中を自らの目の届くところに置き、党内での自由な動きを封じていたなら、田中はこの一年後に首相にはなれなかっただろう。日々、その政治的評価を落としていく佐藤と一体化する状態になり、田中の政治的評価も一気に下落していっただろう。佐藤の〝田中つぶし〟に勝つということが、田中を最高権力者に引きたてていく道につながったのである。官房長官は断ったが、通産大臣のポストに就いたのは、政治力を拡大する意味をもち、田中が佐藤にそのポストを認めさせたこと自体、田中は政争に勝利するとの判断ができていた証左だ。

革新系知事の誕生という状況、そこで佐藤の巧妙な策に乗らなかったことは、田中が内心では本来は自らの時代、との強い確信をもったからではないかと私には思える。

革新の潮流が生まれていることが、なぜ田中の追い風になったのか、その答えは容易に見出すことが可能だ。なぜなら革新派に票が集まったのは、社会主義政権の誕生を望んでのことではなかったからである。都市住民の欲求不満が爆発したにすぎなかったのだ。物価高騰、公共施設の立ち遅れ、それに硬直した佐藤内閣の外交政策、一言でいえば経済成長によって肥大化した物量的欲望に対して、自民党側はなんらの処方箋も示すことができなかったと言うべきであった。

これが、のちに刊行される田中の『日本列島改造論』をベストセラーに押しあげる要因と分析することもできる。

美濃部都知事は、すでに昭和四十四年十二月から、まもなく訪れる高齢化社会を意識して老人医療への助成を明確にし、やがて老人医療の無料化を実施した。六十五歳以上の高齢者の医療が無料になるというのは、確かに建前としては耳ざわりがいいのだが、その財源をどうするか、無料化による受益者の甘えを生むという懸念が当然のように生まれている。しかしこの老人医療の無料化と児童手当の実施という福祉政策は、革新潮流を支える有力な政策であった。福祉大国があたかも経済大国に対峙するヒューマニズムであるかのような錯誤を生むことになった。

革新潮流は、欲望の肥大と無限の甘えを両輪として動いているにすぎなかったのだが。

欲望の肥大と甘えの構造

こうした潮流の渦は、田中の政治的発想とほとんど同じと言ってもよかった。物量と甘えのみが肥大化することによって、政治的状況がつくられる。そのような時代でもあった。

田中には、昭和四十四年、四十五年、そして四十六年のあいだに、三点の歴史的役割が課せられたと指摘したが、それはこのような状況下での田中の役割であり、国民のエゴイズムの反映として田中自身が引き受けなければならない宿命のようなものでさえあった。

先にふれた三つの役割のうちの「国民の欲望肥大を加速させるのか、抑制させるのかの選択」という第一点においては、むろん田中は肥大化させて充足させる役割を果たさなければならなかった。国民は、パイの分配を革新自治体に託したにすぎないということであり、革新自治体が国民に対してその役割を果たさないのであれば、その任は田中に回ってくるということでもあった。実際に、田中が選挙区の新潟で行っていたのは、その役割だったのであり、それを全国化すると思えば――そして首相のポストに就くとするなら、その全国化を託されたと解することができた。

三点のうちの二点目である「歴代内閣と異なる過大ともいうべき期待への対応」ということだが、これはひとつには対中政策に新しい視点をもつという意味だった。近代日本の折々の政治的つまずきは、ほとんど中国との関係にあった。一九三〇年代の戦争は、確かに日本側から仕かけたことでもあり、この点で中国との国交回復という事業は歴史的な清算でもあった。それは従来の日本の対中政策、つまり台湾を中国の唯一の政府と見てきた政策の転換を意味することだったのだが、田中はその任にあたるのにふさわしい立場にいた。田中は、台湾とそれほど深い関係をもっていたわけではなかったから、対中関係を新しい局面にもちこむのに適していると受け止められていた。

早坂茂三の『田中角栄回想録』によるなら、外務省の中国課長橋本恕《ひろし》は、対中関係の積極論者で、実際、米中関係後の日中関係促進派官僚だった。早坂は橋本との間で「自民党で日中の国交回復をやれるのは角さんしかいない」との意思統一ができた経緯を紹介している。岸信介、灘尾弘吉《ひろきち》という台湾派の重鎮に崩されないようにするために、交渉に至る見取り図が必要だということでも一致して、その役を橋本が引き受けることになったとのエピソードも紹介している。

昭和四十七年一月に、橋本は日中交渉の精密な見取り図をつくりあげ、それが田中のもとにも届けられた。田中は、昭和四十七年二月には、自らが総裁になったら日中交渉にのりだすことにし、それを政策の中心に据えることも腹心の議員や官僚との間では決めていて、青写真もすべてつくりあげていたのである。

もうひとつの「議会政治の内部からの変革。人材交代劇の演出」は、田中の首相時代が政治家の世代交代にあたっていた時期だったことに深くかかわりがある。田中は、政治的経験がなくても能力のある官僚や議員は次つぎに登用していった。警察庁長官を退職したばかりの後藤田正晴を官房副長官に登用して以後、要職を与えてその能力を充分に活用したのはその一例である。

田中は、昭和四十五年、四十六年、そして四十七年の三年間、政治家としての表の顔が注目されている。確かにそれまでの、利権に走り金権構造をつくりあげるもうひとつの顔は、表面上は浮かんでこない。新潟県の選挙区内に張りめぐらされた田中の後援会「越山会」の権力、そして田中の声ひとつで決まっていく公共事業などについては、中央のマスメディアはタブーであるかのようにまったくふれなかった。政治的権力が肥大化していけばいくほど、田中の錬金構造は人びとの目から消えていくことになり、それは田中の権勢がひとたび下降すれば一気に噴きだしてくることをも予想せしめていたのだ。

田中は、佐藤内閣に通産相としてとどまったが、このときに日米繊維交渉でもその政治力を見せつけていた。佐藤はニクソン大統領との交渉で沖縄返還の道筋をつけたが、そのときに阻害要因になるのが、この繊維問題であった。

佐藤の沖縄返還密約

昭和四十六年は、日本とアメリカの同盟関係が政治、経済、外交と多様な面で新たな関係に入った年である。この年、佐藤内閣は従来の路線ではこの同盟関係に対応できなくなっていることを自覚し、新たな国家戦略をもって対応していかなければならないとの歴史意識を確認することになるのである。

昭和四十六年七月に、ニクソン大統領が中国訪問を発表して、アメリカと中国との間で歴史的な交渉が始まったが、このことは佐藤首相に衝撃を与えた。日本側には事前にまったく知らされていなかったからだ。表面上は国会演説でも、この歴史的交渉を評価して、日本も中国政府とは慎重に外交交渉を進めていきたいと表明したが、アメリカの頭ごしの外交に面目をつぶされたと受け止めたのも当然であった。

この事実に、田中は佐藤とまったく異なる受け止め方を示していた。アメリカ政府のこのような選択に落胆するのではなく、むしろこういう機会に日本も一歩前に進みでて日本の国益を確保すべきだという側に立ったのである。田中が外務省中国課長の勧めもあって、対中国の外交交渉の道筋を密かに練り始めていたのは、自らのその姿勢を明確に自覚していたからでもあったのだ。

佐藤首相は、中国の国連加盟にあたっても、アメリカの主張を入れて「逆重要事項指定決議案」と「二重代表制決議案」の提案国になることを決断した。中国にとっては、こうした決議案自体、反中国の意味をもつのだったが、佐藤はあえてこの道を選んだ。国連の大勢はすでに〈北京政府招請・国民政府追放〉という流れにあり、事実、その後の経過はこの方針のもとに進行する。アメリカはそれを阻止する役割を演じつつ実際には中国政府と交渉するという路線を進めていった。しかし佐藤は、なんら戦略もなく従来のように反中国の旗振り役に徹していた。

諸説があるのだが、佐藤はこうした硬直的な路線を意図的に採り、後継者（このときは福田赳夫外務大臣を想定していた）に自由裁量の幅、つまり日中国交回復の功績を与えようとしていたとの見方があった。だが目算違いだったのは、これまでの政治的軌跡を見る限り、福田は必ずしもこの任にふさわしくなく、田中はその点で佐藤の硬直した姿勢とは一線を引いているように受け止められた。

ただ佐藤は、アメリカ政府との間で沖縄返還交渉を密かにつづけ、「核抜き本土並み返還」の内諾をアメリカ側からとりつけ、実際にそのとおりに事態は進むのであったが、アメリカが沖縄返還を認めたのは、佐藤のこのような政策に納得したからではなかった。自国の経済基盤が揺らいでいるこの機に、日本経済によって沖縄の基地を支えさせるように方針を変えたためなのだ。

加えてベトナム戦争終結後の極東アジアの防衛に、アメリカが関わる役割を減らしたかったという理由も挙げられるであろう。

佐藤内閣は、本土並みの核抜きだ、となんども語ったが、その実、緊急時には核のもちこみを認めるとの秘密の約束もできあがっていたことが、その後、佐藤の密使としてアメリカ政府と交渉にあたった若泉敬《けい》京都産業大教授の証言によって明らかにされた。二〇〇九年には外務次官の経験者たちによって、そのことが裏づけられた。必ずしも「核抜き」ではなかったのである。

一歩退き、「日米繊維交渉」へ

沖縄返還交渉もまた昭和四十六年の重要な政治課題であったが、これは確かに佐藤内閣の成功した例であった。もっとも、その裏側の密約も含めると、真の成功であったか否かは判然とはしていない。しかし「この時代」という枠組みに限ってとの言い方をするならば、佐藤が自任した「戦争でなく、外交で領土を回復した稀有《けう》な例」というのも、あながち偽りということにはならない。

田中はこの返還交渉からも一歩身を退いていた。積極的にこの外交交渉にかかわったわけではなかったから、その政治的経歴も無傷で済んだのである。その半面で、佐藤内閣の一員として功績だけは与えられたという言い方もできた。

田中は通産大臣として、この昭和四十六年には「日米貿易摩擦」によるいささか厄介な貿易交渉を進めなければならなかったのだが、その中心の課題は繊維問題であった。田中はこの問題にまったく新しいタイプの解決策を、その政治力でつくりあげてしまった。

昭和四十六年（一九七一）のアメリカの貿易収支は、輸入が輸出をはるかに上回ってしまった。これは八十年ぶりのことだという。つまりアメリカの貿易収支はつねに黒字であったが、ここにきて赤信号が灯《とも》ったと言える。しかもその原因は、主に日本との貿易収支にあった。アメリカの議会内には、この輸入超過に対してなんらかの対応策をとらなければならないとの感情的な論が起こった。

日本に対する輸出拡大策として、グレープフルーツや牛肉、それに農産物が対象に挙げられ、日本国内の輸入制限の撤廃を求める声はアメリカ国内に広がった。さらに、アメリカ市場に押し寄せる日本の繊維製品の輸出を禁止するよう迫ってきたのだった。この時点の貿易状況はその内実をさぐると、繊維に限ったことではなかったのだが、繊維がターゲットになったのは、二十世紀という状況のなかで、日本の繊維製品が国際市場にのりだすや、たちまちのうちに市場を制圧する技術をもっていたという背景もあった。

繊維問題についての各種統計を見れば、日本は必ずしもアメリカの貿易収支悪化の原因になっているとは言えなかった。

「昭和四十四年をとってみると、アメリカは自国製繊維品の生産額の約四パーセントに相当するものを外国から輸入したにすぎない。そのうち約四分の一、すなわち国内生産額の一パーセント相当が日本からの輸入であった。逆に、日本の生産高の四パーセントがアメリカ市場に輸出された。アメリカと日本の繊維産業はそれぞれ二四〇万人と一八〇万人の就業人口をかかえており、（略）この問題がそれほど重大化したのは、政治的力学から説明されねばならない」（林茂、辻清明『日本内閣史録6』）

この見方が当たっていると言えるだろう。ともすれば、田中の評伝の類では、この繊維問題での田中の決断が通産官僚の発想を超えるものだったとか、大蔵大臣の水田三喜男や佐藤の言を巧みに先どりして政治的決着を図ったということのみが強調される。しかしこの見方ではある事実が見えてこない。その事実とは何か。

私の見るところ、これは田中だからこそ解決したとの見方を採るべきで、何も大胆な発想という類のことではない。田中は、ニクソン大統領や、この問題に強硬な姿勢を要求してくるアメリカの閣僚や議員が、繊維業界にかかわる選挙地盤からでていて、政治的にもなんらかのかたちで日本を屈服させたという事実と、それに見合うだけの経済的保障を得たという結果を見せたいのだ、と見抜いたのである。

このことを理解したからこそ、道理とは別にこうした強硬派になんらかの実質的な保障を与えなければ問題は解決しないと覚悟しての交渉となったのだ。

繊維問題が政治力学のなかに置かれたのは、昭和四十四年七月から、田中通産大臣にひきわたされるまでの四十六年十月までである。この間、なんどか佐藤首相とアメリカ側との間で、そしてときには田中の前任者である宮沢喜一通産大臣とアメリカ側との間で交渉が進められたし、ときには妥協案を練るまでのやりとりが交わされた。だがこうした交渉がいずれも失敗したのは、佐藤がほとんど一人で自らの思うままに――それはアメリカ側の意に沿うということであったのだが――交渉を進めたからだった。佐藤の胸中には、沖縄返還を実らせるためには、繊維問題は犠牲にしてもかまわないとの考えがあった。それゆえに佐藤は、自らのそのプログラムを誰にも明かさなかったのである。のちに佐藤のこうした姿勢を評して、「沖縄を返還してもらうために、糸を売った」との批判が起こったが、それは確かにあたっていたのである。もっとも「糸を売る」という立場で最終的にこの問題をまとめていったのは、田中の巧みな政治手法であった。たとえば、佐藤の密約など知らぬふりをしながら、その実、佐藤には肝心のことは報告しない、佐藤が発言してもいない言をつくりあげる（むろん後には確認をとっているが）。そして自らのグラウンドにすべての人物とすべての行動内容を取り込んで解決していったのだ。

水木楊の『田中角栄』には、「通産官僚は『新しい大臣はよくやってくれる。総理以上の発言をしてくれた』と感激した。　胸につかえていたものが快く落ちていった」と書かれている。

田中は通産官僚たちを集めて、「局面打開のために」と称して、「繊維輸出は一定の伸び率を確保する。ゼロにはさせない。(政策を)放置しておけば伸びる率を一方で計算する。その伸び率から一定の伸び率を差し引く。それが日本側業界の受ける損失だ。得べかりし利益と言ってもいい。それを金額で計算し、政府が補償する」という案を示した。よく考えてみれば、これは繊維業者の利益を架空のもとで計算し、その架空の利益のなかから現実に達成される利益を想定してそれを引いてしまい、その差額を政府が補償するという内容であった。この案でいくと、アメリカ側にも充分説明できる内容だし、日本もまた妥当の数字をはじきだして、業者の救済ができるというメリットがあった。

官僚の間で、その差額補償費の試算が行われた。数百億円になったという。すると田中は機械一台を停止させ、その分を補償するシステムを考えだし、それをもとに計算させると、二千億円近くになった。その二千億をどのように予算から捻出させるかという段になって、水田大蔵大臣には佐藤首相の内示を得ているかのように装い、そして認めさせ、そのあとに佐藤首相には、こうした打開策を伝え、「大臣や事務当局には伝えてあるから」とこの諒解案を認めさせたのである。

田中のこうした手法は、一歩誤ると狡猾というより「虚偽」ということになる。しかし実際に補正予算を組んでしまった。業界からは反対の声があがったが、田中はとりあわなかった。そのためにこのあとの議会では、田中の不信任決議案がだされる事態になったのである。

機械を休止、やがて廃止させることで繊維業界の生産カーブを落とさせることにしたが、この荒療治は田中でなければできないことだったのだ。日本とアメリカとの間で、規制期間を三年とし、その対象はすべての毛、化合繊とする政府間協定は、この昭和四十六年十月十五日に結ばれた。それによって、毛は一％強、化合繊は五％弱の伸び率となったのである。

田中は、ニクソンの苦衷を読んでこの荒療治を行ったことになるが、とにかくニクソンやアメリカ政府内部の要人が、それぞれの選挙区に帰ってこの協定を説明することで、この期の日米間の貿易摩擦はおさまった。これは佐藤にとって田中を見直すきっかけになったが、官僚の間には田中への信頼感が強まっていった。官僚の発想法とはまったく異なっていたからだ。

共同体回帰という国民心理

田中角栄が首相としての力量をもっと評価されるようになったのは、昭和四十七年に入ってからのことだ。佐藤政権がすでにその政治的役割を終えたと理解されるに至ったこの年三月に、佐藤派内に公然と田中派が旗揚げされた。

佐藤派は当時、政権を担う派閥として衆議院に六十五人、参議院に六十人、計百二十五人に及ぶ勢力を誇っていた。この派閥自体、ひとつの党を形成しているほどの影響力をもっていたのだが、田中を支持する議員は八十一人に及んだ。当時の新聞を丹念に見ていくと、田中を首相として担ごうとする議員たちは、岸、池田、そして佐藤と続いた官僚政権に国民の支持は薄らいでいると判断し、雪崩《なだれ》を打ったように田中に傾斜していることがわかる。当初は、田中側近の二階堂進や亀岡高夫らを中心にした人脈であったのが、田中が幹事長時代に全国に目を広げて政界に進出させた若手代議士が互いに横の連結をとり、自民党内に横断的な派閥をつくる動きにまで広がっている。

三月に柳橋の料亭で田中派結成の動きがあからさまになり、それ以後は、「田中政権の誕生をめざして」という語も政界で公然化されるのだが、それはこうした横断的な動きに名目を与えることにもなったのである。

そうした議員のほかに、ジャーナリズムの世界にも、実業界にも、そして官僚の世界にも田中への支持は広がった。田中個人へのシンパシーという言い方もできたが、そこにはもっと別な要素もあった。それはひとことでいえば、〈共同体への回帰という心情〉という語でも語ることができたであろう。

もともとこの国は農村共同体の倫理や規範が近代化の装いのなかでも一定の力をもっ

ていた。それは経済成長政策によって形態としては瓦解《がかい》していったが、個人の感情や倫理観までは変わる状況にはなかった。いや、経済構造を変革する政策が進めば進むほど、むしろ日本社会には巨大な心理的不安感が生まれるということが言えた。この不安感は立脚点が曖昧であり、自らの立っているその土台が現実の力によって支えられているのではないこと、そして物量の生みだす空虚感の広がりとも関係があっただろう。

この空虚感の広がりは、文明社会が本来つねにかかえこんでいた空間でもあった。その空間は物量や経済によって満たされれば満たされるほど、まさにそれがゆえに拡大していくという不安定さを伴っていた。

田中角栄は、そうした広がりのなかから見出された救世主のような受け止め方をされた。佐藤派のなかにまたたくまに広がった支持、それが他派閥をも侵蝕《しんしょく》していくプロセスを辿ってみると、支持を表明する議員は大体が地方出身であり、彼らは敏感に、それぞれの地方が解体する方向に走りながら、実は、誰もが心理的になにかを求めていることを肌で知っていたのであろう。同時に議員個人のなかにも、日本をどのような方向に進めればよいのかといった戸惑いが生まれていたのだ。田中への支持の広がりは、そうした心理的空間を満たすための、時代が求めた指導者像への仮託であったと見るべきだ。

田中はこのころ、自らの周囲の者に、ときには支援組織である「越山会」の集会などで、いや夜討ち朝駆けで訪れる新聞記者との座談などで、例によってしばしば義理や人情といった古めかしい言葉を口にした。それが自らの人生哲学だ、とも言うのであった。

今も残されている記録（これは越山会での話をある新聞記者がメモにとっていた内容であるのだが）には次のような田中の言がある。

「義理と人情というものがね、非常になんか嫌なものだと考える人がいたとすれば、それはその人の考え方が嫌な考え方ですな。自分一人が忽然として今日があるんじゃないんだ。長い歴史の中で、人の庇護や、人の理解のもとに今日がありとしたならば、おのずから義理も人情も生まれてくるんじゃないか、と思いますよ。何か義理と人情というような言葉が非常に古いものであり、反現代的なものでありというようなことを考えること自体がおかしいと思う」

もとより田中のこうした話は、哲学たりえていないし、思想たりえてもいない。年齢が増したなら、誰でもがこのていどのことは口にする。それが田中がひとたびこうした言を口にするや、それは「庶民政治家」という語で讃えられていったのである。義理とか人情という語を進めていって、さらに次のような話をすることもあった。

「義理とは裏を返すと、信ということだよ。信というのは万事のもとをなす。信を解せざる者は信頼に値しない。友人とするに値しない。すべての複数以上の人間の社会で、信はすべてのもとである。信は万事のもととなる」

こうした話を、なぜあの期の国民は容易に受けいれたのだろうか。ここにはなにひとつ時代を貫く精神など含まれていないのに、田中もまた臆面もなくこのような言葉を発し続けたのであった。時代は田中角栄を必要としていたのではなく、もっとも素朴に共同体言語を発する指導者を求めていたということになるだろう。

『日本列島改造論』をどう評価するか

田中が自らが首相となった折に、具体的に進める政策はこれである、というかたちで著したのが、『日本列島改造論』であった。この書は、昭和四十七年六月二十日に刊行されて書店に並んでいる。佐藤首相が退陣したのは六月十七日のことだが、それに合わせて急遽編まれたのがこの書であった。自民党の総裁選は七月五日であり、田中か、それとも福田赳夫か、あるいは大平正芳か、中曽根康弘か、と総裁候補をめぐってその予想も華々しく論じられていたときに刊行された。実際にこの書は店頭に並ぶと同時にベストセラーに仲間入りし、三カ月ほどの間に百万部に迫る書となり、出版界自体をもおどろかすことになった。

この『日本列島改造論』は、今、手にとってみるとさして重厚な内容でないことがわかるし、その構成も文体もあまりにも軽い調子であることがわかる。歴史に残る書というわけではない。だが昭和四十七年の後半期には、この書はまるで田中角栄の「政治白書」でもあるかのように、人びとの手にとられていったのである。

田中は、この書の冒頭で、「明治百年（保阪注・この期は明治百年という語がしばしば安易に用いられた）をひとつのフシ目にして、都市集中のメリットは、いま明らかにデメリットへと変わった。国民がいまなにより求めているのは、過密と過疎の弊害の同時解消であり、美しく、住みよい国土で将来に不安なく、豊かに暮らしていけることである。そのために都市集中の奔流を大胆に転換して、民族の活力と日本経済のたくましい余力を日本列島の全域に向けて展開することである」と書いている。都市の分散化、あるいは地方の都市化という語に集約できる考え方でもあったのだ。

この書の目次には「明治百年は国土維新」「平和と福祉を実現する成長経済」「人と経済の流れを変える」「都市改造と地域開発」「禁止と誘導と」とあるが、田中がくり返し説き続けた前述の都市の分散化が執拗に記述されている点に特徴がある。

田中は、「むすび」で、きわめて曖昧な表現を用いながら、自らの歴史認識を明かしている。おどろくほど拙劣《せつれつ》と思われる文体によってである。次のように書くのだ。

「明治、大正生まれの人びとには自分の故郷にたいする深い愛情と誇りがあった。故郷はたとえ貧しくとも、そこには、きびしい父とやさしい母があり、幼な友達と、山、川、海、緑の大地があった。志を立てて郷関を出た人びとは、離れた土地で学び、働き、家庭を持ち、変転の人生を送ったであろう。室生《むろう》犀星《さいせい》は『ふるさとは遠くにありて思うもの』と歌った。成功した人も、失敗した人も、折にふれて思い出し、心の支えとしたのは、つねに変わらない郷土の人びとと、その風物であった」

これに続いて、大都市集中は確かに近代を形成した原動力となったが、それは「大都会の二間のアパートだけを郷里とする人びとを輩出させ、地方から若者の姿を消し、いなかに年寄りと重労働に苦しむ主婦を取り残す結果となった。このような社会から民族の百年を切りひらくエネルギーは生まれない」とも書いている。

もとよりこの文章を田中自身が直接に書いたのか否か、私は定かには知らない。秘書がこの書のまとめ役となり、列島改造の部分は、各官庁の官僚たちの筆によると言われているが、このような「むすび」の一節が奇異な感がするのは否めないのである。

田中は、もしこの「むすび」の一節にその理解がとどまっているならば、総理のポストに辿りつく政治家たりえていない。ここに用いられている表現には、生活感覚もなければ、現実の歴史とむかいあう真摯な姿勢もない。「きびしい父」「やさしい母」という形容詞句のなかに、田中の庶民感覚があると解する以外にないが、こうした表現に依拠して現実を語るのは、知性や理性の放棄という意味を含んでいる。いやもっとありていにいえば、大衆を手玉にとる常套句《じょうとうく》であり、こうした表現を用いる者は実際には大衆の「感覚」に対して冷酷な見方をしているということではないか。

実は田中が『日本列島改造論』とタイトルのついた書を著したいというのは、政治家として有力な地位についてからの悲願だったという。読売新聞の記者だった中野士朗著の『田中政権・八八六日』という書があるのだが、この書は昭和五十七年十二月二十日に行政問題研究所から刊行されている。ロッキード事件での東京地裁での判決がだされる一年前である。田中が首相在任期間、どのような政策を具体的に行ったのか、そのことを丹念に整理した書でもある。

「『いつか、日本改造論を書きたい』と田中が麓（保阪注・前述のジャーナリスト。共同通信政治部記者から、のち田中秘書）に語ったのは、彼が蔵相の頃だった。まだ政治記者だった麓は『いっしょに書いてあげよう』と約束した。田中の胸の中には、同じ新潟出身である北一輝《いっき》の『日本改造法案大綱』の名前が漠然とながらあるのではないかと想像した」

この一節は私はきわめて重要だと考えている。

新潟出身といっても佐渡出身の北一輝は、その評価はどうあれ昭和前期の国家改造運動の有力なイデオローグだった。田中に北のイメージがどのように定着しているかは定かではないにしろ、北の日本改造法案は青年将校を始め当時の国家改造運動に挺身《ていしん》する者の間で、バイブル視されたのは事実であった。

田中が北理論のどの部分に魅かれたのかは定かではないが、この国を改革していくためには従来の固定概念に拘束されることなく、新しい発想をもちこまなければとの思いがあったのだろう。ちなみに北の『日本改造法案大綱』の「巻三　土地処分三則」を見ると、「私有地限度　日本国民一家ノ所有シ得ベキ私有地限度ハ時価拾万円トス。此限度ヲ破ル目的ヲ以テ血族其地ニ贈与シ又ハ其他ノ手段ニヨリテ所有セシムルヲ得ズ」とあった。田中にとっては必ずしも都合の良い論ではないが、北の理論よりもそのタイトル（日本改造法案）の響きに魅かれていたのかもしれない。田中は自らの理論や思想が欠けているのをこのようなかたちで埋め合わせをしようとしていたとも考えられるのだ。

しかしこの『日本列島改造論』は、これまでのとにかく国土再建、経済復興という段階を超えて、新しい時代の日本社会のあり方を模索する段階に入ったと印象づけたのも事実であった。田中は自らがその役にふさわしいことを宣言したことになった。

はじめての「三角大福中」

昭和四十七年の六月、七月という時期に限ってみると、このころの日本社会は田中角栄の登場を待ち受けるという環境ができあがっていた。佐藤首相は自らの派閥の中で、当初は後継者争いについて田中とも福田赳夫ともその支持を明らかにせずに「君子の争いをすべきであろう」と一歩距離を置くかのような発言をしていたのだが、その心中は福田を想定していたことは誰の目にも明らかであった。

福田の支持が広がるのに呼応して、自らの退陣を明確にしようと図っていた。しかし、事態はまったく逆に動いていたのである。四月からの国会では佐藤の政治力が限界に来ていることが明らかになり、閣僚や衆議院副議長の荒船清十郎の放言事件が露呈していたし、さらに沖縄への核持ち込みをめぐって、実は密約があるのではとの社会党代議士の質問に国会は揺れた。この情報源が毎日新聞の西山太吉《たきち》記者であることが明らかになり、西山記者が逮捕されるという、いわゆる西山事件も起こっていた。

佐藤首相の権力への異様な執着心が、国会運営をぎくしゃくしたものにしていた。佐藤派の中には田中を公然と支持する声があがり、やはり佐藤派の長老である木村武雄がその呼びかけを行った。これが五月九日のことで、佐藤派百二人のうち実に八十一人が集まるという状態が演出された。

いわばこれが田中派の旗揚げと言えたが、しかし田中自身はこの旗揚げを単なる表面上の儀式とみていて、実は党内の他派閥にも深く食いこんでいたのだ。とくに宏池会の大平正芳との連携が進んでいたのである。

田中の佐藤派内での実力を誇示していく手法は、政治家としては抜きんでていた。このことについて当時、大平の政治顧問のような立場であった伊藤昌哉（池田勇人前首相の秘書）は、その手法を次のような表現で語っている。

「佐藤首相には文句をつけられないよう、少しずつ少しずつ前進する。おかしいな、おかしいな、と佐藤が感じている間に、ある段階にくるとパッと展開する。佐藤が押し返そうと思うと、押し返したことのマイナスの方が大きいことに気がつく。佐藤が対抗策を考えている間、田中は恭順の意を表している。忘れたころ田中はまたパッと展開する。

そのときはもう前回の展開は既成事実となってどうしようもない。こういうやり方だ」

伊藤に言わせれば、田中は師団を動かしての正規戦ではなく、ゲリラ戦の戦法を用いて佐藤を攪乱《かくらん》したことになる。佐藤はどうにも対抗策がなく、田中に抗する松野頼三や保利茂などの動きに期待したが、派内の実力者である保利は、むしろ佐藤自身が動かないのならわれわれも動くべきではないとの立場にとどまっていた。

昭和四十七年六月は、田中の動きを中心に大平、福田、三木、中曽根らの総裁選立候補を予定される派閥の領袖たちがどのような合従連衡《がっしょうれんこう》を組むのかという状態だったのだ。誰もが一位になれないという状況であったから、要はどの派とどの派が組み合わされての二、三位連合ができるかという駆け引きが進んでいた。

六月十七日に、佐藤は自民党の衆参両院議員総会で退陣する旨の意思表示を行った。総裁選の潜行していた動きが、公然と表面化することになったのである。

退陣表明後に佐藤を訪ねてきた福田に対して、「ひとたび決意した以上、必勝を期して欲しい」と励まし、やはり佐藤を慰労にきた田中には「君子の争いでやって欲しい」と述べたというのだ。

もとより佐藤のニュアンスには、なんとか福田に勝たせたいとの意味が含まれている。実際に福田を支援するグループは禅譲が約束されたと喜びを顕わにしたのだが、田中はそんな光景をまったく無視していた。この日に、田中擁立派の議員七十二人をホテルに集めて決起集会を開く手筈《てはず》を進めていたのだ。中野士朗の『田中政権・八八六日』は、それ以後のすばやい動きを次のように書いている。

「(六月)十九日、衆議院の郡祐一、前田佳都男《かづお》、白井勇《いさみ》ら田中系が音頭をとって、大平、三木、中曽根、石井の各派長老を集め、反福田連合ともいうべき『月曜会』を発足。すでに若手の間では、衆議院に『きさらぎ会』、参議院に『やよい会』ができていた」

まるで自民党内に張りめぐらしていた田中擁立グループが、大同団結するかのような状態をつくりあげていたのだ。

こうしたプログラムは着実に進み、佐藤は影響力が失われたことを自覚して、角福調整にのりださないと発言するに至ったし、六月二十日の新聞各紙は「中曽根不出馬、田中支持を決定」と報じた。田中がこの報道に喜色を浮かべたのは、自民党の中に常に一定数存在する中間派のグループが、その政治力を保持するために勝ち馬に乗ることを知っていたからだ。

大平正芳も宏池会を代表するかたちで立候補の準備を進めるなど総裁選の動きをめぐっての新聞報道に、それなりに田中優勢との方向が見えてきたのは、六月の終わりに入ってからであった。

田中は総裁選にどれほど政治資金を撒いたのか、そのことは政界内部では噂になっていたが、しかしそのことをはっきりと報じた新聞はなかった。むろん自民党の総裁選に相応の額が動くことは予想されていたが、新聞記者出身の水木楊の『田中角栄』には「田中は、中曽根などの中間派に手を伸ばしていった。実弾を撃ったのである。福田も実弾を撃っていたが、その金額は田中に及びもしなかった。中間派の議員や地方の代議員には現金がばらまかれた。議員一人に二百万円、中間派のボスには五千万円。それも田中派は『ほんの手付けだ』と豪語していた」とある。具体的な数字まで明言しているのだが、この実弾作戦が一定の役割を果たしたということだろう。

田中がこのころに莫大な政治資金をもっていたと、水木はこの書で書いていて、「田中は自分の持つ不動産会社である新星企業を小佐野に売却した。折しも地価が高騰に転じたときだった」とその内幕を明かしている。中曽根が総裁選を降りるにあたっては、七億円のカネが田中から中曽根にわたったといった記事が書かれたが、その真偽などむろん不明であるにせよ、そのような噂は確かに昭和三十年代の総裁選の名残というべきことでもあった。

この総裁選の内幕については、その後幾つかの書で明かされている。すでに紹介しているが、伊藤昌哉の『自民党戦国史』（朝日ソノラマ）などもそうした書のひとつであった。七月五日の総裁選の前日の閣議のあと、佐藤は福田と田中を呼び、共に協力するよう述べたという。田中が応じなかったのか、佐藤は「三木・福田連合をやって三木ごと買ってしまうぞ」と田中を脅したというのだ。そのことを田中は大平に伝えたあと、「おれはだれにも頼むものがいない。大平君、君だけが頼りだ。三木君をたのむ」と説得した。大平は、「三木は大丈夫だ。福田とは一緒にならぬ」と確約したエピソードも語られている。

この伊藤昌哉書について、実は私には多くの思い出がある。当時朝日ソノラマ社の役員であった塩口喜乙《きいち》から、「実は伊藤ブーチャン（ニックネーム）の回想録をだしたい。本人も諒解している。しかし彼は一万人に一人という奇跡的な確率で心臓病から生還した。当然原稿を書くというのは大変なことだ。それで君が聞き役となってインタビューを行い、そしてまとめるというのはどうか」との話がもちこまれた。昭和五十六年十一月のことであった。私は政治の内幕を聞けるのならということで引き受けた。そこで十二月末から元日をはさんで一月半ばまでつごう十回近く伊藤家を訪ねて話を聞いた。この書はつまりは私が第一稿を書き、伊藤が最終的に手直ししたのだが、この間、池田勇人、前尾繁三郎、大平正芳、宮沢喜一などの宏池会側から田中がどのようにみられていたか、そして伊藤自身は田中をどう見ていたか、をたっぷりと聞かされた。

そのときの伊藤の田中観をあえて、当時の速記録から引用しておきたい。全体に伊藤は田中に批判的で、大平がともすれば田中に引きずられるのをなんとしても防ごうとしていたとの構図が浮かびあがってくる。

「田中という政治家はたとえてみれば病気持ちの政治家とみてもいい。たとえば肺病とかね。彼の傍にいったものは皆病気が移る。そういう政治家だよ。彼にはそういう人を引きつけるところがある」

「大平から、田中についてどう思うか、聞かれたことがあったよ。昭和四十年代に入ってのころで、田中が政治力をもちつつあり、一方で大平も宏池会で相応の地位に就くことが約束されたときだ。僕は、田中という政治家はあなたにとって危険な存在だ。将来、あなたの傷になるだろう。彼に近づいてはだめだ。遠ざかればいい、すると必ず彼の方から寄ってくると伝えた」

「日本の将来を思ったとき、田中は危険である。なぜなら思想、哲学をもっていないから、その行動に深みがない。カネと人情で動くというのではまるで渡世人のようなものだ。いつか私は彼が躓《つまず》くと思っていた（私が取材したときは、ロッキード事件で逮捕されて公判中の身であった）」

伊藤のこうした指摘は、私はほとんどが的を射ていると思った。伊藤に言わせれば、総裁選の前日には、田中は大平、三木、それに中曽根の四派を結束する合従連衡をつくりあげていたという。大まかな政策上の合意もできあがっていたのだが、それは『日本列島改造論』のあまりの人気に三木や大平が田中に乗ろうとの政治的配慮でもあったということになる。

昭和四十七年七月五日の自民党の総裁選は東京の日比谷公会堂で行われた。

午前十一時前から始まった総裁選は、田中が一五六票、福田が一五〇票、大平一〇一票、三木六九票で、田中がトップになったとはいえ福田との差はわずか六票だった。すぐに上位二人の決選投票に移った。

田中角栄　二八二票
福田赳夫　一九〇票

田中が九十二票もの差をつけて第六代の自民党総裁に選ばれた。第一回の投票のとき、実は田中はあまりの小差に、「イスから三十センチも飛び上がった」と記者団に語ったとのエピソードが残っている。六票差だから、たった三人が福田に投票しただけで同数になってしまう。田中とすれば自らの人気が一皮むけば意外に脆いものだと知らされることになった。表向き田中への支持を約束していながら、その実、実際の投票では福田に投票した者が相当数にのぼったことを自覚しなければならなかったのである。

決選投票で圧倒的な差で福田を破った田中は、すぐに壇上にあがって新総裁の短い挨拶を行った。そこには次のような一節があった。

「内外の時局は重大であります。いま直《ただ》ちに解決すべき問題が山積みしています。この解決には、幾多の困難が予想されます。しかし自民党にはその責任があります。私は、その責任を果たします。民主政治は、政策の一つ一つがいかに立派でも、国民の支持がなければ、政策効果は上げられません。私は、党員の皆さんとともに、国民の支持を求めて前進するつもりであります。（略）私は、国のため、わが党のために、輝かしい一ページを加えるよう、全力を傾けることを誓います」

さして特徴のない、平凡な挨拶であったが、顔面を紅潮させて走り書きしたメモに目を通して、幾分かん高い声で気持ちを述べるその姿は、確かに自らの運命に身を任せている絶頂期の姿であった。田中はもっとも信頼を寄せている政治評論家の戸川猪佐武に「大臣というものは、国会議員がそれになろうと思って、それなりの努力をすれば、なることができる。だが、総理大臣というものは、なろうと思って努力してもなれるものではない」と語ったことがある（戸川猪佐武『田中角栄伝』）。この言は「戦国武将的な運命論」だとしたうえで、田中の胸中にはこの運命論に傾くだけの諦観《ていかん》も育っていた、と戸川は書いている。

この諦観を田中は本来大切にすべきであったのに、むしろそれを逆手に取るかたちで権力の魔性に酔いしれていったのが、首相時代の二年五カ月だったと言うべきかもしれない。

第五章　田中内閣の歴史的功罪

周恩来首相（右）と会談。4日間の首脳・外相会談を経て、
日中国交正常化を果たした（1972年9月25日、中国・北京で）

異形の首相に昭和天皇が困惑？

昭和四十七年七月六日に正式に田中首相が誕生した。すでに通常国会は終了していたが、この日に首班指名のための臨時国会が召集され、田中は日本の議会政治が始まってから四十人目、昭和に入ってからは二十六人目に登場した首相となった。このとき田中は五十四歳である。年齢的には働き盛りであり、しかもメリハリの効いた声できわめて明確に断定語を用いるために、国民には歓迎された。むろんそれには新聞を中心にして各メディアが、小学校卒の叩きあげの政治家であり、人情味のある浪花節の好きな政治家といったもちあげ方をしたこともあって、田中人気は高まったとも言える。

たとえば朝日新聞の社説（昭和四十七年七月七日付）には、国民の期待が高まっているのは、「新首相が持つ、内外の情勢に敏感に反応する若さの可能性や、内閣や学閥と無縁の庶民的個性が、こんどの新首相登場に、単なる政権担当者の交代にとどまらない政治一新の発芽を期待させるのである」と書かれているが、そのほかの新聞もこれと同工異曲の内容であった。十四歳で学校教育を終え、農村から東京に出てきて辛酸をなめ、とにかく二十歳にならずして工務店を経営するなど刻苦勉励といった庶民好みのストーリーがこの首相誕生時からはさかんに喧伝された。

昭和に入ってのこれまでの二十五人の首相はもとより大体が高等・大学教育を受けて

いた。軍人、官僚、政党政治家、皇族、言論人、彼らは自らの育った集団の中で己れを律する組織原理というものを身につけていた。いやそれを忠実に身につけていたがゆえに、首相の座に上りつめたともいえた。首相はどのようにふるまえばいいか、天皇との関係はどうあるべきか、それを学びながら首相としての条件を学んでいったのである。反して田中にはそれがなかった。彼自身がなにより信じた人心掌握術と処世術は彼自身の生き方の中にあり、それはすべて肌でつかんだものだった。その点で、田中は歴代の首相とはちがって「異形」の首相といってよかった。

このことは天皇との関係でもっとも顕著にあらわれた。あえていえば昭和天皇自身は、この異形の首相にとまどい、驚き、そして困惑したのではなかったかと私には思える。幾つかのエピソードは序章でも紹介したが、ある政治評論家が田中を評して、「どちらかというと尊王心がないタイプの総理大臣です。旧体制の軍人や官僚とはむろん異なるタイプであり、まあ言ってみれば幕府的ですな」と語っていたが、確かにそういう見方はされていた。

政治家や宮内官僚の証言（少なくとも私は十人近くの関係者に確かめているのだが）によると、内奏時の最後には「不肖田中にまかせてください」と胸を叩いたとの話もある。臣茂や臣栄作を自称する吉田や佐藤は自らの政策を自賛まじりに上奏したのであろうが、しかしそれにしてもその内容は決して口外していないから、天皇がどのような判断をしているのかは明らかにはなっていない。だが、田中に限ってはその内容が洩れてくる。

私は、天皇が田中の饒舌な説明ととくに臆することなく自らの政策を話し尽くすことに、恐怖の感情をもったのではないかとも想像する。表現が適切か否かは別にして、天皇は「この首相は私を政治的な渦中に巻きこもうとするのだろうか」と疑心暗鬼の目で田中を見つめていたであろうことは容易に想像できる。それゆえに昭和五十年代に半ば公然と天皇やその側近たちの「田中嫌い」が語られるようになったのであろう。

田中が歴代首相とは異なった天皇観の持ち主であったことは、このほかにも幾つかのエピソードによって語られつづけてきた。一例が昭和四十八年五月二十六日に増原恵吉《けいきち》防衛庁長官が、天皇への内奏の折の天皇の言葉を新聞記者に話してしまった一件だ。増原は、

「天皇陛下から旧軍には良いところと悪いところがあった。悪いところは真似《まね》る必要はないが、良いところは真似なければね」

といった内容の言を天皇が洩らしていたと記者団に幾分得意気に話した。社会党など野党は、「これは天皇を政治利用することではないか」と国会でも問題にすると騒ぎ、それにメディアが同調するかたちで増原発言は指弾されることになった。それを受けて増原は二十九日に辞表を提出し、辞任に追いやられた。

戦後政治の中で天皇の発言を政治的に利用したという理由での辞任はこのケースが初めてであり、結果的に田中首相の天皇観が内閣全体に反映していると見られても仕方がなかった。

「角福戦争」の予兆

田中は第六十四代の総理大臣として首相官邸に入り、すぐに党三役と閣僚の選任に入った。この日の夜までにはその人選を明らかにしたが、総裁選で田中を支えるかたちになった大平派、三木派、中曽根派、それに田中派を軸にした、いわゆる「四派実力者内閣」であった。それぞれの領袖は、たとえば大平正芳は外相に、三木は無任所国務相、そして中曽根は通産相に据えられた。

党三役は幹事長に橋本登美三郎、総務会長に鈴木善幸、そして政調会長には桜内義雄があてられた。鈴木は大平派、桜内は中曽根派であっても、田中には近い人脈であった。田中は、当然ながら党の中枢は自らの息のかかった側近で固めた。

田中内閣の閣僚は官房長官に二階堂進、蔵相に植木庚子郎、建設相に木村武雄などやはり側近で固めて日本列島改造論の実現にあたっては自らが率先してのりだすことを明言した。しかしこの組閣にあたっては田中と福田の対立が明らかになった。昭和四十年代後半から五十年代にかけては、「角福戦争」といわれるほど、自民党内の抗争が激しくなるのであったが、その予兆がこの組閣時からあらわれていたのである。

田中内閣の閣僚が発表になったのは、翌七日午後である。このとき、経済企画庁長官と郵政相が田中の兼任になっていた。いわば見切り発車で、福田派との対立が国民の前に明確に示されたのだ。田中は福田に対しても入閣するよう求め、挙党態勢内閣を目指していた。だが福田はこれに応えずに、かわって福田を支持していた福田派、園田派、それに佐藤派であるにせよ田中、福田に与《くみ》しなかった保利系が四つの閣僚ポストを要求したのである。田中はこれにまったく応じなかった。そのために福田派などは割りあてられた二つのポストを受けいれずに、入閣そのものを拒否するという態度にでた。田中兼任というのが、この閣僚名簿をめぐる政争のゆえであった。

こうした閣僚のポスト争いは、昭和三十年代、四十年代の自民党政治の特徴でもあったが、田中は他のこれまでの首相とは違い、自らに忠誠を誓う人物、あるいは支持を明確にする人物のみを重用することで、反対する派閥を徹底してしめつけると宣言したに等しかった。伊藤昌哉の書（『自民党戦国史』）で、伊藤がはからずも書いているのだが、この内閣の顔ぶれを見て、「大平が『田中にしてやられた』ことは一目瞭然だ。『田中内閣は大平・田中の連合政権だ。悪くいっても〇・五大平内閣じゃないか』という私の思いは完全に裏切られてしまう」との印象をもったというのだ。

大平は田中に利用されている、改めて大平は田中から離さなければならない、それが大平の側近であった伊藤の率直な感想だった。伊藤の心中に、田中の巧妙な政治テクニックに大平は抗していけるのだろうかとの不安がよぎった。そのことを私の取材の折に話していた伊藤は、「田中はこうして政敵をとりこむかたちで潰していくのだ」ということがわかったと洩らしていた。だが国民には、田中はそうした政治手法をもたない、あけっぴろげな首相だとの評価が定着していった。

二本柱、列島改造と中国

組閣を終えたあとに、「内閣総理大臣談話」を発表している。その中で、内政は日本列島の「改革」、外交では中国との国交正常化を急ぐと述べた。新聞を始めとする各メディア、さらには国民各層の見方もこれを歓迎したのだが、田中はこの「談話」の中で次のような言い方をしていた。

「まず、内政については、従来の経済成長の成果を活用して、国土の画期的な利用を図り、公害、住宅、土地問題等を解決するため、長期的展望に立った施策を断行し、国民の福祉を実現してまいります。外交については、中華人民共和国との国交正常化を急ぎ、激動する世界情勢の中にあって、平和外交を強力に推進してまいります」

田中は国民にこの二つを約束したが、はからずもこれは昭和前期の積み残しの問題を解決することだった。田中自身は気づいていないことだが、それは日本の旧体制の構造と意識を変革させる意味をもっていた。

中国との国交正常化は、現に中国大陸を支配している共産党政権を認めないことは、現実的ではなかった。一九七一年七月にアメリカの国務長官キッシンジャーが密かに中国を訪問して、米中間の国交正常化の端緒をつくったのに呼応するかたちで、日本も一刻も早く中国と国交を結ぶべきだとの声が高まった。田中はその声を汲みあげて政策とすることを約束したのである。

もっともこの政策は、総裁選にあたって田中と大平、それに三木の三派が政策合意をめぐって話しあったときからすでに決定していた。この三派合意事項は五項から成っていたが、その一項には「脱冷戦時代の世界の潮流にかんがみ、平和共存の精神のもとに、国際緊張の緩和に積極的に努力する。日中の国交正常化は、いまや国論である。われわれは、政府間交渉を通じて、中華人民共和国との間に、平和条約を締結することを目途として、交渉を行なう」とあった。田中よりもむしろ三木派の親中派グループがこの主張をくり返していた。田中はそのような党内世論は、今や中国との国交回復に消極的で台湾寄りの声よりも大きいと判断しての政策ともいえた。

台湾を唯一の中国の合法政府と認める政策を放棄することは、一面で日本が実質的に中国を支配している毛沢東主席の政権との間の歴史的不透明な期間を清算することになった。

一九四九年十月一日に誕生した毛沢東主席を国家指導者とする共産党政権を日本は一貫して否認してきたが、それを根本から変えるということは、当時中国の周恩来首相が提唱していた復交の三条件（①中華人民共和国が中国を代表する唯一の政府②台湾は中国の一部である③日台条約を破棄）を受けいれることでもあった。

田中は大平に外交を預けるかたちにしていたが、しかし現実にはこの三条件を認めることで日本に有利な方向に舵取りを行うと決めていたのである。

農本主義者に通じる思想

田中内閣は、まずこの日中国交回復を自らの内閣の初仕事に仕立てあげようと考えた。実際に組閣から七日後に、田中は赤坂の料亭に大平とともに外務省中国課長の橋本恕を呼んで、「この内閣でなんとしても日中国交回復を行うので、今日から交渉を進める作業を進めてほしい」と頼んでいる。橋本は、このときに大平の表情に着目し、のちに「あの時の大平さんの顔には、有無をいわせぬ真剣さが溢れていた。その後も何かにつけて思い出したものだが、大平さんは中国に対する一つの深い贖罪感のようなものを抱いていたのではないか……という気がしてならない」と述懐したという（中野士朗『田中政権・八八六日』）。

むろん日中国交回復は田中内閣の目玉になったが、これには大平の強い意欲があり、それを田中が受けいれたというかたちで成りたったと見たほうが当たっている。大平はその周辺や宏池会内部からは次期政権を狙って幹事長になったほうがいいとか蔵相のほうが重みを増すと説得されていたが、「おれはおれ一人の考えで外交をやっていく。田中に影響はされない」と相談役を担っていた伊藤昌哉に洩らしていたのである。

中国は前年の昭和四十六年には国際連合に加盟していたために、中国との接近は日本にとって避けられない選択というのは国民的合意にもなっていた。こうした世論と前述のように大平の尽力があっての日中国交回復であったが、田中の秘書である早坂茂三はこの点できわめて独自の見解で、日中国交回復を論じている。早坂は日本列島改造と日中国交回復には共通の思想があるといい、それは「明治に始まって敗戦に至るまでの間、わが国の『中国政策』は、中国人民の血と涙の上に日本の繁栄を築こうとするものであった」と言い、「田中が目指したのは日中（の不正常な関係）、わが国の都市と農村に見られる両者の関係を解体し、双方が共存共栄できる道を開くことである」と鋭い指摘をしている。

周恩来首相との回路

日中国交回復では、田中が首相に就任して八十五日目（九月二十九日）に共同声明を発表している。その間の日中外交交渉は、もとより田中内閣だけではなく、社会党の佐々木更三委員長や公明党の竹入義勝委員長などの中国訪問によって少しずつ地ならしが行われた。初めの四十日から五十日余はそうした地ならしによって、田中内閣と周恩来首相との間で会談の回路がつくられていった。このような経緯を辿って、最終的に田中の意を受けて訪れたのは自民党の古井喜美と田川誠一である。九月九日であった。彼らは自民党内の親中派として独自のルートをもっていたが、田中はそのようなルートをもフルに動かしたのであった。田中が古井や田川に託した基本方針は、『日中国交秘録』によるなら、前文と本文で成りたっていたが、前文は次のようなものであった（『日本内閣史録6』の「第一次田中内閣」より引用）。

「①日本は、過去の戦争に対して、深く遺憾の意を表明する。②日中関係は、一衣帯水の関係にあり、両国の国交正常化は、アジアおよび世界の平和に大きく役立つものである。③両国は、政治、経済体制が違っても、お互いに尊重しあって友好関係を維持する」

そして「本文」では、「両国政府は、戦争状態が終結したことを確認する」のほかに、日本は中華人民共和国を中国を代表する唯一の政府と認め、台湾は中国の一部であることも確認する、といった内容が明記されていた。外交関係の樹立も「一九七二年」と期限を定めていた。この日本側の基本方針は、国内では親台湾派の政治家や中国脅威論を説く勢力の間から不評を買うことになるのだが、田中はそのようなことに少しも頓着しなかったのである。田中にすれば、中国との関係は歴史の赴くところとの考えもあっただろうが、日本経済の先行きを考えたときに、中国市場を獲得することの利益を考えると当然の外交戦略でもあったのだ。

古井と田川は周恩来に会って、最終的にこの方針の諒解を求めている。周恩来は「田中、大平両先生が北京を訪れたときに話し合いたい」とうなずいた。田中のメッセージを快く受け取ったのである。

したたかな周恩来と対峙

こうして事態を少しずつ動かしたうえで、田中は大平を伴って北京にむかった（九月二十五日）。このころ日本のメディアは、日中国交回復という歴史的出来事にいささか興奮状態とも言えるのであったが、田中一行の動きは随行記者団が克明に伝えている。それだけ国民の関心事だったともいえる。一行が着いた日の晩餐会では、田中も周恩来も上機嫌だった。いわば中国側が最大限のもてなしを行ったのだが、しかし会談の方向を占うにはこのときの周恩来の演説は重い意味をもった。中野士朗の『田中政権・八八六日』には、「（周恩来の演説で）空気は再び緊張した」と書かれている。

「一八九四年から半世紀にわたる日本軍国主義者の中国侵略によって、中国人民は、きわめてひどい災難をこうむり、日本人民も、大きな損害を受けました」

とくに日本側は「ハッとしたような空気になった」と書いている。この演説を受けるかたちでの田中の演説については、次のような記述を行っている。新聞記者の見た率直な感想だった。

「続いて田中が立った。こちらは原稿を棒読み調で、日頃の田中らしくない。はじめの方で『わが国が、中国国民に多大なご迷惑をおかけしたことについて、私は、改めて深い反省の念を表明するものであります』と述べると、会場のあちこちで、低い中国語のざわめきが起こった。それまで両首相が言葉を区切るたびに、一斉に大きな拍手がわいたのに、ここではピタリとやんだ。しかし、終わりに、『日中双方が合意に達することは可能であると信じます』と言うと、周は深くうなずき、拍手も元の調子にもどった」

この事実が語っているのは、日本側が日中戦争について深く踏みこんでの反省をあらわさなければ、中国との間での友好関係は成りたたないとの教えだった。田中はそのためにどのように振るまえばいいのか、まだ充分に事態をつかめていないように思えたし、自分に求められている言動とはどのようなものか、困惑している状態だとも言えた。あるいは日本と中国共産党との間には、あまりにも多くの時間が流れてしまい、どのように近づけばいいのか、その距離についてはお互いに困惑した状態があったと言ってもよかった。

大平外相と姫鵬飛外相との実務的な話し合いとは別に、周恩来と田中の首脳会談も行われている。九月二十六日の第二回首脳会談での議事録（石井明、朱建栄、添谷芳秀、林暁光編『日中国交正常化・日中平和友好条約締結交渉』）を丹念に読んでいくと、中国側も幾つかの点で気を使っていることが理解できる。たとえば、次のようなやりとりを行っていた。

周恩来（前略）我々は日米安保条約に不満をもっている。しかし、日米安保条約はそのまま続ければよい。国交正常化に際しては日米安保条約にふれる必要はない。日米関係はそのまま続ければよい。我々はアメリカをも困らせるつもりはない。日中友好は排他的なものではない。国交正常化は第三国に向けたものではない。（以下略）

田中（前略）訪中の第一目的は国交正常化を実現し、新しい友好のスタートを切ることである。従って、これにすべての重点をおいて考えるべきだと思う。（略）日中国交正常化は日中両国民のため、ひいてはアジア、世界のために必要であるというのが私の信念である。（以下略）

このやりとりを見ると、中国は日本との関係についてまずはアメリカをどう見るか、われわれはアメリカと日本の関係について口を挟むつもりはない、両国の同盟にとくべつに異議があるわけではないとの意味が強調されている。反して田中は、国内にあっては対中国との交渉には時間をかけろという声も多いのだが、私は「すべてに優先して」国交正常化を考えていると応じている。そして翌二十七日は、毛沢東主席と会う前の会談で、周恩来から「今日は国際問題について議論したい」との申し出があったというのだ。

この席で周恩来は、一九五〇年代、六〇年代の国際社会の流れを説明していくのだが、「米国は六〇年代の末から、中ソが一枚岩でないことを発見した。またEC十カ国も一枚岩でない。世界の二つの体制は一枚岩ではない」といい、国際社会自体が変容していくことを説いている。このことは暗にソ連に対してアメリカは見方を変えているが、日本は変わっていないのではないかと牽制しているかのようでもあった。

田中はすぐに答えている。「日本では中ソが一枚岩であるとの前提に立っていた。それは中ソ友好同盟条約や、北朝鮮とソ連・中国との条約を考慮してのことである。しかし、中ソが一枚岩でないことが、日本にも理解されてきた。ソ連には第二次大戦後、首をしめられたので日本人はソ連の言うことを額面通り受け取っていない。（以下略）」

いささか品のない表現を用いているが、周恩来は中国と日本とで共同してソ連と向きあおうと誘っているかのように思える。この議事録では、その後周恩来が中国とソ連の関係について、二十世紀の歴史をふり返りながら、長広舌を行っている。単に日中関係を新たに構築するというのではなく、ソ連に対する牽制に日本を誘っているかのようでもあった。

周恩来　中ソ友好同盟条約は源泉がヤルタの条約にある。対日問題もヤルタから出発している。米国は中国の東北地方と西北地方をソ連に任せた。ソ連は国民政府（保阪注・中華人民共和国）との間に、中ソ友好同盟条約をつくったが、これは日本に対抗するためである。（略＝ソ連は中国への内政干渉を行ってきたことを説明しつづける。毛沢東とコスイギンの間で、論争があったことを詳細に述べて）毛（沢東）は党と党との関係は別として、国家間の問題は改善できると言った。そこで、三年の長期貿易協定を作ったが、ソ連はこれを一年で破棄した。（略＝中ソ国境問題にふれ、今やソ連との信頼関係はないと続く）ソ連はカザフスタンからモンゴルにかけて、百万の軍隊を配置し、中国に対抗している。モンゴルだけでも六個師団を配置し中国に向けている。これでもソ連が同盟国であると言えるか？　中ソ友好同盟条約はないのと同じだ。我々はソ連と何回も交渉して深い教訓を得た。

田中　ソ連は日本との間で不可侵条約（保阪注・正確には中立条約）を結んでいながら（敗色濃厚になると日本に対し）首つりの足を引っ張ったので、日本としては、ソ連を信用していない。

周恩来　我々は日本がソ連と話をするのは容易ではない、四つの島を取り返すのは大変だと思っている。

中国側の戦略と田中の国際感覚

この日は、日本の軍国主義復活から、核兵器についても話は及んでいる。田中は自らの列島改造論を説明したうえで、「軍国主義復活のために使う金はない」と答えている。いささか筋違いでもあるのだが、それが田中流ということであろう。周恩来は、「日本は核戦争にはどのように対処するのか？　ソ連は核戦争禁止、核兵力使用禁止を提唱しているが、これは人をだますペテンであるから、あばく必要がある。核非保有国がソ連のペテンにかかる恐れがある」と熾《し》烈《れつ》な表現でソ連への牽制を説き続けている。

日中国交正常化はむろん日本と中国を実質的に支配する共産党政権との間で、戦争に終止符を打って新たな時代に進むことを意味していた。同時にそこには中国側の歴史的な戦略があることを一連の周恩来の発言は裏づけていた。田中はそのような歴史的役割を担わされていたとの見方もできるであろう。

この役割の第一は、前述のようにソ連包囲網を築きあげるということだし、第二にアメリカと日本の同盟関係をテコにソ連と対峙することで、アメリカを自らの側に引き寄せるという政略が見えてくる。あえて第三点を指摘しておきたいのだが、田中は歴史的史実にそれほど詳しくなく、そこに周恩来から見たら与《くみ》しやすしの感がもたれていたとの印象を受ける。周恩来は、ヤルタ会談の密約が戦後社会のスタートになっていて、そこにはスターリンの狡猾さがあると言いたかったのだ。加えて、ソ連の参戦はドイツ降伏から三カ月以内にという裏議定書について、日本はどう思っているかを確かめたがっていることがわかる。ところが田中はそうした問いに答えていない（不可侵条約を破っての不法侵入を「首つりの足を引っ張った」というのでは答えたとは言えない）。

これは私見になるのだが、しかも田中に対しては非礼にもなるのだが、田中はこうした交渉で歴史的事実やその認識について正確で説得力のある説明をしていないように思える。少なくともこの議事録では、そのことが充分に窺える。一見すると、田中は首相としての見識に欠けているように思える。それほどこの議事録は奇妙な感想を私たちに与えている。

だが一方で田中が稀有の能力（それは史実を正確に理解するといった能力ではなく、国際情勢をカンで読むということにもなるのだが）をもっていることも認めなければならない。日中国交回復と前後しながら、アメリカやソ連にも相応の手を打っているし、それは田中外交の成果として今につながっているとも言えるのだ。

突然、毛沢東と面会

北京までの日中国交回復の交渉をもう少し見ておくと、九月二十七日に田中たち代表団は、中南海にある毛沢東邸で毛沢東とも会っている。本来、面会の予定はなかったのが、この日の朝に突然、「毛沢東が会うことになった」との連絡があり、そして毛沢東邸の訪問になった。

このときに毛沢東は、田中に会うなり、「もうケンカはすみましたか。ケンカしなくちゃダメですよ。ケンカしてはじめて仲よくなるのです」と話しかけた。田中は「周首相とは円満に話し合っております」と応じた。

このときのやりとりを読むと、田中はこの指導者に決してヒケはとらない当意即妙の応酬を続けている。別れ際に毛沢東は、机上にあった自らの蔵書『楚辞集注』（全六巻）をとりあげて、「これは私のみやげです」と田中に手渡した。新聞記事によると、田中は「私も忙しいなどと言っておられません。もっと勉強しなくては……」と応じた。

毛沢東と田中とのこうしたやりとりはすべて詳細に官房長官の二階堂から記者団に伝えられた。むろん田中が毛沢東の世界観に説得されたわけではなく、かといって正式の首脳会談以外になんらかの秘密の会談があったのではないと強調したかったからであろう。中国を訪れた国賓クラスの各国首脳とてめったに毛沢東に会えるわけではなく、加えてその会話が紹介されることなどなかったから、田中との会談でこういう親しいやりとりが行われたのは国際社会を驚かせた。と同時に、毛沢東が予定を変更して突然、会見時間を設定したのは、田中の会話であれば毛沢東と会わせることで、むしろ中国側が大人の対応をとっているとの印象を撒くことが可能と判断したからとも思える。少なくとも中国側の指導者は田中の性格や考え方、発想の回路、歴史観を検分したうえでの対応策をとったように思えるのであった。

田中、大平の帰国前夜（九月二十八日）の夕食会における田中のあいさつ、あるいは周恩来のあいさつは、表面上は双方がこれまでの不正常な関係に終止符を打つことを明らかにしているのであったが、それでもそれぞれ社会制度の異なる国であること、過去の歴史から教訓を学ぶことを明言している。

九月二十九日に発表された「日中共同声明」は、これまでの下交渉で積みあげてきた経緯を確認することになったのだが、九項目を挙げて相互に具体的な交流を進めていくことを謳っている。しかし、重要な点は次の部分にあった。

「日中両国は、一衣帯水の間にある隣国であり、長い伝統的友好の歴史を有する。両国国民は、両国間にこれまで存在していた不正常な状態に終止符を打つことを切望している。戦争状態の終結と日中国交の正常化という両国国民の願望の実現は、両国関係の歴史に新たな一頁を開くこととなろう。日本側は、過去において日本国が戦争を通じて中国国民に重大な損害を与えたことについての責任を痛感し、深く反省する。また、日本側は、中華人民共和国政府が提起した『復交三原則』を十分理解する立場に立って国交正常化の実現をはかるという見解を再確認する。中国側は、これを歓迎するものである」

日中共同声明の歴史的意義

二十世紀、日本は中国に「重大な損害を与えたことについての責任」があることを認め、「深く反省する」と誓ったのである。もとよりこの声明だけですべてが片づいたわけではなかったが、しかし田中は二十世紀の日中間に歴史上の結着をつけたという言い方ができた。田中には確かに多様な人物評がつきまとうのだが、この一点に関しては近代日本の清算の役を果したとして歴史に名が残ることはまちがいなかった。

この訪中、共同声明、そして国交回復と連結していくプロセスが、こう見てくればすべて順調にいったように見える。しかし当時の外務省首脳は日中和解に必ずしも理解があったわけではなく、田中の一行が羽田を出発するときに空港まで追いかけてきて、「頼むから今度は行くだけにして、正常化まではやらずに帰ってきてほしい」と懇願した外務省幹部までいたと報じられている。そういう思惑、計算は中国との国交回復によって、台湾の国民政府との間が断絶状態になることを恐れていたからである。戦後社会には東西冷戦のもとで強固にできあがっている権力構造があり、その勢力は田中に対しての牽制を熱心に進めていた。

それを打破して、現実的に中国政府の主権を認め、その前提になっている日中国交回復を実現させた政治力は、たとえ幾つかの不評があるにしても歴史的には相応の評価を受けて然るべきとの意味をもっていたのである。

田中は性格的に姑息な策を弄するタイプではなく、率直にして大胆な性格をもっていたことが改めて年譜の上にも刻まれなければならない。たとえば田中は周恩来にむかって率直に次のように話しかけていることも記憶されなければならない。

「私はまた、（自民党の）総裁選挙もやらなければならない。総選挙もやらなければなりません。私の党だけでも、まだまだ多くの問題を抱えています。そこを、こうして、大きな決断をしてやって来ました。しかし、あなた方には、総裁選も、総選挙もない。中国では、何でも、あなたの思い通りでしょうが、私は、そういうわけにはいかないのです」

「たしかに、そうした点で、（歴史的には中国に）大変なご迷惑をかけました。しかし、たとえばあなた方は、佐藤内閣の時、口を開けば『日本は軍事大国になる』などと言っていました。その点はどうなんです」

周恩来は、田中の率直な意見に驚いたようである。軍事大国の理由として、日本は核兵器をもつ能力があると周恩来が答えると、田中は日本には非核三原則があると言い、「以後、日本が軍事大国になるなどと、そんなことはいっさい言わないようにしてください」

とも反駁《はんばく》している。周恩来はとくに回答を返すでもなく、田中の表情を見つめていたようである。逆に、田中のこうした率直さが中国には好感を与えたようだ。田中の帰国の日、周恩来は北京空港まで直接に見送りに来て、田中の手をいつまでも握り、「お帰りになったら天皇陛下によろしくお伝えください」と言った。田中は「必ずお伝えします」と感激の面持ちだったというのが、随行員たちの印象であった。

田中は、九月二十九日夕方に東京に戻るとすぐに皇居にむかい、記帳を済ませている。周恩来もまた二十世紀前半の日中間の懸案を自らの手で解決したことに、歴史的な自信をもったということであろう。

帰国してからの田中は自民党内での親台湾派議員の抗議めいた見解にとりあおうとせず、共同声明をもって自民党の両院議員総会の承認をとりつけたし、反対派の団体の抗議声明にもとくべつの反応を示さなかった。田中は世論の大勢がどの方向に流れているかを直截に受け止め、その自信をもって国民に「今、歴史は変革している」ことを教えたのだ。

十月二十七日に召集された第七十臨時国会では、首相として初めて所信表明演説を行った。そのなかで共同声明によって日中間の外交関係が樹立されることになったと言い、「時代の流れの中にあって、国民世論の強力な支持があったからであります」とも述べていた。国民世論の支えは、田中にとって指導者としての心構えが鼓舞される薬だったのである。

官僚のいる田中邸の年始風景

こうして日中間の国交回復のプロセスを見ていくと、そこには方程式があることに気づく。その方程式は、官僚出身の政治家や党人派政治家のもつ政治的行動とは大きな差異があった。一言でいえば、田中の方程式は〈慣例に囚われず機を見て、自らが前面に出て差配し、そして具体的な結果を自らの手で確かめる〉という点につきた。官僚出身なら前例を調べあげるとか、あるいは事前の周到な準備とかを重視し、そして現実に事を処理するにあたっても常に曖昧な表現や形式で逃げるが、田中はそうした手法はとらなかった。党人派の指導者にしてもその政治的方向は党内の大勢に従い、細かい交渉になれば官僚に依存するのであったが、田中はそのような手法とも一線を引いていた。もっとも田中は官僚を使う、あるいは官僚を手なずけるという点では他の政治家に見られない、いわばあまりにも露骨な操縦法を用いた。官僚の生態をその三十年余の政治家生活で熟知していて、その生態を巧みに利用しての操縦を行ったのだ。

田中が首相になった折に、二つの形容句がしばしば用いられた。ひとつは「庶民宰相」という語だった。学歴もなく、雪国の地から一念発起して東京に出てきて小さな工務店から出発し、とうとう首相にまで上りつめたという出世譚《たん》が好まれた。「今太閤」といった見出しは首相になってからの人物論では日常的に使われたのである。もうひとつは、コンピューター付きブルドーザーといった称号、あるいはその能力を誇大に語るかのような表現が用いられた。田中側近のある議員がコンピューター付きブルドーザーと評したのに対し、二階堂官房長官はブルドーザー付きコンピューターと反論したという。緻密に数字などを分析してすぐに行動するか、それともとにかく行動を重視するが、その行動は常にコンピューターで予測したように的を射ていたか、のどちらを採るかだが、たとえば日中間の国交正常化交渉などを見ていくと、二階堂の指摘するほうが当たっているようにも思えるのであった。

田中が首相の時代には、日本社会には「二つの大きな年始風景」があるとされた。この二つが終わらなければ新しい年が明けたとはいえないというのであった。ひとつは皇居年賀、そしてもうひとつが東京・目白にある田中角栄邸の年始風景だとされた。評論家の小池亮一が、月刊『現代』に、「田中角栄　官僚あやつり物語」と題して、その内実をえがいている。田中番記者たちの証言をもとに、官僚操縦術を明かすのだが、正月の年始風景は次のようだという。

「年始客は四つのグループに分けられます。第一は新聞記者と官僚ＯＢ、第二が政治家。第三が新人の選挙関係者。第四が現役の官僚たちですね。この日（お正月）の田中邸には、四つの接見場ができます」

四つの接見場とは、一つは新聞記者や陳情者と会う別館の応接間、二つ目は別館控え室、三つ目は本宅の応接室、そして四つ目とは日常使っている部屋を二間ぶち抜きにしてつくった臨時の大広間だというのだ。新年の挨拶には最初は新聞記者や政治家が来るのだが、官僚は決して最初に来ないという。人波がふえてくるころになって、さりげなく集まってくる。官僚の中で目立つのは建設省で、三十人ほどが顔をだすというのだ。各省の官僚が顔をだし、そして決して長居をせずに新年の挨拶を交わすだけで帰っていく。田中に、「私も来ました」というアリバイの証明になればいいということであろう。

小池は前述の稿に次のように書いているのだ。

「およそ田中ほど、高級官僚を大切にする政治家はいない。空前絶後といってもよい。これはとりもなおさず、ありとあらゆる意味での魔法の鍵だからだ。つっこんでまわせば、金庫がガラガラとあく。これは田中最大の特技だ。（略）行政指導権、法律立案権、官吏監督権、予算編成権、許可認可権、徴収査察権、国家資金配分権、発注権、警察権、裁判権……。そのどの一つにしばられても、人間は身動きがつかない。これを逆に考えれば、操作側に介入することにより、相手をしめあげることも、金儲けも、なんでも可能となる」

官僚はこうした権力をもっているわけだが、それを自分に都合のいいように使わせる、それが官僚を決して「敵にしない」田中の操縦法だったのである。田中の頭の中には、各官庁の次の次官候補が誰で、その次は……とか、あるいはキャリアの若手官僚の家庭環境や東大の卒業年次、そしてその友人関係などもしっかりと刻まれていたとも言われる。自分の誕生日に、田中から誕生祝いが届いて驚いたという官僚の言は、しばしば新聞記事でもとりあげられたエピソードである。

小池の前述の稿をもうすこし引用するなら、田中の威令があまり届かない官庁もあると言われていたそうだ。これは田中に対して潔癖に対処しているがゆえのことかというと決してそうではない。外務省、文部省、そして農林省がそうした官庁だが、「これらの役所は、田中が近づけない、のではなく、無理して近づかないのだ。許認可とか天下りとか、その他もろもろのうま味がとぼしいからである」と書いている。

換言すれば、利権に欠ける官庁にはとくべつに田中人脈をつくらないということだった。日中国交回復の際に、中国との交渉ルートをもっている官僚の前で膝を折って協力を求めたり、逆に外務省幹部の中に日中友好に消極的なグループが田中に直言したりする光景が再三再四にわたって演じられたのも、田中の官僚操縦術の一端をあらわしていたのだ。田中が盆暮れには、高級官僚につけ届けを欠かさなかったのも一皮むけば、自らの権益確保、そして拡大という計算にもとづいていたことがわかるのだ。

異様な高支持率

このような官僚操縦術は、田中が政治家として陽のあたる状況が続いているときには、面倒見のいい、心配りのきく、人間味丸だしの政治家として語られる。首相時代には実際にそのように語られた。政治評論家の戸川猪佐武は、その著（『田中角栄伝』）で、田中を「近代的なショーマン・シップ」と語り、「田中が大衆に人気があるのは、その任俠的な雰囲気と、明るい実行力とで、親近感をもたせるからである」と書いている。戸川は、政治家は陣笠から成長して指導的な立場に立ったら、政策や人物を大衆に理解させることが必要で、そのためにショーマン・シップが必要だとも言う。田中はその能力に秀でた特異な政治家だと讃えている。「田中に学歴がなく、出身が土建業、浪花節が好き、任俠肌という彼の閲歴、行動などから推して、彼に前近代性、封建的な色を感ずる」だろうが、それは当たっていないとも言い、重要なことは、「田中の理想は旧弊の打破にある」、あくまでも近代的な合理者と評すべきだとも書いている。首相としての田中は、常に改革者、旧体制を破壊するタイプとして存在すると評価するのである。

田中内閣は誕生当時に伴っていた清新さや庶民性と評される開放的性格、それにその経歴などで確かにブームを起こした。いずれの世論調査も「戦後初」といわれるほどの支持率を示したのだ。組閣から五十日ほど後、日中国交正常化の意思を明確に示したころの朝日新聞の世論調査（八月二十九日、三十日に実施）によると、田中内閣への支持率は六二％に達し、不支持は一〇％ほどで、戦後の歴代内閣で、支持率は最高、不支持率は最低を示すことになった。吉田内閣のもっとも数字の高かった時期をも軽く超えてしまったのだから、その人気はまさに「異様」と評してもよかった。

『自民党戦国史』が明かす、側近の静かな退場

この人気の反動が、あるいははね返りがいつか逆転してしまうのではないかとの予想を立てていた人たちもまた存在した。政治評論家の藤原弘達は昭和四十四年に公明党による言論妨害事件に、自民党幹事長だった田中が斡旋《あっせん》するかのように乗りだしてきて、公明党に恩を売る態度に出たことを怒っていた。首相に就任してからも、田中政治には確固とした信念がなく、田中自身は私欲のために政治を行っているとの批判を強めていた。その藤原は、「田中の政治は日本人の性格のもっとも弱い形、あるいは不透明な形を代弁している自己本位の政治である」と分析し、いつかそのことが明らかになるだろうとも予想している。

大平の政治顧問のような立場の伊藤昌哉は、中国訪問から帰ってきての臨時国会で華々しく国交正常化を報告したのとは逆に、田中周辺には不穏な動きがあることを見抜いていた。側近中の側近が、田中から離れていたのである。先出の麓邦明は、田中に乞

われて秘書のポストに就いた。麓は有能な政治分析をする一方で、筆も立ったから、田中の『日本列島改造論』のまとめなども書いていた。田中が麓を身内に迎えたときに、政界では、田中の目は確かであると、その人物鑑識眼に感嘆の声もあがった。

ところが、麓が田中のもとを離れたのだ。そのことを伊藤は『自民党戦国史』の中で次のように書く。

「麓の見込み通り、田中は第一級の政治家として、めきめき売り出し、ついに政権を手中に収めた。ところがおかしなことに、この麓が、天下をとる半年ほど前に田中のもとを離れてしまう。私はこれが不思議で仕方がなかった。麓もこれについては一言もしゃべらない。

『何かあったはずだ、おそらく女と金だな』

そこまでは判《わか》る。だが、それから先のことはさっぱり判らない。私のもつ〝田中に近い筋〟の話も確たる証拠は教えてはくれない」

そう書いたあとで、伊藤は、大体の推測はつくと書いている。田中の政治力であれば政権は必ずとるだろうが、しかし「この政権は金と女の問題で必ず崩壊するだろう」と予測していた。麓もそのことを予測し、自らは早めにそこから身を退くことにしたのであろうと、伊藤はそう読んだ。田中には暗い面がある。それがいつか暴かれるだろうと考えたというのである。

前述のように私は、この『自民党戦国史』が編まれるときに、伊藤からの話の聞き役を務めたので、多くの裏話を聞かされている。もとよりこの書には書かれていないことも多いのだ。伊藤らは、このような話の根拠として、田中の秘書であり、金庫番の役を果たしていた佐藤昭の存在をすでに知っていて、そこからいつか崩壊が始まるだろうと考えていたことを当時のメモで説明していた。伊藤もあえて紹介しているエピソードだが、伊藤はこの話を私に語りながら、心底から、ある人物に畏敬の念をもっていることを明かした。

伊藤は、日経連会長の桜田武に会ったときに意外なことを教えられたというのだ。桜田は財界四天王といわれ、日本の経営者の中でも中枢にいる人物だった。その桜田が、次のように話したというのだ（この引用は同書から採っている）。

「田中も困りものだ。毛沢東から『楚《そ》辞集注』を贈られて、ただ『ありがたい』と喜んでいては困る。この本は楚の屈原《くつげん》の筆になるもので、美文だという。文弱な国の首相であった屈原はやがて他国の侵略を受けのちに汨羅《べきら》に身を投じて憤死する。日本は富んだ国だが、武力を持たず他国の軍備にただ乗りしている。『田中さん、あなたは何も知らんだろうが、いまのままでは楚の屈原になるよ』という毛沢東の寓意がここにある。香港や台湾など東洋の学者たちはみなそうみている」

桜田の分析は、毛沢東の真意か否かとは別なのだが、それでもこういう見方がされていることを田中とその周辺は考えたことはなかった。このことを聞いてから、伊藤は大平が田中にあまり接近しないよう、以前よりもはるかに熱心に説くようになった。大平もまた田中内閣の重要な一員であるにせよ、ときに田中が共産党の質問でその政治資金などについて質されることに嫌気がさしていることを伊藤に伝えていたのである。

二十五万都市構想の行方

日本列島改造論は、田中の内政の柱であったが、この構想は相応に国民に受けいれられ、それがゆえに支持率の高まりを生んだ。つまり田中は内閣成立当初から、この構想によりバラ色の社会を国民に約束するかたちになった。官僚たちも自らの権限の及ぶ範囲でこの構想に参加する意思表示をし、それぞれの官庁が田中を支援する構想を相次いで発表した。通産省が新二十五万都市構想を打ちだせば、自治省は新都市整備事業構想、建設省は地方中核都市整備構想という具合であった。もとより田中はこれに応じて、自らの目ざす方向に合致する構想をよりどり見どりといった状態に置かれた。

田中はその著の中で、新二十五万都市を全国の至るところにつくり、住居空間としての役割を果たさせると明記していた。その都市には工場を置かず、いわば完全に居住空間に変えるのであった。そのために提唱したのが「工場追い出し税」の創設である。この創設によって、工業再配置特別会計をつくりたいと考えていた。まったく新しい都市構想でもあった。

しかしこの工場追い出し税は、中小企業の反対にあっただけでなく、大企業も積極的に賛成はしなかった。都市に置いておかなければならない工場さえも追い出し税で追い出すというのには無理があるというのであった。そうした反対の広がりのなかで、積極的なこだわりを捨てて、この追い出し税はひとつの試みであるとの発言に後退した。とくに自民党内にはこうした新税をつくることは、予想される総選挙には不利ではないかとの声もあがり、少しずつ列島改造の夢は勢いを失っていくことになった。

日本列島改造構想は都市の過密と地方の過疎化現象に歯止めをかけて、居住のための環境と工業分散による工場都市がつくられるのだが、ここで田中内閣の失政につながる問題が浮かびあがってきた。土地価格である。

わかりやすくいうなら「前年（昭和四十六年）の夏のいわゆるニクソン・ショック以来の大量のドル流入、景気対策や円対策のためにとられた大型予算と金融の超緩和政策などの結果生じた企業の過剰流動資金は、投機の対象として土地に向けられた。総合商社を中心として企業は、争って土地の買いあさりに走った。田中の『日本列島改造論』が、土地投機の過熱に対して、さらに拍車をかけることになった」（「第六四代　第一次田中〔角〕内閣」田中善一郎、『日本内閣史録6』に収録）との見方がもっとも妥当である。

地価上昇で歪んだ倫理観

この改造論の開発予定地域に対して、企業や団体、さらには投機家の買い占めが日常化していくことになった。地価は急激に上昇していき、都市やその周辺に庶民が家を建てることなどはまったく無理な状況になった。中間階級の夢がいともあっさりと潰されていったのである。田中はことあるごとに「私の手で土地問題を解決する」と豪語していたが、実際にそのためにどのような施策を行うか、しだいに迷路に入りこんでしまうのである。

しかも列島改造構想は公害への対処という意味ももっていたが、この公害に対処するための法的な手当てをどうするかという点でも、各省庁の対応に統一がとれてはいなかった。

ただ土地投機にむかっている世情は、実際には企業経営者の姿勢にも反発をもち、田中はこの点にもメスを入れなければならなくなった。地価安定こそが当面の政治目標になり、それには企業が土地の投機にあてている過剰流動性資金をどのように吸いあげるかに取り組まなければならなかった。そうして考えられたのが新税であった。ただこの新税構想は、前述の田中善一郎論文には、「田中自身（自ら土地転がしの妙味を味わっていたためか）、元来、空閑地税（保有税）や土地増加税（譲渡税）の設定には反対の立場をとってきていた」とも書かれていて、地価の高騰を抑えるには、田中の個人的な地価観も反映していて、簡単には進まないという状況も生まれた。

しかも地価の高騰はそのまま一般物価の値上がりにも響いていくことになる。昭和四十七年十月から四十八年三月までの全国の市街地価格は前年同期に比べると一六％も上昇したというし、木造住宅などの建築費に至っては二四％も高騰したというのだ。日本列島改造という構想は異様なバブル状態も生むことになり、社会全体が浮き足立つようになった。いわば個人的倫理や社会的道徳に変化が起こったということだが、それは「人よりも要領よくふるまったほうが得だ」との歪《ゆが》みを生んだともいえた。

田中は日中国交回復をテコに総選挙を行い、自らの内閣を固めようと考えていたが、こうした地価の高騰、一般物価の値上がりという事態が進むとむしろ不利になると判断したのか、早めに選挙に打ってでることになった。社会、公明、民社の各野党は田中の戦略を見抜いて早くから選挙の準備をしていたこともあり、田中のその戦略に異存はなく応じた。いわば話し合い解散となったが、第七十臨時国会で昭和四十七年度補正予算が可決された日（十月二十七日）、衆議院は解散になった。田中はひとまず国会の追及から逃れ、総選挙に自らの政治生命を賭けることになった。

いた。

政治生命を賭けた総選挙

全国遊説に歩く田中の表情には、この選挙は勝てるとの自信があふれていたと当時の新聞は書くのだが、田中自身どこに行っても多くの人びとが集まることに気をよくしていた。

新潟日報事業社出版部が刊行した『角さんのアルバム（田中角栄の軌跡）』という写真集を見ると、東京・有楽町で第一声をあげたときには数寄屋橋一帯が人波で埋まったとあるし、「明日をひらく決断と実行の政治」という自民党のスローガンを至るところで口にし、聴衆を引きつけた。過密なスケジュールのなか、全国を飛び回った。その距離は延べ一万キロに及んでいるし、聴衆の数は概算であるにせよ三十五万人近くに達したというのであった。

しかし昭和四十七年十二月十日のこの総選挙の結果は田中の予想に反して、自民党は結党以来の最低の議席数しか獲得できなかった。選挙前の予想では、田中の豪語するとおり自民党圧勝と見られていたのに、それがいともあっさりと敗れたのだ。

自民党の議席数は二百七十一であり、前回の佐藤内閣時代よりも十七議席も減らしていた。田中はその数字を確かめながら、「自分の予想よりも二十議席は少ない」とつぶやいた。自分よりもはるかに支持率の低かった佐藤内閣の獲得した議席数は抜くことができるか、それとも最低限同じ程度だと思っていた。しかし、それはことごとく裏切られた。

自民党の衰退にかわって、議席を大きく伸ばしたのは社会党と共産党であった。いわば社会主義的政党が田中に対して反発したのか、あるいは田中を擬似的な社会主義者に見立てたのか、田中は保守の側から（それもわずかの人びとにだろうが）は危険な目で見られてもいたのである。

社会党は一一八議席である。解散時は八七だったから議席を挽回したことになる。共産党は一四議席から三八議席に増えた。二倍以上の増え方であった。共産党の委員長（当時）である宮本顕治は、「田中内閣などいつでも倒せる」と豪語しているとの噂も政界に流れた。田中の金権体質を問題にする材料には事欠かないとの意味に解釈されたのである。そのほかの政党では、公明党は四七議席から二九議席に、民社党は二九議席から一九議席へと減った。

自民党は、無所属という名の非公認組をあわてて入党させて過半数を維持することができた。田中ブームなどと悦に入っていた自民党と当の田中は、面目丸つぶれともなった。

「選挙上手」の不覚

なぜ自民党は敗れたのか。当時の新聞記者や政治評論家はさまざまな説を流しているのだが、いずれも強調しているのは、選挙上手を自任する田中が、あまりにも強気に打ってでた点である。前回の総選挙よりも公認候補者を十一人も増やした。定数いっぱいの候補者を立てて共倒れというケースもあった。加えて田中は日中国交回復は票にならないと読んだのか、もっぱら日本列島改造構想のプラス面を強調し、これからの日本がいかに住みやすくなるか、あるいは福祉も充実されていくかなど、しきりにバラ色のプランばかりを口にしつづけたのである。

こういう田中の演説に対して、野党は公害のばらまきだ、大資本と企業だけがもうかる構造になっていると反論し、さらには田中の金権体質を正面から批判しつづけた。社会党や共産党のように、反田中という旗色を鮮明にした政党はとくに都市部で大きく票を伸ばしたのである。生活苦がもっとも家計簿に響く階層の人たちが反田中の中枢に座った。「列島改造・地価高騰・物価高騰・公害拡散」という大きな声の前に、田中はたじろいだと言えた。

この選挙のあと地元長岡市に戻った田中は、その負けず嫌いの性格を顕わにするような演説を行っている。次のような内容だった。

「(政治家が)仕事をすれば批判が起こってくるのも当然ではないか。信濃川に橋をかける場合でも、かける、かけるといっているときは皆に喜ばれるが、実際にかけてみると、下流の人は、それ上流にかけすぎだ、というし、こんどは下流にかければ上流の人が同じことを唱える。みなさん、ですから、田中さん、せっかくの田中ブームを長続きさせるためにあまりせっかちに仕事をしないほうがいいですよと言ってくれる学者もいるんです。しかしムードで政治などできるわけがない。ですから私の人気が悪くなったら、ああ田中は仕事をしているんだナ、とまずはこう思っていただきたい」

本書があまり田中の演説を紹介しないのは、「みなさん、えっ、そうでしょう」といった話し言葉が実際には何を言っているのかわからないからである。

田中はその体質において権力主義的な面をもっていることは、この総選挙のあとに第七次選挙制度審議会(会長・高橋雄毅)が報告書を提出し、衆議院は小選挙区と比例代表制の併用が望ましいとの答申を示すと、すぐにそれを受けて「日本も小選挙区制が望ましい」と意見を変えたところにもあらわれていた。この意見は、昭和四十八年に入ると田中の持論になり、自民党ではそのための試案づくりにさえ入った。これは昭和四十八年四月の自民党総務会で定められたのだが、衆議院の小選挙区の定数を三一〇人、比例代表の定数を二一〇人とするというのであったが、これには野党が一斉に反発している。共産党が独自に試算したところでは、この制度を導入すると、自民党は四一三、社会党は六〇、共産二三、公明一五、民社八になるとの結果がでた。これでは一党独裁というのが各野党の反対意見であった。

田中は、そういう強権的な発想もまた兼ね備えていたのである。換言すれば哲学や理念がないだけに自らの体験からくる経験主義的功利性が軸になっている。その体質は政治的な意味でのハト派やタカ派とは別の次元であった。

物価高騰に募る不安

田中は、昭和四十七年十二月二十二日に第二次田中内閣を発足させるにあたって、大平や中曽根、三木をそれぞれのポストに再任させたが、田中に抗する側の領袖であった福田赳夫を行政管理庁長官に据えた。党三役のひとつである政調会長には倉石忠雄を選び、ひとまず挙党体制をつくることに成功した。蔵相には愛知揆一、建設相には金丸信を入れ、田中は自らの意を忠実に実行する実務者的な内閣であることを世間に示した。田中は具体的に、国民になんらかの成果を示す必要に迫られていたのである。

その具体策は、やはり地価対策であった。企業の土地買い占めは依然として続いていた。むろん、そのことは物価上昇に連動していた。田中の描いている構想は地に足のついた産業構造の構築というより、カネでカネを買う、カネで土地を買って転がしてカネを肥大化させるという投機性と受け止められることになり、田中には不本意であっただろうが、その名自体がバブルと同義語になったのだ。

土地転がしで利益を上げた不動産屋が、さらに新たに土地をさがしては投機の対象とする一方で、こうしたバブル資金が株や貴金属にも流れるなど社会全体に奇妙な価値観が横行しはじめた。たいした価値もない書画の類にも、投資の名目で多額の投機上のカネが流れこんだ。こういう風潮に反して一般の給与所得者や自営業者はささやかな生活を送っていて、一方的に値上がりをつづける物価高騰に不満や不安を募らせるだけであった。

第二次田中内閣には昭和四十八年度予算を組むにあたって、幾つかの注意しなければならない点があった。たとえば消費者物価の高騰が加速しそうなときに大型予算を組んだら、インフレが加速することが想定されていた。さらに、予算編成期には国際収支の黒字堅調が続いていた。円がドルに対して切り上げられる幅をどこまで抑えるかという政策をにらみあわせての予算が組まれなければならなかった。

そこで第二次田中内閣は、昭和四十八年度予算は「福祉拡充」「インフレ抑制」「円切り上げ防止」の三つの課題を解決する意味をもった予算であると自任したのであった。円の切り上げを防ぎたいというのは、田中内閣の至上命題でもあった。

一ドル三百六十円のレートで、戦後日本の経済は発展してきた。ニクソン・ショック（昭和四十六年八月の金・ドル交換停止の発表）以後も、日本経済は好調に推移していたが、アメリカ経済はベトナム戦争によって悪化の一途を辿り、さらに日本に対して円の切り上げが要望される事態となった。アメリカ側からの要望は、強い圧力というほどの内容だった。

円の再切り上げを拒むのに、田中内閣が採った政策は結局、大型予算になった。一般会計十四兆二千八百四十億円となったが、それは大型予算によって国内需要を喚起させ、輸出に一定の歯止めをかけなければならないのだが、しかしインフレを助長していくことにもつながった。つまり危ない予算だったのだ。もとより、野党はこの点に鋭い批判を浴びせることになった。

「インフレ促進予算ではないか」とか「公共投資重視とは政治家の利益誘導ではないか」といった論に対して、田中は「インフレ予算であるというのは当たらない」とか「公共投資はそのような性質ではない。国内需要喚起のためだ」といった論で対抗した。

昭和四十八年三月、四月、田中は三つのことだけに頭が占められていた。ひとつは昭和四十八年度予算の大型化によって、列島改造論の方向を目指す、もうひとつはアメリカとの経済関係をどのような方向にもっていくか、そして第三は、自らの政治的権力を強固にするために党内と党外でどのような手を打つか。この三点に共通するのは、自らの権力をどのように維持するか、国民の期待や願望を具現化するために自らの権力を相応に強固にしなければとの焦りであった。

そこに決定的に欠けていたのは、自らを客体化して見つめる、あるいは歴史の中に自らを位置づけて据え直すという落ち着きであった。自らの思うとおりにならなければその点に思考を集中するのは、一面では努力型のタイプたりえるが、裏返せば、自らの関心事以外は見えなくなってしまうということだった。

すでに記したように小選挙区制へのこだわりを見せていたが、その選挙区案づくりでは幹事長時代に培った選挙区情勢を考慮しつつ、自民党に圧倒的に有利な選挙区割りを画策しようと試みた。それゆえにこの党利党略の区割りは「カクマンダー」と謗《そし》られることになったのである。それによって自民党の絶対多数をつくり、自らの思うような政権をつくりあげようというのであった。なぜこれほどの権力欲にとり憑かれていったのか。この状況を伊藤昌哉は、その著（『自民党戦国史』）の中で、「（田中は）絶対多数を握ってしまえば、田中の暗黒面などとりあげる奴は一人もいなくなる」と見ていたからと分析しているが、これは私も当たっているように思う。

田中が首相になって以後、それまでの利権、金権体質や、とにかく開発至上主義を変えていけば、経済も社会も一定の落ち着きを見せるはずであった。だが膨張を加速している過剰流動性がふくらみ、それをもとに消費者物価が高騰したが、その構図は、田中自身がいみじくも国会で答弁したように次のような循環の中に追いこまれていたのであった。

「貿易黒字をもたらした過剰流動性が、従来のように設備投資に回らず、銀行も貸付金の経済受け入れをしぶったため、商社などは手持ちの余った金を何かに使わなければならなかった。これが土地投資、買い占めに動き、物価を上げた」

まさにこのとおりだった。昭和四十八年に入ると、日本経済はインフレの病理がいよいよ表面化してきたと言われたが、これは田中の状況認識がそのまま現実となったことでもあった。企業の買い占め、売り惜しみからの「モノ不足」、そして物価の値上がり、この元凶は商社であるとして、経営者たちが国会に呼びだされ、与野党議員から厳しく難詰された。こうしたことは田中内閣になってから道義上の退廃が起こっているとの批判を生むことにもなった。それでもなお、田中はそのような批判を自らの失政からきているとは受け止めなかった。商社の買い占め、売り惜しみなどは、まさに田中内閣であるがゆえに起こったことであり、そのような環境はまさに田中の個人的な性格が原因となっていたのだが。

田中は自らの内閣が誕生してから一年というときの記者会見で、国民に空手形になりかねない生活目標を示した。

「消費者物価は世界の主要諸国の平均以下に抑える一方で、国民所得と経済成長率はその二倍にしていきたい」と胸を張った。田中にすれば、公定歩合をすでに四月、五月、七月と引き上げているのであり、その成果がこの年の終わりには社会的な事実となってあらわれるだろうと予測していた。加えて買い占め、売り惜しみを禁止する法律がこの七月から実施されていて、実際に政令により、大豆、材木、綿糸、羊毛、生糸など十四品目を特定物資に指定するなどして、価格引き下げを企図していたのである。

だが現実は、田中の思惑とはまったく別な方向に動いた。インフレ抑制策は成功せずに、物価は高騰を続け、田中への支持率もどこの新聞社の調査でも三〇%を切るようになった。とくに生活難に対する庶民の側からの怒りが高まったが、それを背景に社会党、共産党などが攻勢を強めるのにも田中は苛立《いらだ》ちを見せるのであった。

このころに（昭和四十八年の夏から秋にかけてのころだが）、田中には顕著な現象があらわれた。このことを、中野士朗の『田中政権・八八六日』は次のように紹介している。

「この頃の閣議は、田中首相の独演会だった。実力者たちは名前ばかりの挙党体制で顔を揃えてはいるが、苦しまぎれにしゃべりまくる田中を冷ややかに眺めているだけだった。田中は十一月一日、二年ぶりに開かれた物価安定政策会議でも、中山伊知郎以下の学者や消費者代表を相手にしゃべりまくり、出席者の質問や注文を聞くゆとりを失っていた」

記憶されるべき「日ソ」外交

田中の盟友ともいうべき大平は、田中に会って小選挙区制には慎重にあたるべきだと説き、田中も少しずつ折れていった。こうして小選挙区制についての田中の強硬策も、もっとも近い身内からの反発であきらめるかたちになった。しかしこれは大平の言をいれたというより、自らの指導力が落ちていること、あるいは自分にとって不利な状況を見究める能力の欠如ゆえだったと言えるかもしれない。

首相に就任して一年余を過ぎてからの田中は、まったくその人生にツキを失ったかのようであった。むしろ田中は、苦手と見られていた外交面で得点をあげているかに映った。

昭和四十八年九月二十六日にヨーロッパ各国とソ連訪問の外遊に旅立ったのだが、田中はこのときに意外なほどの交渉上手の手腕を発揮した。クレムリンでの外交交渉は大体がどの国もソ連のペースに巻きこまれて、つまりは自国の国益を見失うのであったが、田中はむしろその逆であった。このことは田中がまったく恐れることなく誰とでも対等に話し合う度胸をもっているということでもあったが、同時に外交上の交渉事も自らの側に引き寄せて落とし所を考えるとの処世に通じていた。

これは『田中政権・八八六日』からの引用になるのだが、田中はブレジネフとの四回に及ぶ会談で、執拗に北方四島の返還を求めた。この交渉はそれこそソ連の強固な壁に田中が単身挑むような光景でもあったのだが、田中のねばりは結果的に功を奏することになった。同書が、そのことを要領よくまとめている。

「クレムリンの厚い壁は『領土』という文字を声明に書き込むことさえ拒否した。こうなれば『ケンカ別れもやむなし』と腹をくくった田中に、ブレジネフもドタン場で折れて、共同声明には『第二次大戦の時からの未解決の諸問題』という表現を入れることになった。ただこの表現だけでは『諸問題』が具体的に何を指すのかあいまいである。田中は『諸問題の中には、四つの島の問題が含まれるのか』と二度念を押した。『イエスか、ノーか』と。ブレジネフは最後に『ダー』と短く答えた」

中野は随行記者団の一員であったから、こうしたやりとりについては皮膚感覚で語ることができたのであろう。クレムリンの三日間の外交交渉は、その結果についてブレジネフの語った「ダー」という一言に尽きていたというのである。田中の北方四島返還をめぐる要求は、相応にソ連側首脳を動かしたという意味にもなった。

ブレジネフはシベリア開発などで、日本の経済力を利用しようと考えていたと言われるのだが、田中は日ソ間の懸案は現状では領土問題に限られると主張しつづけたのである。この点は歴史的に田中の主張は重みを帯びていた。

四回の会談の折に、田中は日ソ間の外交交渉で自らが果たすべき役割についても言及した。この表現もまた、歴史的な意味をもつのであえて記しておかなければならない。

「かえりみますれば、今から十七年前の同じ十月、日ソ間に外交関係が回復されて以来、両国の関係は年を追って緊密なものとなってまいりました。しかし、日ソの最高首脳による相手国への訪問はこれまで現実をみるに至りませんでした。変動する世界情勢のなかにあって、それぞれの国の最高責任者が膝を交えて、相互間の問題のみならず、共通の関心事である世界平和の問題について隔意なき意見交換を行う必要性はますます増大しております。私がこのたびソ連政府のご招待を欣然と受諾し、モスクワにまいったのもひとえにこのような理由によるものであります。わが国は、体制の垣根を越えてすべての国とのあいだに友好関係を増進し、広く人類の平和と繁栄に寄与することを外交の基本としております。とりわけ隣国である貴国とのあいだに、内政不干渉および互恵平等の基礎のうえに善隣友好関係を打ちたてることは、わが国が一貫して追求する目標であります」

田中のこうした認識は、十月十日付で発表された日ソ共同声明の中にも盛り込まれた。この共同声明は全文が日本語で三千六百字に及び、ふつうに比べて膨大な量になった。この声明の終わりの部分には、「双方は、中東における軍事行動の発生に対して大きな懸念を表明し、現在の事態が出来る限り速やかに解決されるべきであるとの希望を表明した」と記されている。

ともかく田中は、外交面では「日中」と「日ソ」という二つの懸案事項を軌道に乗せた。そのことは田中に自信を与えた。モスクワからの帰途、田中は上機嫌であった。昭和四十七年から四十八年秋にかけての期間、内政面ではつまずきが多かったのだが、それを外交で乗り切り、十一月には内閣改造を行ってそのゆきづまりを打破していこうと楽観的に考えたのである。

しかし田中内閣は、このブレジネフとの対決で点数を稼いだときがピークで、それからの一年間、まるで打つ手がすべて逆になるような状態になった。坂道を転げ落ちるような苦境に陥り、そしてあぶくがはじける形で消えていくことになったのである。

田中はその二年五カ月の内閣を担った期間、ともかくも昭和期の首相としては、歴史的な負債を片づけ、新しい方向に日本を導くことに成功したとの表現はできる。それまでの官僚内閣では行えない政策を大胆に進めたという意味で、やはり昭和後期を代表する首相として歴史に刻まれる資格は有していた。

中国の周恩来や毛沢東、ソ連のブレジネフやコスイギンといった指導者たちに、田中が大平とともにほとんど徒手空拳のかたちで向きあったことは、日本の首相像の新しいタイプを示していたと言っていい。

第六章　落城、そして院政の日々へ

逮捕を報じる朝日新聞号外（1976年7月27日付）

た。

石油危機で迫られた「決断」

田中首相にとって、ヨーロッパ訪問からソ連にむかうときに起こった第四次中東戦争が、すべての災いの元凶になろうとは予想しえないことだった。この中東戦争を機に起こった第一次オイルショックは、はからずも田中政治そのものの内実を問うことになったのである。しかもこのオイルショックは、戦後日本の経済繁栄を根本から問うてもいた。

皮肉な言い方をすれば、国民はその問いに向きあうことを避け、田中にその責任を押しつけることで巧みに身をそらそうとしたのだ。田中は、昭和という時代の首相の中にあって、そのターゲットになりやすいタイプであったと言うべきかもしれない。

第一次オイルショックは、昭和四十八年(一九七三)の第四次中東戦争に端を発する。一九六七年の第三次以来のこの戦争は、エジプトとイスラエル、シリアとイスラエルの間でスエズ運河やゴラン高原を戦場にするかたちで始まった。エジプト軍、シリア軍はそれぞれイスラエル占領地域に進出した。イスラエルも本格的に反撃し、双方それぞれが戦闘機や砲艦を導入しての戦いとなった。

イスラエルの建国をめぐってはアラブ諸国の間で歴史的な反感と反発、そして抵抗があり、それにまた火がついたとも言えた。もともとアメリカの支援を受けているイスラエルは、アラブ諸国との戦いにも一定の力をもつ軍事力のもとで作戦行動を成功させることに自信をもっていたのである。

対イスラエル戦争を有利に導くためにアラブ産油国は、ＯＰＥＣ（石油輸出国機構）を動かして原油生産の削減と石油価格の上昇を決定している。各国の支援を具体的な形にするために産油国であるという強みを生かそうというのであった。この年十月から生産は五％削減、価格は二一％の上昇としつつ、さらに今後も生産を削減すると発表した。石油消費国は、この段階で中東戦争ではアラブ寄りの態度を採る以外になかった。なかでも日本は消費する石油のほぼすべてを輸入する国であり、しかもその大半をアラブの産油国に依存していたのだ。当初、日本国内は中東戦争は自分たちにとってははるかに遠い国での出来事であり、その戦闘が直接に関わりをもつとは思ってもいなかった。田中内閣であれ、どの内閣であれ、石油不足に対処するには大胆な施策が必要であった。日本は昭和前期に、石油の供給を止められて対米英戦争を始めるに至ったが、昭和四十八年になって再び石油によって国策の方向とその理念が問われることになった。石油不足を受けて、ヨーロッパでは自動車を使わずに馬車を使うとか、節電は当たり前といった外電が次々に日本に入ってきた。日本もまた、そうした対応をとることが当然となった。田中内閣は、手始めに官庁街が範を示すと称して、石油・電力の節約を閣議決定したし、民間での石油・電力についても行政指導を行っている。そのためにテレビの深夜放送はなくなり、街なかのネオンサインも自粛され、市民生活そのものが日を追って節約生活へと入っていった。

田中は、首相という立場で重大な決断に迫られていた。石油消費国・日本として、イスラエルを支援するアメリカと、アラブ諸国との間でどちらに加担するか、あるいはまったく別の道を歩むかの選択であった。OPECが二五％削減を決めたときに、ヨーロッパの国々は六七年の戦争時の占領地からのイスラエルの撤退を要求した。するとその削減が行われなかったのを範にして、日本もそれに倣《なら》うことになった。『日本内閣史録6』の中で、「第二次田中〔角〕内閣」を執筆している田中善一郎は、「田中内閣は、もはやアメリカに気がねする余裕を失った」と書き、次のようなエピソードを紹介している。「対イスラエル政策の再検討」は、当初、外務省が示した原案では「中東政策の再検討」となっていたが、田中の強い意向もあって、イスラエルに強い姿勢を示すよう書き替えられたというのであった。田中はアメリカに対しての遠慮をとり払ったのである。日本の対イスラエル強硬策に対して、産油国は確かに五％の削減を行わない方針を伝えてきた。しかしそれは永続的なものではなく、「昭和四十八年十二月分」だけだった。

田中は三木副総理を中東に派遣し、それぞれの産油国に経済援助や借款などを申し出た。日本はアラブ側に立つことを明言したかたちになり、それゆえにOPECは日本への見方を一変し、友好国並みに扱うことになった。昭和五十年一月からはむしろ一〇％

の生産増加が日本には認められた。石油調達をとにかく実らせることになった。

こうした動きを見ていくと、田中は逆境に置かれても当初はそれをはねのける力をもっている。田中自身、十二月十八日には国民生活安定緊急対策本部を内閣に設置して、その本部長に就任して国民生活の建て直しを行うとしたし、その一方で国民生活安定緊急措置法、石油需給適正化法の二法案を国会に上程して成立させてしまった。政治通の評論家たち、たとえば伊藤昌哉などは、「これらは全く目にも止まらぬ早業というより外はない」と書いているが、確かにそのように指摘できる。

このオイルショックの渦中で、蔵相の愛知揆一が過労で急死するという事態になったが、田中はそこで内閣改造を行った。福田を蔵相に据え、行政管理庁長官に保利茂を充てた。そのほか農林、法務、運輸、建設、経企庁、自治なども新たな人材に替えて内閣一新を図ったが、党内の有力者のすべてを内閣にとり込み、政治的実力者としての自身の力を国民の前に示すことになった。福田はオイルショックを機に閣外に去って自由に発言するつもりでいたが、田中の要請を引き受けることでこの難局をのりきる功労者に自らを位置づけようとしたのである。

田中発言が拍車をかける「狂乱物価」

こうして政治の要所を自らの政治力で補い、石油外交も相応に力をもったとき、田中にとってもっとも予想外だったのは国民の側に起こったパニック状態であった。オイルショックは実は田中政治のマイナス面が強調されるかたちであらわれたのだ。すでにオイルショックの前から地価や物価の高騰に苛立っていたところに、石油不足からくる生活縮小の波が相乗作用を起こしたのだ。国民心理は浮ついていて、なにか不安定な材料があればすぐにでも大きな社会不安が生まれる状況がつくられていた。

このようなときに年輪の刻まれた落ち着いた政治家ならば、その社会不安もおさまったかもしれない。国民にむけて、無用に心配することはないと丁寧に語れば社会の空気は変わっただろう。

だが、田中はそのタイプではなかった。立て板に水の如くに平易な言葉で、しかもダミ声で、「私にまかせなさい」といった類の言が吐かれるたびに、国民心理は「自分だけ置いてけぼりをくうのではないか」と妙に焦慮感に駆られたのではなかったか。

すでに十月から十一月にかけて、トイレットペーパーや洗剤、砂糖などが不足しているとの噂が流れ、スーパーには長蛇の列ができた。噂は全国各地に流れ、どこでも買い占めの光景があった。「日本列島改造論」による値上げ、オイルショックによる高騰、それがもっとも具体的にあらわれたのは昭和四十八年暮れから四十九年初めにかけてであった。卸売物価指数が一七%、消費者物価指数が一二%もはねあがり、まさに「狂乱物価」という現象が生まれた。国民心理としては、田中首相のもとでは生活の安定は難しいのではとみて、投機的な気分が広がる結果になった。

しかも田中はこうした狂乱物価の構造を断ち切るのは、自らの日本列島改造構想を現実に移すことで容易になるとの発言をしばしばくり返した。昭和四十九年の年頭の辞では、田中はひたすらその論をくり返した。自らの発言が事態を鎮静化させるのではなく、事態をより厄介にするとの認識はもっていなかった。田中発言は、次のような内容であった。

「なんといっても、石油、物価、土地問題が最大のそして緊急の課題である。石油については石油需給適正化法が、物価・国民生活安定については国民生活安定緊急措置法が、それぞれ年末の国会で成立した。土地問題については、地価の凍結措置を含む国土総合開発法案が国会にかかっている。地価抑制のためにもぜひともこの法案を成立させたい。このような法的な裏づけにとどまらず、予算の面からも、緊急課題の克服をはかろうとしていることはいうまでもない。ひと口でいえば、四十九年度予算は〝緊縮のなかの福祉優先予算〟と呼ぶべき内容をもっている」

「なお、このような財政施策は、けっして〝日本列島改造〟と矛盾するものではない。野党は、国会で、〝日本列島改造〟の撤廃を執ように迫ったが、これはすじ違いというものである。国土の総合開発は、いずれにしても、国家百年の大計という長期的な展望のもとに、総需要の動向などを勘案しながら適度なテンポで着々と実現していくことが肝要である。今回の緊急事態に対処して、国土総合開発をスローダウンさせることは当然であるが、そのことは国土の総合開発――〝日本列島改造論〟の撤回を意味するものではない」

「また、価格高騰または供給不足のおそれのある生活必需物資については、国民生活安定緊急措置法などの機動的な運用をはかりつつ、いやしくも国民生活に不安の生ずることのないよう政府としては、最大限の努力をする決意である。しかし、統制手段については、可能な限りこれを回避することが望ましいことはいうまでもない。このため事態の悪化により本格的統制に陥ることのないよう、民間企業の自粛と協力を強く要望したい。消費者である国民各位も、政府の方針に協力して、買い急ぎ、買い占めに走ることのないよう冷静に対処していただきたい」

「今日の事態は、繁栄を続けてきた物質文明にとって一大転換期である。〝消費は美徳〟の名のもとに国民の生活に定着した使い捨ての習慣は、この際転換し資源の浪費を排し、〝節約は美徳〟の価値観を定着させていかなければならない」

田中内閣の三年目は、ここに紹介された言を具体的に実現していくというのであった。もともと田中はその政治哲学や思想を語ることは少ないのだが、この年頭の辞でははからずもその哲学の一端を明かした。現代社会は物質文明の転換期にあたっているとの認識であった。「節約は美徳」の伝統に戻らなければならない、とまさに昭和十年代の戦時下の如き意味をもつ緊縮財政への転換であった。

この年七月には参院選が予定されていて、田中はその選挙を意識しつつ、こうした談話を発表したのである。

田中の総裁としての任期は昭和五十年七月までであり、昭和四十九年が明けたときは政治的ライバルである三木や福田、大平、それに中曽根などと比べて年齢的にはまだ余裕があり、これからの長期政権まで可能であった。が、しかし、こうした年頭の辞から浮かびあがるのは、その若さや政治的実力だけではどうにもならない政治家としての運や資質が問われる事態に、しだいに時間は移ったということだろう。

全国四万キロにも及ぶ選挙応援

昭和四十九年は四月に地方自治体選挙が相次いで行われた年だった。この選挙で、自民党は意外なほど勝った。新潟県知事選での自民党勝利、大苦戦が予想された京都府知事選でも、勝ちはしなかったが、社共統一候補の蜷川虎三に対して、自民党、民社党などの推す候補が惜敗するまでの善戦であった。四月二十一日の全国二十二の市長選挙では二十一市で自民党候補が勝利をおさめた。こうした勝利に、田中は、狂乱物価の鎮静への努力、田中自身の積極的な支援などを挙げ、自らの内閣が支持されているだけでなく、日本列島改造への具体的な着手が期待されているのだと分析した。

だが昭和四十九年にはいって、田中内閣の支持率はますます下がっていき、支持率は二〇%台に、不支持率は六〇%へとはね上がり、支持と不支持が大きく逆転するかたちになった。こうした変化についての感想を問われるたびに、田中は、「といっても選挙にはどう影響するかわからない。現実に自民党は勝っているのであり、それは田中が選挙では認められている証ではないか」と答え続けた。本心でそう思っていたのである。

七月七日の参議院選挙を前にして、田中はすでに五月から精力的に全国を回っていた。七月六日まで、つまり投票日の前日まで栃木県を除く全国四十六都道府県を回ったといい、百四十七カ所で演説を行い、ヘリコプターを含めての移動でその距離は四万キロに及んだというのだ(『朝日年鑑(一九七五年版)』)。田中としては野党との差がわずかに四議席とあって、とにかく与野党逆転を防ぐことが課せられていたのである。それには都市のサラリーマン層の関心を自民党に向けなければならなかった。そのために、二兆円減税など次々にサラリーマンを対象とする減税の約束をくり返していた。

実は、この年五月から全国遊説に踏みきったのには別の理由もあった。前年(昭和四十八年)の十二月に生活安定のための二法(国民生活安定緊急措置法と石油需給適正化法)の成立を目指しているころに、風邪から中耳炎を併発して東京逓信病院に入院している。

このときに顔面神経マヒにもなっている。顔面右側の筋肉が運動マヒを起こすのだが、口元が盛りあがり、顔面が歪んだように見える。その表情にも臆することなく国民の前に出て演説を行った。

もともとこうした病状は過労とストレスが原因であることは医師の判断でもあったが、しかし、かといって総理大臣として療養することはできなかったし、なによりも田中はそうした病状が退くのを待つのに身体を休めることなどできる性格ではなかった。五十六歳の若さと体力を誇示しつつ、「世間ではこの年齢は定年になっているが、私はまだ現役である」と国民に胸を張った。

しかし、その心身は極度のストレスに弱っていた。この「七夕選挙」前に国会は会期を終えた（六月三日）のだが、日中航空協定、国土庁発足、電源三法などの重要法案を通過させていたこともあり、田中は側近たちに「なんだかんだと言われながらも、仕事はやり終えたと思いますよ。もっともこれも顔をヒン曲げて頑張った結果だよ」と上機嫌であった。

田中の演説は、選挙前になるといつもの漫談調になるのだが、新聞記事や雑誌にはその内容が面白いというのでその口調のままが報じられたりもした。小林吉弥の『実録角栄がゆく（三十六年間の全演説再録）』からの引用になるが、たとえば山形県庁前広場で、米価の決定に不満をもつ農民たちの「帰れ、帰れ」のシュプレヒコールを浴びながらの演説には次のような一節があった。

「いいですか、過去十五年ッ、米価(決定)の中心はだれだったかッ、それは歴史をひもとけばわかる!(ヤジ、怒号)二十六年のときは、河野農林大臣が水田大蔵大臣に指示……私が、千円上げた!(田中も気色ばむ)コノ、歴史も知らんで騒ぎおって、適正な米価は決まらないッ、決まるわけがない!

みなさんッ、私は新潟から米価が一俵五円で食えんから、東京に出たんだ!(『ゴマカスナ』『バカヤロッ』『フルイ話はもうええ』のヤジ連発)私の母はねえ、今でも八十三歳だが、五反のたんぼやっていますよ。やがてこの田中も百姓にかえる日も来るッ(『関係ナシ』の声)。私はッ、そこらもんとはチガウ!　百姓出身の私が約束するんだ、バカなことをいってはいかんッ。ヤメロッていわれてやめられるかッ(再びヤジと怒号で騒然。しばし採取不能)。黙ってきけッ。(以下略)」

こうした反応は、田中政治に対して日本列島改造構想で切り捨ての立場に置かれる農民たちの怒りなのであろう。たびたび指摘することだが田中の演説は活字にしてみると、ほとんど意味をなさないことがわかる。そのかわりに田中に強いシンパシーをもつ人たちにとっては気さくで、庶民的でわかりやすい、人間味にあふれていると評判になるが、田中に反対する人たちには「政治は漫談なのか」と反感をもたれたりする。このことは田中の後援会組織である越山会の会員たちと、非会員たちの動きとを比べるとよくわかるのだが、田中はとにかくひたすら自らのことをもっともよく知る越山会の会員に話すが如くに全国遊説を続けたのであった。

「金権選挙」と「企業ぐるみ選挙」

新聞報道では、与野党逆転かの予測もあっただけに、田中は必死の選挙活動を続けた。「田中はこの『悪夢』（保阪注・昭和四十六年の参議院総選挙では四議席差にまで縮まったこと）を打ち払うために、最大限の努力を傾注した。タレント候補を自民党から多数立候補させ、選挙資金をふんだんにばらまく『金権選挙』を行い、さらに、大企業に候補者を割り当て、票を集めさせる『企業ぐるみ選挙』を遂行した」（前述の田中善一郎論文）というのだ。企業ぐるみ選挙は、田中自身が昭和二十二年に立候補して以来、自らの会社である田中土建の社員を動かして選挙運動を進めたのだが、その手法を再び全国的に進めようというのであった。

このことを中野士朗の『田中政権・八八六日』がきわめて明確に記述している。それによるなら、全国区三十五人の公認候補者を企業グループや有力会社に割り当てたのだ。幹事長の橋本登美三郎が東証一部・二部上場の有力企業二千社に協力要請の手紙をだした。組織をまったくもたないタレント候補はこうした企業の助力を当てにすることになったと言い、タレントの山東《さんとう》昭子は日立グループ、ヤクルト、日本コカ・コーラ、日本衣料、東レなどに応援を求め、バレーボール監督の大松博文《だいまつひろふみ》は、東芝商事、出光、河合楽器という具合であった。企業側からすれば迷惑なことでもあったろうが、田中はむしろこのアイデアに自信さえもっていた。

しかも立候補者の中でも自らの派閥に属する者には莫大な選挙資金を手当てし、選挙運動そのものをあたかも祭りのように仕立てあげることに意を用いた。田中のもとに選挙資金の不足を伝えると、翌日には百万単位の資金が事務所に届けられるという状態であった。なにしろ選挙関係者や候補者たちのあいだでは密かに「十当七落・五当三落」という語が囁かれていたという。全国区での当選には十億円が、地方区では五億円が必要であり、七億円、三億円では当選はおぼつかないとの意味だった。こういう金権選挙は、立候補者たちの金銭感覚をマヒさせることになり、いずれこうした資金を回収するために、政治生活そのものが金権化してくるのも目に見えていた。田中はその前例をつくったことにもなった。

選挙結果は、自民党は六十二人（全国区十九人、地方区四十三人）が当選したが、非改選を加えて過半数を獲得するためには六十三人の当選者が必要であった。それには達しなかったのだ。田中たち党指導部は七十五人の当選を予想していたが、それは大きく外れることになった。無所属や非公認組を公認することでやっと全体では百二十九議席になった。それでもなお改選前には百三十四議席だったのに比べると、五議席の減少であった。

野党との差は七議席までに縮まった。

田中政治はこのときも国民から「ノン」とまでは言えないにせよ、不信任を示された意味あいが強かった。さすがに田中は口を開こうとせずに、報道陣との接触を避けての日々を過ごすことになった。八月に入ってから少しずつ記者団との取材や会見にも応じていったが、繰り言ともいうべき言を発するだけだった。前述の小林著からの引用になるが、新聞記者に話すうちに苛立たしさも覚えたのか、その言は激しくなっていった。

「新聞はウソを書いて自分の首を締めるなッ」「（過去二年間の田中政治をふり返って）これまでは国会と選挙に明けくれて、人の意見をじっくりと拝聴する機会がなかったが、残された一年間は大いに建設的な意見をうかがうつもりだ」「（狂乱物価について）キミたちばかりが庶民じゃないんだ。ぼくは裸一貫で土方までしたんだ。人生の辛酸はイヤというほどなめているし、だれよりも知っている」

自らの選挙手法について「金権選挙」とか「企業ぐるみ選挙」と語られることにもとくべつに弁解せず、企業ぐるみ選挙がなぜ悪いのかと開き直ってさえいた。閣内にいる福田や三木からの金権選挙批判にも、要は選挙に勝てばすべてがうまくいくと楽観していたようであった。

三木、福田の辞任で揺らぐ足元

だが、事態はそうはならなかった。さすがに田中の手法に対する批判が公然と表にでてきたのである。三木（副総理）は、田中政治に距離を置きたいと選挙の五日後には辞表を提出したのだ。三木は、そこで田中と次のやりとりをしたという。これは田中の側からの発表である。（中野士朗『田中政権・八八六日』からの引用）

三木　戦前、戦中、戦後をつうじて、いまの閣僚で国会に議席を持っているのは私一人である。今回の参議院選挙の結果を見て、私は国民の考えと、政治のあり方についていろいろと考えてみた。かつて池田内閣時代、私は党の近代化について答申を出したが、何もなされないまま今日に至っている。この答申には、党体質の近代化、政党の近代化が含まれている。

田中　キミのいうことはわかる。それはさらに党の方でやってもらってはどうか。

三木は、自分で自由に動きたいと言い、田中はそれを閣僚をやめて行動したいということかと尋ねている。三木がそうだとうなずくと、田中は「では慰留はしない」と応じている。

閣議では、副総理の椅子はここにいることを潔しとしないために空席になっていると告げたという。田中が信頼を寄せている元官房副長官の後藤田正晴は三木と同じ選挙区だが、三木はなにかと後藤田を押さえつけようとする態度をとっていた。田中はそのことにも反感をもっていたのだが、その三木は福田と連携すると予想していたから、田中にとって新たな「政敵」となった。

実際に、福田も三木が辞表を提出して四日後に閣僚のポストから離れていった。さらに福田系の保利も辞表を出して行管庁長官のポストから離れていくことになった。三人もの閣僚がほぼ同時に辞表を提出するという事態に田中内閣の足元はぐらつき始めた。

田中は三木と福田らに抗するように、党三役の交代と内閣改造を行った。つけいる隙は見せないとの意気ごみがあった。蔵相には大平を、外相には木村俊夫、行管庁長官には細田吉蔵が座った。木村も細田も田中派ではなかったが、田中にすれば自らの人脈に数えている人物であった。伊藤昌哉はこの改造内閣時に、田中のもとには佐藤栄作と岸信介のふたりから、「福田を幹事長に据えよ。そうすれば田中内閣は続くだろう」との圧力がかかったとのエピソードを紹介している。田中はその圧力に迷ったが、つまりは自分の思うとおりの内閣に仕立てあげたというのであった。

だが、そういうふたりの動きも党内へはまったく広がらなかった。むしろ田中は、三木と福田を閣外に追いだすことで、党内での勢力を固めることになったのだ。三木や福田は自派の会合などで、「田中政治は国民からあまりにも遊離しすぎている。謙虚さに欠けている」と批判しても、田中はとくにたじろぐことはなかった。参議院選の勝利とも、しかし完全に敗れたともいえない状況にしばらくは憂うつだったが、少しずつ田中の顔も生気を取り戻していった。

昭和四十九年秋の政治的テーマとしては、それこそ今は停滞している日本列島改造構想を根本から立て直そうとの意気込みさえもっていた。そのためには、自らの意を受けて動く人物を側近に据えておきたいと考えていた。しかし、そういう思惑はまったく意外なところから崩壊することになった。

立花隆・児玉隆也レポートの激震

月刊『文藝春秋』の発売日は毎月十日である。昭和四十九年十一月号が店頭に並んだのは十月十日からであった。表紙には大きく「田中角栄研究——その金脈と人脈」「淋しき越山会の女王」とあり、前者は田中角栄が一土建業者から出発して自らの企業をふやす一方での、土地ころがしなどでの資金づくりの実態を克明に追いかけたものだった。田中の資産についても、許される範囲であらゆる資料や記録文書を集めて批判を行っていた。ここに紹介された内容はたしかに新聞記事でこれまでも単発的にとりあげられたことはあるが、こうしてまとまってみると、田中の資金づくりはまさに法の網の目をくぐりぬけての巧妙な方法であり、もともと節税とか脱税というのにはそれほどこだわっていないのではないか、ということが明らかになった。

越山会の女王とは、すでに触れたが田中の秘書兼金庫番とされていた佐藤昭だった。彼女は、政治的な隠れみのに利用できるほど有能な女性でもあった。その実像がルポライターの児玉隆也の筆によって暴かれたのだ。田中金脈研究は、やはりジャーナリストの立花隆の筆になるのだが、改めてこうして時間を置いてみるとこの二本の論文、あるいはレポートが田中首相を退陣に追い込んでいったことが、よくわかる。まさにペンは剣よりも強し、という光景が演じられたのである。

月刊『文藝春秋』の十一月号は、たちまちのうちに書店から消えていった。月刊誌が刷り増しされることはあまり例がなかったのだが、この号は珍しく刷り増しを行っている。

この月刊誌について、自民党の総務会でも「この記事は本当か。きわめて遺憾な内容である。田中首相はなんらかの手を打つべきである」の論も起こった。これに対して田中をもっとも強力に支えている幹事長の橋本登美三郎が「ここにとりあげている記事はいずれも総裁就任以前であり、さして問題にならない」と軽く受け流した。確かにそれが田中の受け止め方でもあった。不必要に弁明したり、反論したりすると、それ自体が利用されてしまうというのである。

両レポートが田中を追いつめたのだが、このレポートによって浮かびあがる田中像は二つの影をもっていることがわかった。ひとつは庶民宰相というが、その私的財産は庶民どころか、膨大な不動産や大量の株を所有していて、およそ庶民感覚からかけ離れた政治家であるということだった。しかもその資産運用法はもっとも単純なかたちでの錬金術で、要は土地転がしによって蓄財していたことが明らかになった。そしてもうひとつは、田中の私生活においての女性関係などがあきらかになったことだった。とくにその女性が田中の陰にあって、資金面を差配しているという異常さであった。

これらの二つに共通することとして、田中は政治家という立場で立法府にいることをいいことに、法律そのものを自らに都合のよいかたちでつくりあげていたことだった。

確かに国民の不信に正直に応えたレポートであった。自らもこの企画に加わっていた塩田潮は、その著（『田中角栄失脚』）でこの記事がつくられたプロセスを丹念に検証しているが、立花が集められた資料をもとに分析すると、田中には「政治家」「実業家」「資産家」「虚業家」の四つの顔があることに気づいたと塩田書にはある。その四つの顔には、徹底したエゴイストの側面が窺えるというのであった。

田中のつまずきは十月十二日昼に東京・丸の内の外国人記者クラブでの講演とそれにつづいての記者たちの質問によって始まった。記者たちは口調鋭く、「文春の記事を正しいと認めるか」「財産を公開しないのか」「税の申告は正しかったとするなら、その裏ガネはどのようにつくられるのか」と迫っている。これに対して、田中は必死に弁明している（前述の中野書からの引用）。
「田中は、①個人の経済活動と政治活動が混交して論じられるのは納得できない②私の所得申告は、間違いないように税務署にすべて調査してもらい、納税してきた③アメリカのように、政治家が財産を公表するのは一つの方法だが、日本では当面、いまのやり方が妥当だと思う——などと必死に弁明したが、しょせん水かけ論で納得をうることはできなかった」

田中はこのときを境に窮地に追いこまれていった。自民党内にも辞任を求める声が少しずつ広がっていった。社会党や共産党は、田中金脈追及のプロジェクトチームをつくり、本格的にその内実を調査し始めた。当時の新聞を見ると、十月下旬になると、田中金脈を糾弾《きゅうだん》する声は大きくなり、田中解任の方向が具体的に論じられてもいる。しかし田中自身は、内閣をさらに改造してでも、あるいは臨時国会でどのような質問を受けようとも、とにかくのりきることに政治生命を賭けていた。

だが大平でさえ、「田中は辞めるしかないだろう。（国会での）田中のあと始末は自分がやる以外にない」と伊藤昌哉に洩らしていたのである。

それでも田中はかねてからの予定どおり、ニュージーランド、オーストラリア、ビルマ（現・ミャンマー）を訪問し、日本に戻ってからも内閣改造を行った。十三人の新たな閣僚をむかえいれて、とにかく中央突破を試みた。加えて十一月十八日にフォード大統領が来日することになっていて、田中はこの出迎えにも気をつかっていた。なぜなら現職のアメリカ大統領が来日するのは初めてのことで、田中にとっては名誉なことでもあった。しかし、そのフォード大統領が二十二日に日本を離れると政局は一気に田中辞任へと動いた。

このころ田中については奇妙な噂が流れている。田中は心身ともに状態が悪く、とくに心理状態が最悪だったというのだ。大平の側にあって田中の動静を耳にいれていた伊藤昌哉からの直話なのだが、田中はこのときも顔面神経マヒを起こしていたとか、総理として執務をとるのも面倒になっていたとか、さらにフォード大統領の晩餐会では、常識外れの挨拶をしたとの噂もあった。田中自身、疲労の極にあったということにもなるだろう。参議院の決算委員会に田中の身内の者が参考人として呼ばれ、証言を求める動きもあったというのだ。それも心痛になっていた。

竹下登が読みあげた「退陣表明」

十一月二十六日、田中は竹下官房長官を通じて公式に退陣表明の意思を示した。「私の決意」と題して竹下が読みあげた文章は八百字ほどの内容である。

「政権を担当して以来、二年四ヵ月余、私は決断と実行を肝に銘じ、日本の平和と安全、国民生活の安定と向上のため、全力投球を続けてまいりました。しかるところ、最近における政局の混迷が、少なからず私個人にかかわる問題に端を発していることについて、私は国政の最高責任者として、政治的、道義的責任を痛感しております。

一人の人間として考えるとき、私は裸一貫で郷里を発《た》って以来、一日も休むことなく、ただ真面目に働き続けてまいりました。顧みまして、いささかの感慨もあります。しかし、私個人の問題で、かりそめにも世間の誤解を招いたことは、公人として、不明、不徳のいたすところであり、耐えがたい痛苦を覚えるのであります。私は、いずれ真実を明らかにして、国民の理解を得てまいりたいと考えております。（略）

わが国の前途に想いをめぐらすとき、私は一夜、沛然《はいぜん》として大地を打つ豪雨に心耳を澄ます思いであります。（略）私も政治家の一人として、国家、国民のため、さらに一層の献身をいたす決意であります」

この原稿は秘書の早坂茂三が書いたことが、のちに明らかになった。

田中は、このときにいちどは身を退いても、これですべてをあきらめたわけではなかった。まだ五十六歳である。秘書の佐藤昭に、「ここは一度退くが、もう一回、総理をやる。このままおめおめと引き下がれない」と打ち明けている（前出の塩田書）。実際に田中周辺では、いずれ田中は再起するだろう、今回はたまたま身体の調子も悪いうえにマスコミのターゲットにされたにすぎないのだからと、状況を楽観視する者もまた多かったのである。

立花隆がその後にこの金脈研究をさらに補完するかたちで、『田中角栄研究全記録（上・下）』（昭和五十一年十月）を刊行している。このなかで立花は、田中側から意図的に流されたと思われるデマに、「あれは反主流派が（文春に）資料を提供したのだ」「（田中側は説明資料を集めようと）プロジェクト・チームを作って、大々的な調査をやってみたが、さっぱり資料が集まらない。（だから文春も）あれだけの資料が集められるはずはない」といったものがあるとしたうえで、「そんなデタラメをいう人間を絞め殺してやりたい」と書いている。

昭和という時代に、内閣が直接、間接にせよペンの力で倒れたのは初めてのことである。むろん新聞が退陣を促すことで身を退いた首相もないわけではないが、これほど明確にその金脈が暴かれて倒閣というケースはなかった。それも当時はまだ無名と言っていい一ジャーナリストの筆で倒されたのだから、昭和史、いや近代日本史のなかでも特筆されることであった。立花はこの書の「まえがき」で巧みな比喩を用いている。

「たしかに、『文藝春秋』十一月号の「田中角栄研究」の与えたインパクトは大きかった。しかし、そのインパクトの大きさは、その論文プロパーの持つ力ではなかった。背中に荷物を目いっぱいに積んでようやく立っているロバの背に、ワラをもう一本のせただけで、ロバがひっくりかえることがある。私はただ、最後の一本のワラをのせる栄誉をになっただけにすぎない」

田中に対する国民の期待は、辞任直前の世論調査で見ると、支持率が一二％になっていることでもわかるように極端なまでに落ちていた。この一二％というのは戦後最低の数字だった。逆に支持しないも六九％になり、これは歴代内閣での最高に達していた。今太閤と賞賛されたその身が今は幻滅の対象となった。月並みな表現をすれば、栄光の後にはあまりにも悲惨な現実が待ち受けていたのである。新聞の中には、「二年四カ月余の〝セカセカ政治〟田中政権が庶民にのこしたものはなんだったのか――」と題して、諸物価の値上げを報じるものもあった。

それによれば、土地譲渡価格は「47年の八兆七千百億円から48年は十五兆七百億円となった」とあるし、全国消費者物価指数は「46年を100とすると、47年7月に110・7に、49年9月には159・2」になったという。勤労者の実質賃金指数は、「45年を100とすると、48年9月に97・8、49年2月には88・3」にまで落ちこんだ。

田中内閣になって庶民の生活はかなり厳しくなったのである。日本社会が住みづらくなったというのが庶民の本音でもあった。

機関紙『越山』に記した本音

田中政治とは何であったのか。しかし昭和五十年段階ではまだ判然としていなかった。田中もまた表だっての政治活動を控える分、家にとじこもっていることが多かった。田中派は田中が首相を去ったあとは自然に解体すると予想されていたが、実際はそうではなかった。辞任直後の田中派は衆議院議員が四十六人、参議院議員は四十四人、合わせて九十人もいる大所帯だったから、なかには田中を見限る者がいても当然だというのが、政界での見方であった。だが、そうではなかったのだ。むしろ、新しく田中派に入ってくる者さえいた。

なぜ、これほどの力をもっていたのか。政治資金は田中派の幹部が集めてきて、若手代議士に配布したり、あるいは官僚への陳情を取り次いだり、選挙応援で助け合ったり、とにかく田中派に入っていれば自らの政治力が増すことは事実であった。しかも田中復権の芽が消えたわけではないとして、田中の威光にすがりついていたのである。

昭和五十年一月の越山会機関紙『越山』に、田中は新年の挨拶を寄稿したのだが、「私個人の問題で世間の誤解を招き」と金脈問題にはさりげなくふれたあとに、「今後、私はなによりもまず、裸一貫で郷里を発って以来、一日も休むことなく、ただひたすらに働き続けてきた四十年間の整理を行うとともに、心身の健康保持に力を尽くします。同時に、二年五ヵ月余の総理在任中に国民のみなさんから寄せられた期待、不満、批判を十分整理し、分析し、自由の身となったこれからは、国民のみなさんのなかに分け入り、ともに語り、ともに悩み、ともに考えていきたいと思っております」――と記している。

こうした挨拶を見る限り、田中は支持者に対して、まったく自省の姿勢を見せてはいなかった。自分ほど努力してきた者はいない、裸一貫でここまで上りつめたのにこれほどのことで潰されてたまるかというのが、その本音であった。

田中の後任は、自民党の長老、椎名悦三郎の調停によって、三木、中曽根、大平、福田との個別会談を経て、三木が後継首相に選ばれていた。田中と大平は公選を密かに画策していたのだが、結局、田中、大平を支援するグループも最終的に椎名裁定を受けいれた。そこには田中の金権政治を三木が払拭する、いわばクリーンというイメージによって自民党の再生を促そうとの意味もあった。

田中は好むと好まざるとにかかわらず、そのイメージに傷がつくことになったのである。

世間も田中には冷たい空気があった。伊藤昌哉は、昭和五十年も終わりになると、〝田中に近い筋〟から「田中角栄はすっかりやる気を失ってしまい『四〇名程度の同志を守ればいい』という心境だ」と聞いた。田中は側近たちに弱音を吐いていたのだ。

「ピーナツ」で始まったロッキード事件

昭和五十一年（一九七六）二月四日に、ワシントンからあるニュースが飛びこんできた。アメリカ上院での多国籍企業小委員会（チャーチ委員会）で、日本人の名前が次々と明らかになっていったというのだ。立花隆の『田中角栄研究全記録（下）』が要領よくまとめているのだが、次のような人名だったという。

「児玉誉士夫が、ロッキード社の〝秘密代理人〟であったこと、ロッキード社のワイロが児玉と丸紅の手を通じて日本の政府高官の手に流れたこと。それによってトライスターの日本への導入が決定されたらしいこと。ヒロシ・イトーなる人物がサインした、『ピーナツ百個受領しました』という奇怪な暗号領収書があること。ID社という得体のしれない会社が金の流れに介在していること。児玉と丸紅を通じて流れた黒い資金は、三十億円にものぼることなどが（公聴会で）一挙にバクロされた。児玉領収書、ピーナツ領収書などの資料も写真入りで報道された」

いわばこれがロッキード事件の始まりである。この公聴会では、ロッキード社の副社長であるコーチャンが証言したのだが、この証言ではさらに小佐野賢治がロッキード社の売り込みに中心的な役割を果たしていたこと、さらに丸紅の大久保専務や桧山会長らが政府高官へ賄賂を贈るよう示唆したことも明らかにされた。ロッキード社のトライスターや次期対潜哨戒機などの売りこみにあたっては、日本の商社と右翼の大物、実業家などのルートを使って、商戦を制していることが明らかになった。

このロッキード事件の構図は、ある意味では実に単純であった。アメリカのロッキード社が、日本に売りこみをかける際に、日本の有力者に賄賂を渡して便宜をはかってもらったという構図である。だがこの構図は、折からの日本では「田中金脈」にかかわりをもつのではないか、つまり田中首相自身がロッキード社の代理人から賄賂をもらっているのではないかとの疑惑とあっさりと結びついた。

コーチャン証言にある「政府高官」とは田中前首相なのではないかと誰もが考えた。実際に社会党議員はすかさず衆議院予算委員会で、「これは田中金脈の一環である」と断定気味に質問をしたし、とくに田中が自分と親しいと認めていた小佐野賢治の名が明らかになってからは、ますます田中その人が巨額の賄賂を受け取っていたとの理解が日本国内に広まった。

もともとこのチャーチ委員会は、ニクソン前大統領の政治資金が不透明であることを明らかにするために開かれたのだ。ニクソン大統領が、ロッキード社から不正な資金を得ていたのではないかとの疑念がもとになっていた。したがって日本側でも、ニクソン米大統領とホノルルで就任直後に会談を行った田中が、ニクソンからトライスターの売りこみを受けたのではないかとの疑いも生まれた。

とくに二月七日の公聴会でコーチャンは、児玉誉士夫と小佐野に多額のカネを払って、日本の政治事情がわかったといい、次のように証言したのである。

「児玉氏に小佐野氏を紹介してもらったおかげで日本のことがよくわかるようになり、非常に役立った。彼は非常に影響力のある人物で日本のエスタブリッシュメント、政財界の人脈によく通じていると思った。米国人ではこういうグループになかなか入りこめない」

小佐野の人脈といえば、田中角栄しかいないのも自明のことだった。田中自身、「刎《ふん》頸《けい》の友」と語っていたのである。

事件進展の三要点

ロッキード事件の年表を作成して、日本でいかに問題になっていったかを見ていくと、すぐに次のことがわかる。あえて箇条書きにすれば以下のようになるだろう。

㈠日本にチャーチ委員会の内実が伝わってくるや、日本側もすぐに贈賄は誰だったのか、あるいは収賄は？　そしてその代理人はと、たちまちのうちにその人名が洗いだされていった。

㈡三木首相がこのロッキード事件の解明に本腰を入れ、検察当局に積極的に調査するよう勧めただけでなく、政府としてもアメリカ側に資料の請求を行った。

㈢田中はロッキード社から収賄の疑いのある政府高官として当初から名前があがっていた。

この三点は世論そのものを形成する鍵にもなったのである。三点のうちの㈠について言えば、二月四日に日本に最初のニュースが入ってきてほぼ二週間後の十六日には衆議院予算委員会で証人喚問が行われ、小佐野賢治や全日空社長の若狭得治《とくじ》、それに全日空役員の渡辺尚次《なおじ》、そして十七日に贈賄側の丸紅の桧山広《ひろ》会長、松尾泰一郎社長、それに大久保利春《としはる》、伊藤宏《ひろし》の両専務が証言している。そして三月一日には、第二次証人喚問が行われて、大庭哲夫全日空前社長、鬼俊良ロッキード社日本支社支配人、そして若狭、大久保、伊藤は再喚問が行われている。

こうした喚問によって、事件の枠組みはしだいに明らかになってきたのだが、むろんこのような急速な進展は三木首相の執念ともいうべき、「なんとしてもロッキード事件の全容を明らかにする」との姿勢によった。自民党の中には、三木に対する反発もあったが、三木や法相の稲葉修《おさむ》は、田中と距離を置く政治家でもあったから、その進展をさらに加速させる役割を担ったのである。

証人喚問はテレビでも中継されたし、政治家の資質を問うという点では、国民的な関心事となっていった。ロッキード事件の構造は単に一政治家である田中角栄の金脈事件というレベルではなく、アメリカと日本の産業、経済、社会、そして政治をも巻きこんだ「黒いメカニズム」(立花隆の表現)が明るみにひきずりだされてくるほどの意味をもった。

本書ではロッキード事件に関しては、田中ルート、あるいは田中関連の局面を抽出して見ていくことにするが、田中は当初この事件についてとくに抗弁するでもなく、口を開いて弁明するでもなかった。側近には、自分は関わりはないので心配しないでもいいとの言を吐くことはあったにせよ、それも根拠を挙げてのことではなかった。

三木は、徹底した捜査を行うというので、検察庁、警察庁、さらには国税庁も加わっての首脳会議が開かれた。彼らにとっては三木の後押しがなにより心強かったのである。とくにこれら三局面から政治家、財界人、さらにはアメリカ側の代理人などの捜査を始めたのだが、結局、脱税、外国為替管理法違反、それに贈収賄罪に絞っての捜査が中心になった。実際に近代日本でも初めてという三庁合同での家宅捜査が行われ、丸紅本社、児玉宅、ロッキード日本支社を始めこれまで名前の挙がっている人物の関連施設が次々に調べられた。帳簿類は押収され、賄賂がどのように動いたかが洗われることになった。

三木首相との熾烈な攻防戦

三木首相は、当時の新聞報道を見る限りでは、フォード大統領に親書を送って、アメリカ側の資料を入手したい旨伝えたりもしている。さすがに、これにはアメリカ側も難色を示し、日本に送られることはなかった。しかし三木のこうした姿勢は、日本の捜査当局を刺激したし、とにかく調べつくそうとの意気ごみを生んだ。それは結局は、田中にまで捜査の手が及んでもいい、それこそが「政党の近代化」につながる、との信念が三木のなかに生まれていたからだろう。あるいはロッキード事件の全貌を明かすことで、自分はのちの歴史でプラスのイメージで語られるだろうという思惑もあったのだろう。自らを歴史の中に位置づけ、それをもって充足感を味わおうとしたのではないかとも思われるのだ。

田中は、自らの政治的危機を自らの手法でやりすごそうとしていた。だが、それは甘いと言うべきだった。

三月二十四日のことだが、この事件に関して日米間で捜査協力を行うための司法共助協定が結ばれた。それをもとにアメリカ側から入手した文書や記録には、丸紅ルートの五億円の受け取り人の名は「田中」であると明記されていた。この文書の入手が四月十日であった。この辺りの事情は未だ不透明だが、司法共助協定が結ばれた以後の田中の動きは、いかにも政治力でこれをくつがえしてやろうとの思惑に満ちていた。

田中は、四月二日の田中派（七日会）の臨時総会で「所感」と題する弁明を発表している。この会合は田中派の若手議員の集まりだったのだが、改めて自分は潔白であるとくり返したのである。この所感は十項目から成りたっていて、そこには田中の本音と建前が巧みに入り交じっていた。田中は、三木の「戦い」を知り、それに抗するのにまずは本音と建前を使い分けることになったのである。この十項の中で田中は、いま、政治は混迷の時にあるのだから停滞させるようなことがあってはならないと言い、とくに「いま、なすべきことは五十一年度予算案、および関係法案を一日も早く成立させるため、全力を傾けること」と強調し、そのためには挙党態勢こそが必要だと訴えた。

ロッキード事件もいずれは解決されるだろうと述べたあとに、第五項で次のように語っている。この一文自体、当たり前といえば当たり前であり、田中はこうした正論、あるいは原則論の中に逃げこむ以外に方法はなかったのである。

「五．ロッキード問題に関連して私のことがいろいろ取りざたされ、各位にもすくなからず迷惑をかけていることと思います。私が今日まで発言に慎重であったのは、一党の総裁、とくに一国の代表として公的な立場にあった者は、その職を離れてからも言動に慎重を期さなければならないと判断していたからであります。（略）しかし今日の状況からみて、私がこれまでの状態を続けることは、私自身、政治家としての責任を果たす上で障害になるばかりでなく、各位の今後の政治活動に影響を及ぼしかねないと考えるにいたりました。したがって、このさい若干の発言をしたいと思います」

そのうえで田中は、昭和四十七年八月のホノルル会談で、ニクソンとの間には「互いに一国を代表する首脳会談の席で一民間航空会社の問題が論議されるなどあり得るはずもなく」、小佐野とは公私のけじめをつけたつきあいであり、児玉誉士夫とは公私いずれでもつきあいはないと述べた。自分に対する噂やデマが出回るのははなはだ不本意であり、真実はいずれ明らかになるとしている。さらに、自分の資産形成については公正な第三者の目で確認作業を行い、結果が明らかになれば「世の指摘に応え得る」とつけ加えた。

こうした弁の中には具体的な例証もなく、いわば単なる弁明にすぎなかったとして、世論は好意的ではなかった。実際に三木は、翌三日に田中に挑戦するかのように、たとえ政府高官が不起訴になっても灰色高官の名は公表すると脅したのである。この事実は何を物語るのだろうか。田中はこの四月二日、三日の動きを通してある決断を行ったのではないかと想像される。

このことは立花隆の『田中角栄研究全記録（下）』でも明らかにされているが、「ともかく、こうなってみると、田中としては、〝ロッキード逃れ〟のためには、政治権力をにぎるほかに道がなくなったわけである。三木に政権をにぎらせておけば、少なくとも灰色高官として公表され、下手をすれば、自分が捕まるかもしれない。三木を引きずり落として自分のコントロールがきく政権を作れば、捕まりもしなければ、氏名公表もしない」という指摘に通じている。私もこの指摘と同様に思っているが、それは田中が三木を追い落とし、自らの意の通じる人物を首相に据えること以外にないということだった。

このころの言葉で言うならキングメーカーということだが、昭和史になぞらえて言うならまさに田中が「元老」になることだった。かつての元老西園寺公望《きんもち》が首班者を選び、それをもとに天皇が大命降下を行うという手法がもっとも田中の理想の姿であった。そうなるには、この期であればとにかく数の力に頼ることであった。自民党の中に自らの派閥を拡大させ、その数の力をもって自民党政治を動かす以外になかった。田中はそのことを選択すると決めたのが、この四月二日と三日の動きであったろう。

死命を制する「コーチャン嘱託尋問」

四月十日にアメリカから、コーチャン証言を含むチャーチ委員会の膨大な文書が届いた。新聞報道によれば、それは三千頁に及んだという。検察側スタッフはこの日以後、徹底して資料の解読に努めた。当時の新聞に目を通すと、庁舎には夜どおし電気がついていて、検察側はこの資料とともに一日の時間が過ぎるようだと書いている。同時に、スタッフたちは事件の概要に今一歩正確につかめないもどかしさを感じていたのに、資料を読むとしだいに喜色にかわっていったともあり、ロッキード事件のターゲットが田中前首相であり、それがコーチャン証言にははっきりと書かれてあるというのであった。

だがこの後の検察の動きを見ると、コーチャン証言には欠けている部分があり、それを補完しないと〈田中逮捕〉などとうてい無理だということになったようだ。

コーチャンに贈賄の意思とその経緯を明確に証言してもらうために、検察側はアメリカ側にコーチャンやクラッターなどの尋問を希望したが、三木首相はすぐにこれに応じてアメリカの司法当局に日本にかわって尋問してほしいと依頼している。むろんこの嘱託尋問には、コーチャンの罪は日本では問わないとの条件が必要であった。このような日米の司法当局の手続き上の調整が五月、六月とつづいた。もとよりコーチャンらロッキード社側はこうした尋問に応じるつもりはなく、そこに法的な強制力をどのようにもたせるかの戦いであった。

結局、アメリカの連邦最高裁が、コーチャン側の尋問拒否を認めず、ロッキード社側もこれに応じなければならなかった。ロスアンゼルス地裁でこの嘱託尋問が始まったのは六月二十六日である。むろんコーチャンは、尋問に応ずるかわりに自らを免責するように要求しての証言であった。

つけ加えれば、このコーチャン証言の前後から、検察当局は丸紅の桧山、大久保、伊藤らの幹部や、児玉関係ではその秘書らの逮捕を続けている。関係者の逮捕が続く中で、政界での灰色高官は誰かとの声が高まり、国会内にも異様な空気が流れた。このころに田中は、三木を降ろして別な内閣をつくり、指揮権発動をもって事件にフタをしようとの動きを示していたとの報道もあった。とくに、三木を裁定した椎名悦三郎を動かしての工作を続けていたというのだ。それが四月三日からコーチャン証言が行われるまで続いた。

田中は地元の有権者をなだめるために、四月二十三日には故郷の新潟県の西山町に帰り、「二年ぶりに帰ってきました。みなさんとお会いできて、ほんとに幸福であります。私はね、百姓の子だから、（東京での）緊張に対する訓練ができておらんかった。軍隊のときはちゃんとしていたけどね」と言いつつ、「みなさん、しかし今は不況だ。どのくらい不況かというと、昭和四、五年と同じ。私は、石油パニックの一番ひどいときに、総理の座にあったんだ。（略）一番高いところへ上がれといわれて上がってみるとなんやかんやといわれる、かなわん。みなさん、私はね、もう総理大臣になりたいとか、知事になりたいとかの気持ちはまったくありません」と発言している。

故郷に戻ったときがもっとも気が休まったのだろう。さすがに以前よりは一歩退いた言い方を続けていた。

七月二十四日、日本の最高裁はコーチャンらの嘱託尋問の刑事免責を発表した。異例ともいうべき宣明書である。日本において不起訴にするという宣明であった。すでにこの段階では、丸紅ルートでは大久保専務が、社長の桧山とともに田中へ五億円をわたすことにして、そのために昭和四十七年の夏（つまり田中が総理大臣になったころ）に田中邸を訪ねて確認していると大久保自身が告白していた。その大久保の証言で桧山も逮捕されたのだが、桧山が田中に、全日空にロッキード社の飛行機を買ってもらいたい、総理からも関係閣僚に働きかけてもらいたいと申し出たことも明らかになっている。田中は「よっしゃ、よっしゃ」と応じたとの桧山証言も得ていた。

五億円は伊藤専務が窓口になって何回かに分け、田中の秘書・榎本《えのもと》敏夫に渡したという自供も得ていた。田中には、こうして検察側も辿りついていたのである。

このような経緯を改めてふり返ってみると、田中は単に三木だけでなく、あるいは法相の稲葉だけではなく、政界の中に多くの敵をもっていたことがわかる。同時に司法権力が三木と一体になるかたちで、この前首相の金権体質に徹底して掣肘《せいちゅう》を加えようとしていたことがわかる。もし実際に田中が三木を辞めさせて親田中内閣をつくっていたなら、あるいは一連の事件はすべて闇に葬り去られたかもしれない。そのことを思うと、田中は自らの政治力を過信するあまり、国家の権力そのものすべてを手中に収めようとした戦いに敗れたとも言えた。

運命の日——元首相逮捕

昭和五十一年七月二十七日。東京地検特捜部は田中を逮捕した。

この日の朝、東京地検のロッキード事件捜査本部検事、松田昇と三人の部下が目白の田中邸を訪れたのは午前五時半で、田中に任意出頭を求め、東京地検での取り調べのあと午前八時五十分に「外為法違反」で逮捕に踏みきっている。その後は、身柄を東京拘置所に移しての取り調べになった。

この日に田中が逮捕されることは、誰も予想していなかった。政治家ルートへの東京地検の捜査が大詰めを迎えようとしているとは承知していたが、田中へは任意の取り調べはあるとしても、いきなり前首相を逮捕するとは予想しなかったのだ。この日の毎日新聞の朝刊は「『ピーナツ』時効に2週間　検察、重大決意へ」との大見出しに続き「高官逮捕は目前　五億円の流れ突き止める」と報じていた。固有名詞を避けた表現である。それでも政府高官の逮捕が最初に田中角栄であるとは、まだ誰もが予測していなかった。

夕刊では「田中前首相逮捕」が、すべての新聞に共通の大見出しだった。逮捕直後、各紙とも号外をだしている。朝日の号外を見てみると、田中は丸紅会長の桧山から五億円を受領してロッキード社のために便宜を図ったとの容疑にやがていきつくのだが、その道筋を想定しての紙面づくりをしている。

号外一面には、「腐敗の政治を暴露　田中派、資金源の裏面」とのタイトルで、次のような記事も掲載されている。この記事ではまさに田中は「落ちた偶像」と表現されているが、他のすべての報道記事もほとんどここに書かれているような内容だったと言える。

「国民のかなりの層がひそかに胸にしていた『あるいは』という予感が、『やっぱり』というタメ息に変わる日が来た。田中角栄前首相の身に東京地検の捜査の手がついに伸びた。首相の座を追われた『金脈事件』から二年、またまたさらけだされたどす黒い疑惑。かつての『庶民宰相』『今太閤』という栄光の称号から、『金権政治・利権政治の権化』といういまわしいレッテルへ。地に落ちた偶像と引きかえに国民が手にしたのが、腐敗した政治の現状に対する絶望感だけだったとしたら、まったくやり切れない」

こういう情緒的な記事が、田中逮捕にはつきまとっていた。同時にこれまで政界で語られていた田中にまつわる噂や風評、さらには悪口雑言まで次々に紹介されていった。こうした話はそれまで主に週刊誌が担当したのだが、その週刊誌も「田中逮捕」という大きなニュースによって、国民の関心事を「今太閤」から「犯罪宰相」という次元へと次々に引っぱっていくかたちになった。こうした噂のなかでももっとも有名なのは、故吉田首相が田中を評して語ったという「塀の上を歩いている」との言だった。各紙がその言葉を紹介することで、いかにも田中はそのような政治家なのだと妙に得心がいく空気もつくられていったのだ。

田中の逮捕によって、実はこの前首相は権力犯罪の中枢にいたとの見方も強調された。汚れた保守政治のその象徴ということにもなる。毎日新聞の七月二十七日（当日）の夕刊は、「腐敗放つ金権体質　粛党迫られる自民」との見出しのもと、田中哲学の「金こそ力」の信念が結果的に墓穴を掘ったとの見方も示された。

田中逮捕時の様子も各紙ともかなりくわしく載せている。これは検察側から多くの情報が流出したということだが、読売新聞の二十七日付夕刊の社会面には、「28年ぶり〝小菅の田中〟ノーネクタイぞうり」との見出しを掲げ、炭管汚職時の逮捕に続いて二回目の拘置所入りを揶揄《やゆ》するような記事もまた見られた。田中逮捕に備えて、報道機関などは二十八年も前の炭管汚職についても専門的に調べ、それが明らかにされたのだ。田中は確かに丸裸になった。

田中は東京地検に入ったときは、例によって片手を上げて「やあ」というようなポーズをとったが、さすがに自らの立場を意識したのか蒼ざめた表情になった。検事は「さっそくですが、田中さん……」と調べを始めたという。田中は「確かに金を受け取ったが」と答えたとあり、毎日新聞は二十七日の夕刊の中で、「(金を受けとったことは認め) 大物らしく事実を否認しなかった」と書いている。「それはどういう種類のお金ですか」と検事側が聞き、それに田中は無言を続けたのだという。このようなやりとりが一時間ほど続き、「ついに高橋検事正は『田中』と呼び捨て、逮捕状を突きつけた」と毎日は報じている。

逮捕状を突きつけられたとき、田中は「書きものをしたいので紙とペンを」と要求し、そこで自民党への離党届を書いたという。田中なりのけじめだったのだ。東京地検にむかう車中では、検事に「君は何年検事を続けているのかね」と尋ねたが、こんどは小菅拘置所に送られる段になると、「環境が変わるのでご健康に留意されて」と検事から声をかけられると、黙ってうなずいたというのだ。

こうして田中逮捕の日の様子を各紙で確認していくと、田中はやはり相応の人物であるというのが検事側にも理解できたようだった。卑屈になったり、居丈高になったりもしない。静かに事態に対応しようとしていることは、検事たちにも驚きを与えたようであった。田中はこの社会のからくりをすべて自らの手の内に収めているとの自負があったのだろうが、実際には逮捕されてみて、自らの権力構造が——それは自民党そのものに及んでいることはまちがいないにしても——この国そのものには及んでいないことを実感したのではなかったか。

逮捕の波紋と憎悪

田中逮捕の報に、政界は沈黙と困惑の中にあった。七月二十七日以後の報道は、田中逮捕により国会では他の政府高官はどのような状態になるのか、田中金脈への司法の立ち入りはどこまで進むのか、といった点に絞られたが、実際は田中の撒いた政治資金がロッキード社からの収賄などで得たカネであったらどうなるかなど、政治家たちのひそひそ話は続いたのである。

一方で田中逮捕は、事前に三木首相の耳に入っていたこともまちがいなく、三木は側近に「田中の黒白はいずれ明らかになる」と洩らしていたというし、二十七日以前には私邸にこもりきりで、二十七日からの政治的動きを予測し、対策を立てていたというのだ。加えて田中逮捕を機に、「今後は挙党一致で政治改革に取り組む」と明言し、三木の唱える政治改革は、田中つぶしであることを隠そうとしなかった。

田中と三木という、いわば戦後アプレ世代の田中と昭和十年代に入って独自の政治活動をしていた三木との間には、あまりにも大きな対立と相克の関係があったのだが、ロッキード事件を機に両者の間には政治的対立がより深まっていくことになった。田中は自民党の政治家たちの中でも、三木には徹底した嫌悪感をもっていたが、それは常に自らの考えだけで動く三木と表面上は似たところがあったからとも言えた。自らの逮捕をめぐって田中の側には、三木に対する嫌悪の感がしだいに高まっていったということだろう。

これは私が三木武夫夫人の睦子を取材した折に直接聞いたことなのだが、首相公邸に寝泊まりしていた三木夫妻を呼び出す、公邸の秘密の電話機（一般には番号は知られていない）のベルが、夜中になると頻繁に鳴ったという。でてみると、大半は三木批判であり、残りが三木への励ましだったという。三木もとばっちりを受けたと、夫人はくり返した。

田中逮捕をもっとも適確に分析したのは、ジャーナリストの立花隆であった。立花は金脈問題から田中を追いかけていたが、つまりは田中の政治、経済はある一点（それは身ぎれいなカネを使いこなせないとの意味に用いてもいいことになるのだが）に潔癖という異様さにもつながっていたというのだ。

財界や、あるいはそれぞれがもつ資金ルートを見ていくと、田中は領収の手口ではほとんど手の内を見せない。自らが自らの方法で政治資金を集めているがゆえに、政治家・田中は行政や経済、産業をすべて自己の政治資金を生むマシーンに変えていたというのであろう。

立花の次の指摘の中に、このころの田中角栄の真実の姿が見えてくる。

「ロッキード事件には、三つの金の流れがあった。児玉ルート、丸紅ルート、全日空ルートである。狭義のロッキード事件は、この三つの金の流れを解明して、不正な金の授受にたずさわった者を裁けば、決着がついたといえるかもしれない。しかし、いまやロッキード事件の三つの金の流れの延長上には、それぞれもう一つの事件がからみあいながら成立していることが判明した。それは黒幕・児玉事件であり、全日空疑獄事件であり、そしていま、田中金脈事件なのである」

田中という政治家はもともと土地転がしなどで得た資金を政治権力の拡大に回していた。そのために自らのもつ土地を高く買わせたり、名義だけの土地を己れのものにするためにときに第三者への転売を進めたり、とにかくきれいごとなどは一切口にしないで、政治をカネで動かし、政治によってカネを生みだしてきたことが、ロッキード事件にもそのままあらわれたにすぎなかった。

田中はロッキード事件によって現実に逮捕されたことで、自らの五十八年の軌跡を全否定されたかの如くに考えるに至った。田中が本格的な戦いに入っていった根源は、その全否定に対する苛立ちとそして怒りとであったろう。そのことによって、近代日本の政治風土に特異な形をつくりあげることになった。その特異な形は今に至るも継続されているのである。

弁護団が見た人物像

田中は、八月十六日に外為法違反と受託収賄罪で起訴された。もとより田中は拘置所と検察庁の間を行き来しつつも、いずれの罪も認めなかった。田中は逮捕されてからすぐに優秀な弁護士の一団を自らの側につけて対抗したが、そうした弁護士たちの助言もあったのだろう。検察側のつくりあげた犯罪の脚本の中に齟齬《そご》をきたしそうな点を幾つもさがしだし、論戦を挑むことになった。

弁護団は二十人近くで構成されたといわれるが、そのひとりであった木村喜助という検事出身の弁護士は田中の死によってこの裁判が実質的にも法的にも形骸化したあとに、

『田中角栄の真実（弁護人から見たロッキード事件）』（平成十二年）を著し、さらにその二年後には『田中角栄（消された真実）』を著している。田中は無罪ではないのか、という問いに対する答えをすべて示すことで、田中の無罪を信じている弁護士の目とはどのようなものかを明かしている。田中に対する全面的な肯定という立場から書かれているが、一部この書に依拠しながら田中の側に立ってみると意外な構図が見えてくる。

木村は八月十七日に、つまり前日に起訴されこの日に田中は保釈されるのだが、この出迎えに赴いたときが初めての出会いであった。田中は血色もよく、「今後一生のおつきあいをお願いします」と丁寧に挨拶したという。この弁護士は、田中の記憶力の良さや理解の早さ、知識の豊かさなどに魅せられていったというのだ。

この保釈後に、いわゆる弁護団が結成されたというが、団長は草鹿《くさか》浅之介《あさのすけ》（元大阪高検検事長）、主任は新関勝芳（元大阪高裁長官）、弁護士の原長栄で、ほかに七人の弁護士が選任された。田中は東京・平河町のイトーピアビルに事務所を構え、本来の政治活動に戻っているが、このビルには弁護団主任の原事務所があり、ロッキード裁判の打ち合わせはほぼ連日続いていたというのだ。

木村書の特徴は、弁護士たちとの打ち合わせで田中はどのようなことを話したのか、どういう内容で、どのような判断を示したのか、が中心に書かれていることだ。確かにこれを読むと田中は良識をもった近代人とのイメージがあるし、同時に日本の共同体でどういうタイプが成功者になるかを語ってもいる。

一例をこの書から抜きだしてみると、田中が弁護士から「先生の場合、選挙の時は自分の選挙区で何もしなくていいんでしょう」と尋ねられたときの答えが田中の人生をあらわしていることがわかる。つまり他人の気持ちを捉えるとはどういうことか、がわかるのだ。

「とんでもないですよ。選挙区で人に会って話を聞くことは一番大切なものです。それで一生懸命やります。投票日の一週間くらい前になると地面をはっているような感じで、どうでもいいから早く投票日が来ないかなあという気持ちになります。選挙区でどんな山の中でも入って行って、皆さんに挨拶して話をしますよ。そういう場合、お茶と漬物などがでますが、どんなにお腹がいっぱいでもごちそうになります」

次の家で同じような物がでても決して断らない、あそこで食べてこちらでは食べないということはもっともあってはならないことだと注意するのだそうだ。全員と必ず握手をする。女性の指輪でしめつけられたために腫れてしまい、タコもできる。それもがまんをしなければならない。街中で演説をしているときに、雨が降っていても傘をささない人が一人でもいれば自分も決してささないというのだ。こうまでしなければ、人の心をつかむことはできないと言う。

こうして、田中は選挙民のことをすべて知りつくしてしまう。それで票読みを行っても大体どれぐらいの票がでるか、比較的実数に近い読み方をするとも言うのだ。

ある弁護士が、官庁の課長以上の者の学歴とか家族関係などはすべて知っていると言われるが本当かと尋ねられたときの田中の答えは、自らの人生観につながっている。田中は次のように答えた。

「全部というと極端ですが、そういう人の出身校、略歴とか奥さんの出自、家族のことを知っていることは、その人に何か頼んで特定の仕事をしてもらうとき、異動させるようなときに必要なことです」

人を動かすコツ、人を巧みに使いこなす術、加えてさすがに弁護士は話題をむけてはいないが、カネを渡す、という事実の前には大体がヒレ伏すのではないだろうか。

六年九カ月に及ぶ法廷闘争はじまる

田中が逮捕されてから、第一審の東京地裁での判決（昭和五十八年十月十二日）までの間、田中は五十代後半から六十代半ばに当たるのだが、つまりは三つの局面で自らの人生を送ることになった。もしロッキード事件がなかったら、あるいは金脈追及がなかったなら、田中はこの国の大正世代を代表する有力な政治家として名を残すようなかたちになったであろう。しかし田中は、三つの局面で生きなければならなかった。次の三つである。

㈠無罪を勝ちとるための法廷闘争。

㈡自らの政治力を高めるための田中派拡充。

㈢プライドを守るための戦い。

さらに加えて、その政治資金の捻出を考えなければならないという新たな戦いも考えられていた。膨大な法廷対策費用、自派を拡大するための政治資金づくりは、むしろ田中にとってさらなる金脈をもたなければならないことにもなった。この第四の政治資金の捻出のために、依然として田中は土地転がしに類するようなことを行わなければならない宿命をもったのである。

㈠の法廷闘争は、昭和五十二年一月二十七日から始まり、第一審判決の昭和五十八年十月十二日まで六年と九ヵ月近く続いた。この公判は百九十一回に及んだ。この間、田中は検事側の起訴状を「まったくの虚構」であるとして終始一貫、否認し続けた。この丸紅ルートの裁判は社会でももっとも注目され、法廷は常に満員に近い状態であった。

しかも、検察側はこの裁判に自己の存在を賭けていた。丸紅ルートの検察側冒頭陳述書は四万字に及んでいた。その冒頭陳述は精緻をきわめていたが、「総理大臣の職務権限」を明らかにし、田中と丸紅側との関係を明確にし、丸紅側が田中に請託と贈賄の約束をしたことを強調していた。その後に田中は全日空側にロッキード社の意向を伝え、さらにニクソン大統領に頼まれていることを小佐野を通じても伝えたというのだ。全日空がトライスターに決定したことが正式に決まると、丸紅側から五億円が段ボールに入れられ、田中に届けられたというのがその趣旨であった。

検察側は起訴状の中で、この間の一部始終を詳細に述べている。この起訴状の中で重要な柱は、田中が現役の首相時に一民間会社の航空機導入に賄賂を受けとって積極的に関与したとの点にあり、それは日本の政治家とその周辺のいかがわしい人脈を浮きぼりにし、その構図を断ち切るとの意図をもっていた。いわば検察側からの社会糾弾という意味があったということになる。田中は私益のために国益さえも利用する、いわば「私あって公なし」というレッテルが張られたも同様であり、田中にすれば、この構図はなんとしても認めたくなかっただろう。認めた瞬間に、田中は宰相としての資格が失われることになるからだ。

田中は法廷の初日の朝、どのような食事をしてどのような表情で、東京・目白にある私邸を出たかなどの一切が新聞で報じられた。私邸を出る折には、「国民の皆さんへ」というメッセージを発表している。元首相が裁きの場に出ること自体、近代日本史のうえでは稀有のことだったのだから、田中にすればこの時代の国民に向けてというより、歴史上での弁を明確にしておきたかったのだろう。誰がつくった文案か、いや田中自身がまとめたのかもしれなかったが、そこには「国民の皆さんに、うっとうしい思いをさせて大変申し訳なく思っています」という一節もあった。「うっとうしい思い」などというあまりに平易な表現のなかに、田中の素顔が見えていた。

東京地裁は報道陣であふれ、傍聴席を求める人の波もこの期には異常なほどふくれあがっていた。田中は法廷に入っても、丸紅側の被告を見ようともしなかった。元首相の威厳を守ろうと、風格をただよわせることに専念していたのであろう。当時の報道では、田中のそういう態度を虚勢と見たり、あるいは元首相がどのような態度であれ、法廷に立つその姿に日本の政治状況の異様さを組み合わせたりすることにもっぱら意が注がれた。

第一回のこの法廷が、その後の法廷での動きを端的に示すことになったのだが、起訴状朗読は田中の場合、四百字詰め原稿用紙百枚あまりだから十五分近くを要した。その間、田中はメモをとっていた。内容は事前に示されているのだが、メモをとること自体に田中の苛立ちが示されていた。この朗読のあとに、弁護側が「求釈明」に入っている。周知のことだが、弁護側の求釈明について、検察側は釈明し、お互いにどの辺りを争点にするかについて肚《はら》のさぐりあいを行う。この駆け引きの中で、争点の方向が明確にされていくのであった。

弁護側と検察側のこのやりとりは、三十分もしないで終わった。それだけ双方が目ざす方向が明確で、あえて微調整など必要ではないということでもあった。

田中の「求釈明」については、前述の木村書がある程度説明している。それによると、弁護側は請託、全日空への働きかけ、総理大臣の職務権限など起訴状全般について、不明確である旨申し立てている。当然ながら、検事側は「起訴状に書いているとおり」と答えて、双方が真っ向から争うことを明確にすることになった。

そのあと弁護側は、田中の公訴棄却を求めた。そのことを、木村書は次のように述べている。

「本件受託収賄に関する起訴状に記載されている事実が真実であったとしても、民間会社が民間航空機を購入することにつき、いかなる意味においても、内閣総理大臣がこれに干渉する職務権限を有しないことは、憲法、内閣法、国家行政組織法に照らして明白であるから、公訴事実は罪にならない性質のものである」

一日目の午後に、田中自身が被告人陳述を行った。田中は陳述で、「外為法事件について、私は何のかかわりもありません。ロッキード社からいかなる名目にせよ、現金五億円を受領したことは絶対にありません」と明確に否定した。そのうえで、「丸紅の伊藤宏専務らから、ロッキード社のためにする支払いとして、私が現金を受領するなどということは、あり得べきことではありません。私がロッキード社から支払いを受ける理由も必要もなく、何を根拠としてそのような起訴をされたのか、全く理解できません」と正面から否定し、受託収賄については、「私は何のかかわりもありません。このような犯罪の容疑を受けたことは全く心外でなりません」とにべもなくはねつけた。

この間のやりとりから浮かびあがるのは、田中は自らの容疑を全面的に否定することによって、検察側に対して根本から身の証しを立てることになったということだ。当然なことだが、田中は自らの法廷闘争を有利に導くために国会を、あるいはそれぞれの内閣を自在に操ることが必要である。法務大臣のポストを常に田中派が握ろうとしていたのは、そのための不可欠な戦略であった。

前述したが、田中には三つの局面で生きたという折の㈡として挙げた、自らの政治力を肥大化させ、相応の実力者として閣僚人事に口を挟むことが必要であった。従って昭和五十年代には、田中はキングメーカーであらねばならず、自らの派閥である木曜クラブ（田中派）所属の議員を増やし、その影響力をもって政治を動かそうと考えるに至ったのだ。このことは日本の政治風土に著しい弊害を与えることになった。

田中が保釈されてから四カ月後の昭和五十一年十二月五日の総選挙は、一般にはロッキード選挙と言われた。任期満了に伴う総選挙で、田中は十月の段階で出馬することを表明していたが、もとよりそれはこの後に始まる一連の法廷闘争を意識してのことだった。

この選挙前に、自民党内では田中に与する勢力が三木降ろしに走り、党内を二分するかたちになっていた。しかしそれは、つまりは田中にふり回されての反三木運動にも一定の枠組みがあることが裏づけられただけだった。三木も嫌だが、田中では選挙は戦えないということでの党内を二分する戦いだったのである。自民党は三木と福田を前面に立てたかたちでの分裂選挙となったが、田中はそのいずれにも距離を置き、自らと自らの陣営を拡大するための選挙に没頭していたのである。

自民大敗でも新潟では圧勝

ロッキード事件の一方の主役である田中に全国での批判は厳しかったが、こと新潟三区では必ずしもそうではなかった。後援会組織の機関紙『越山』では、田中は自らはまったくこの事件とかかわりはない、これは冤罪であると断言していた。選挙民にとっては、その言葉が欲しかったのである。

自民党新潟県連は、自民党員ではない田中に対して、党員がその応援を行うことはまったく自由であるとして、ほぼ推薦に等しい立場をとることになった。新潟日報社発行の『ザ・越山会』には、このときの様子も描かれているのだが、その県議のひとりの証言が紹介されている。

「逮捕以来、会員から問い合わせが多く来た。地元筆頭秘書本間幸一の指示をあおぎ、会員にはシロを徹底してきた。私もそうだが会員の心の奥底には田中が今倒れたら、これまで続けられた地域開発は止まるのではないか、という不安感が強くあった。また、事件後、田中を訪れると、『オレが政界を去れば自民党は倒れる。そうなれば国民のためにならん』と何度も聞かされ、意を強くしていた」

た。田中のこうした強気な発言が、越山会の会員にはなによりも頼もしく思えたのであった。昭和三十五年以来、田中は自民党の指導部の一人として、全国各地を遊説に歩くことが多く、自らの選挙でも故郷へ帰ることはなかった。たしかに田中は、自民党の顔だったのだ。しかし、このロッキード選挙はそうではなかった。

そのころの写真を見ると、田中はレインコート姿で自らの選挙区のすみずみに入っての辻説法という名の運動をつづけている。とにかく自分は事件に関係はない、真相はいずれ明らかになるとの内容ばかりであった。それでも田中の姿に直接接した有権者のなかには、その演説に涙を流す者も多く、田中のもとにかけよっては励ます者もまた多かった。田中はまさに農村共同体でのヒーローという扱いだった。とはいえ田中の辻説法に、「ロッキードはどうした?」という野次もとんだという。前述の『ザ・越山会』によれば、田中は「何をいうか」と興奮して応酬したという。しかし、それはほとんど少数派の声であった。

選挙結果は、田中がトップ当選でその得票数は、十六万八千五百二十二票、これは予想をはるかに超えていた。二位の社会党の小林進が五万四千三百二票だったから、田中は単に圧勝したというだけでなく、あたかも田中の信任投票のような観さえあった。地元では「田中がみそぎを受けた」と評されたのも無理はなかった。越山会という強固な地盤は、田中の存在によって多くの既得権をもっていたが、それが確認されることにもなったのだ。

だが、自民党は記録的な大敗を喫した。結党以来初めて公認候補の当選者が衆議院総議席の過半数を割るという結果になった。このときの選挙から議員の総定員は四九一から五一一に増加されたにもかかわらず、自民党が獲得した議席は二四九議席（前回総選挙より二十二議席減）にすぎなかったのだ。無所属議員を加えて二六三議席となって過半数は超えることになった。共産党は四〇議席から再び減少に転じ、その数は十七議席にまでなった。

この結果を見た三木首相は退陣を決意したが、その決意の談話の中でも「ロッキード事件の徹底的究明、派閥抗争の一掃」などを強く訴えた。三木政権のあとは福田赳夫内閣が誕生したが、それはむしろ、この期に仕方なく貧乏くじを引かされたという表現もできた。実際に福田内閣は、ロッキード選挙の敗北のあとの体制たて直しの役割が中心であったが、こうした状況に福田自身もどのような施策を行うか迷ったほどだった。

田中の執念が生んだ日本の悲劇

田中と田中派は、福田内閣には積極的に距離を置くこともないと同時に、とくべつに協力態勢をとることもなかった。この選挙のほぼ一カ月あとに、田中の法廷が始まったのである。

田中にとって三木の退陣はさしあたり喜色たりうることだったが、逆に福田内閣に対しては警戒心は強かった。しかし、自らの派と盟友とされている大平と大平派によって、福田内閣に影響力をもとうというのが田中の当面の戦略であった。

前述のような田中派拡充は、法廷闘争がしだいに総理大臣の権限論争に及んでくるのに比例して激しくなった。単に内閣に影響を与えるだけではなく、とくに法務大臣には自らの意思を通すことが可能な人物を据えることを最大の目的にしていた。田中にとって、日本の将来や国策の進む方向などにはさしたる関心もなく、裁判をどのように進めていくかにすべての思考が集約されていた。この期の日本の悲劇は、まさにその点にあった。

前述した三点の中で、㈢のプライドを守るための戦い、という意味は、一言でいえば田中復権論の高まりを図るということに尽きた。田中は、自らの思うような内閣をつくる前にさまざまな手を用いて復権論を社会全体に広めるような試みをした節があった。この書の最初でも説明したが、裁判のプロセスで、いわゆる角栄本が数多く刊行された。多くは新聞記者が匿名で、田中の意を受けて、いわば田中に関心をもつ人たちに向けて記述されていた。

日本の政治が思うように動かないときに、やはり角栄のような大胆な行動力をもつ者が軸にならなければ日本はたちゆかないとの田中称賛の書が、結果的に田中のプライドを守ることを意味していたのである。田中はそのような活字でつくられていく自らのイメージを念入りにチェックする一方で、そのイメージを壊そうとするメディアには徹底して対抗している。権力によって人間像をつくり、その人間像をさしあたり自分の実像に仕立てあげるということであった。

戦後社会の強さと弱さを知る者

私は、田中のもっとも信頼する側近のひとりであった後藤田正晴に彼の評伝を書くためになんどか会ったのだが、「なぜあなたは田中角栄と行動をともにしていたのか」との私の問いに後藤田は、「田中さんという人はプライドの強い人だし、能力的にも優秀な人であった。あの人はロッキードでそのプライドがズタズタにされた。法廷上の事実については私は口を挟む立場にはないが、あの人にはそのプライドを守り、立て直すという執念があった」と答えた。私にとってはきわめて印象的な言であった。

この言をもとに考えたときに、田中はその法廷闘争も、それを有利にするための政治闘争も、そして自民党の内外で、自らのイメージを手直しさせるための動き自体の中にも、自己の復権という構想を考えていたのではなかったかということにゆきつくのだ。

このプライドの復権という語も、あるいは有罪を想定して、その場合でもとにかく手を打っておいて、その意味を薄くするという戦略をもっていたとも考えられる。この辺りの田中の基本的な考え方は今となっては誰もわからないし、歴史の中に眠ってしまったと言っていいかもしれない。

三つの局面に垣間見える田中の実像とは、戦後日本がつくりあげた大衆社会の中に自らの力をどれだけ刻みこむことができたか、という闘いを挑んだ政治家であると見ることができる。田中はこの戦後社会そのものの強さと弱さを誰よりも熟知して、自らのふるまいを、そして自らの戦略を慎重につくりあげていたことがわかってくる。その点で、田中は戦後社会を代弁している日本的指導者と言うことができる。

終章　田中政治の終焉とその残像

ロッキード裁判で有罪判決を受け東京地裁から出る玄関で、いつもの得意ポーズ。しかし、「闇将軍」の胸中は……（1983年10月12日）

キングメーカーという歪み

昭和五十年代の半ばには、田中角栄を闇将軍とかキングメーカーと評する声が大きくなっていた。実際に昭和五十三年十二月七日に誕生した大平内閣は、田中派の強力な支援を受けていた。このときの自民党総裁は党員による予備選挙での上位一位と二位が衆参両院議員の本選挙によって選ばれることになっていて、田中派は党員に働きかけ、支援する大平に五五万票を集めさせた。反して福田は四七万票で、予想を裏切るかたちで大平が選ばれている。福田は本選挙を辞退したのである。現実に、田中のもつ派閥の結集力と豊富な資金力で大平を選んだともいえる状態だった。

大平の参謀役であった伊藤昌哉はその著（『自民党戦国史』）の中で、田中はこのような選挙のときに巧妙な政治的な手を打っていると書いている。

福田に呼ばれて自分（福田）も改めて立候補することになったと告げられた折に、福田と大平が争うことで、「政局は田中角栄によって動く」ことになると直感したという。

伊藤の見方はこうだった。

「田中軍団（保阪注・田中派は今や軍団といわれていた）の計算によると福田派（二九万）、大平派（二四万）、田中派（二三万）の潜在力だという。いまの田中票が四分の一でもいい、大平に加われば第一回選で大平が当選します。田中派からは予備選に立つものがない。

だからこの票がキャスティング・ボートになるのです。新聞は何も気付いていません。だれが一位だとか二位だとかいって騒いでいますが、実際に投票してみたら〝ビックリ〟ということも起きる」

田中に決定権があるという状況下での総裁選挙なのだ。大平が勝つにせよ、福田が勝つにせよ、田中派の意向を無視することはできないのだ。

大平は各領袖の意向をとりいれて、もっとも派閥バランスのとれた内閣をつくった。つくりあげるのに田中が尽力したにせよ、大平の側近は田中派を重用できないでいた。それだけ、世論の反発もまた大きかったのである。

この第一次大平内閣では四十日間の派閥抗争もあって、総選挙となり、大平は選挙期間中に急死した。それ以後、鈴木善幸、中曽根康弘内閣と続くのだが、それらの成立はいずれも田中の威光によった。そのためにこうした内閣は、法務大臣に田中派の議員を据えたり、中曽根内閣などはその発足時に「田中曽根内閣」とからかわれたりもした。日本の議会政治は、昭和前期とはまったく異なるかたちで、きわめて変則的な歪みをもつに至った。自身の司法との闘いを有利にするために、田中は闇将軍となったのである。こうした資金はどうなっていたのか、この点についても後述のように田中は〝新金脈〟のもとで政治資金を得ていたと、ジャーナリストの立花隆は具体的に指摘している。

ロッキード事件の被告でありながら、田中が力をもちえたのはなにゆえか、この期のメディアは、ときにそのことに真剣に取り組んでいる。田中をとりあげればその月刊誌、週刊誌が売れるというのは事実で、田中は依然として日本社会ではヒーロー並みの扱いを受けていたのだ。同時に、田中角栄個人の錬金術やその金脈だけをとりあげて論じるのは、日本社会全体の歪みに意図的に目をふさいで論じることになるという、まっとうな言い方もされた。

アメリカによる陰謀論

そうした発言のひとつとして、自民党議員の宇都宮徳馬の考え方を見ておく必要がある。宇都宮はもともとリベラルな体質をもち、自民党内では良識派の代表的人物とされていた。宇都宮は、雑誌（『現代の眼』別冊「田中角栄の陰謀」）の中で、「戦後政治と角栄現象」と題して、明大教授の岡野加穂留《かおる》や作家の小田実《まこと》と鼎談《ていだん》を行っているのだが、近代日本の汚職や金脈の歴史をなぞりながら、次のような意見を開陳している。田中だけが悪いのではないとの論理だ。

「田中角栄などは権力の本当の中枢に蟠踞《ばんきょ》していないで無茶なことをやったためにスケープゴートになったと言えるわけです。要するにロッキード事件というのは背景が深くて、単に全日空の飛行機を売って五億円もらって汚職した、というだけのものじゃないんです。韓国軍や日本の自衛隊に戦闘機を売り込むという問題と絡んでいるんで、だから児玉はどうしても出せないわけです。田中は本筋の男じゃなくて変なところでやられたんで、戦闘機汚職の関連が全体としてあるということは、彼はおそらく知っていると思います」

ロッキードという企業は、世界最大の兵器製造企業ということになるのだが、田中はそれを知っているから、「ふざけているんじゃないか」と思っているのも当然だと宇都宮は指摘している。宇都宮は、「つまり明治以来、権力の本当の中枢にいるやつ、つまり軍や官僚の親方は追及ができないんです」とも言っている。そのうえで総理大臣そのものは刑事訴追から免れることになっているが、それだけに総理を辞めたあとに狙われたという。これは芦田均が首相を辞めたあとに問われた昭和電工疑獄事件とほとんど同じ構図だとも言うのだ。

近代日本を検証していくと、外資の兵器産業と日本の政界、官界、産業界にはきわめて不透明なかたちでの汚職の構造があったというのだ。もとより田中もそのことを知っていて、自分がこんな小さな〝罪〟（宇都宮のいう本筋とは官僚機構そのものがこの構造とかかわっていると見ているようだ）でなぜあげられなければならないのかという感情をもっていたと指摘する。

田中を糾弾する声、とくに政治的背景にある金脈への嫌悪感は国民の間に充満しているにせよ、このロッキード企業の受託ていどで五億円を受け取ったのが、なぜ逮捕理由となるのかと田中自身は内的には怒りをもっていたというのだ。

一方でこれは昭和五十年代の裁判の折には、田中もその周辺も口にしなかったが、田中が自ら率先して日本独自の資源外交を行おうとしたことがアメリカなどを怒らせたのではないかとも論じられた。もとよりこれは、石油を支配するアメリカのメジャーへの挑戦という意味でもあった。

この点については評論家の田原総一朗が、「アメリカの虎の尾を踏んだ田中内閣」（『中央公論』昭和五十一年七月号）で、田中逮捕には「国際的な謀略」がからんでいる節があるとにおわせている。つまり田中のナショナリズムにもとづいた資源外交は、国際的な枠組みでは「虎の尾」を踏むことになったとの分析である。もっとも田原は関係者の幾つかの証言を紹介しながら、「どうやら、田中角栄は虎の尾を踏んでしまったらしい。だが、どこで、どうして、どんな踏み方をしたのか」はわからないと書いている。

田中の秘書・早坂茂三の『政治家田中角栄』はこの田原論文などを引用しつつ、さらに吟味をしながら、田中の資源外交がやはり国際的な枠組みの中で弾圧されたように思うとの言い方をしている。ここでいう資源外交とは、「資源ナショナリズムに立つ自主資源外交を積極的に展開した」とも言えるのだが、確かに田中は二年五カ月の首相在任中に八回の外国への出張を行い、「延べ二十五カ国を訪問」している。田中が意図したのは、資源小国の日本がエネルギー供給面の多角化を図ることだったと早坂は書き、日本独自のエネルギー源ルートを確認することだったとも言っている。各国の首相との会談では必ず、日本へのエネルギー供給を確かめていたとも言うのであった。石油ショック時のような危機に太刀打ちするには、エネルギーを各国から確保するというのが日本の生きる道だとの確信をもっていたとも言うのだ。

早坂は田中が資源外交について、ロッキード事件の判決後（昭和五十八年の第一審判決から一年後のことというが）に次のように洩らしたことがあると紹介している。

「わたしが総理のときには資源外交には最大の力を入れたよ。まだ石油がこれほど上がっていないころだったけれども、日本にとって資源問題は国の存在に関わる根本問題であるという認識があったからだ。日本は強大な防衛力、軍備を持たないから、国際的に防衛協調できるわけでなく、ましてや軍事同盟などはつくられるはずがない。しかし、防衛面で協力もせずに、資源を必要なだけよこせといっても、そうそう通るわけがない」

こうした感想を洩らしたあとに、田中は次のように述懐したというのだ。

「わたしの資源外交に対して、アメリカのメジャーからいろんな横やりがあるだろうとはわかっていたが、それはしょうがない。こっちは初志貫徹だ。わたしだっていつまでも総理大臣の職にあるわけじゃないし、殺されないうちに逃げればいいんだと思っていた。短兵急だったか——とは思ったけど、構わずにやったわけだ」

田中はアメリカが自由主義、民主主義を守ろうとしたことには強い共鳴を寄せつつ、「日本が現行憲法を楯にして、自分ではなすべきこともせず、日米安保条約があるのをいいことに自動車を洪水のように持ち込んでいる、というアメリカの不満も止むを得ないところだな」との理解をもっている。

以上のような宇都宮徳馬や田原、そして早坂の記述内容を理解して田中の心中を想像すると以下のようになるのではないか。もとよりこれは私の推測だが、的を射ていると思うのだ。

〈ロッキード社から賄賂を受けとったというが、歴代の政治指導者はロッキードからカネを受けとろうが、CIAから受けとろうが、とにかく軍事兵器や航空機の購入にあたっては、これまでも多くのカネが動いてきたではないか。それなのになぜ自分が狙われるのか。それも兵器産業の本筋の流れではなく、航空機ていどで狙われるとはなぜなのか。自分が首相時代に日本が独自のルートで石油を入手しようとしたためか。あるいは日本の国益をもとにした国家像をつくりあげようとしているためか。嘱託尋問などという汚い手を使ってまで私を裁こうとするのは、なんとしても私を政界から追い払おうとしているためであろう。ならば自分は徹底して戦ってやろう！〉

さしあたり田中の胸中は、このようになるだろう。そこにあるのは、「自分ははめられた」という無念さである。この無念さをもとに考えたとき、実際に田中は二つの回路を使って反撃を試みたと言える。辛《かろ》うじてその回路が残っていたことが僥倖だったのである。

用済みになった日本社会の「亜流」

この二つについては法廷で徹底して争った。そのひとつは首相の職務権限である。そしてもうひとつは、全日空側から五億円を受けとっていないとつっぱねることだった。事実か否かは定かではないにしろ、五億円を受けとっていないというのは、収賄そのものを正面から否定することであり、田中は生半可《なまはんか》にこの裁判に決着をつけるのではなく、自らにかけられた容疑をすべて否定するということだった。

職務権限について徹底して争うことと、五億円の受領を否定するということは、田中なりの判断があったからだろう。田中は、丸紅の桧山や大久保と会った記憶はないと言いつつ、桧山から頼まれたこともないと検事側の尋問調書でははねつけている。さらに法廷にだされた調書などを読んでいくと、田中にはこれは単なる刑事裁判ではなく、この法廷自体が政治裁判であり、自分は「元首相」という立場で、敵対する勢力との間で行われた政治闘争を今またくり返しているとの思いがあったのではないかとわかる。

そう思えばこそ自民党の中で、自らの派閥を拡充し、その力をもってこの政治闘争をなし崩しに融解し、自らの責任を問われないかたちにしようと考えたのであろう。あえて一言すれば、もし田中が政界、財界、官界の中にあって、政治資金をこれまでの自民党の領袖のように財界から集めていたら、田中はロッキード事件で引っかかることはなかっただろう。だが田中は財界、官界とは一線を引いて、自らの力で自らの才覚で、土地転がしや不動産売買（それも立法府にあって立法とからませて）によって政治資金をつくり、官僚を手なずけた。そういう意味では、田中はまさに日本社会の亜流そのものであった。つまり田中が言うところの「アメリカのメジャー」などから見ると、「何をやるかわからない男」と言うことになった。

田中はその意味では、日本社会の亜流叩きのターゲットにされたのだ。亜流そのもの、つまり異端が正統の真似《まね》事をしても、用済みとなればいつでも使い捨てにされると言ってもいいかもしれない。先に紹介した宇都宮の証言は、まさにそれだった。

首相の職務権限と受領否定

この書では、百九十一回、六年九カ月に及ぶ公判の内容について逐一検証しないが、前述の二点、つまり首相の職務権限と五億円の授受について田中とその弁護人側はどのような主張をしたのか、そのことを大まかに語っておきたい。

最初の公判段階での弁護側の「求釈明」と検察側の「釈明」についてだが、弁護側はこの段階では、徹底して職務権限にかかわる内容で反論した。立花隆の『被告人田中角栄の闘争（ロッキード裁判傍聴記1）』は、「田中側の本丸防衛線がここに置かれているのは明らかだった」として、「職務権限問題のなかでも、弁護側が特に力点を置いたのは、総理の職務権限が全日空の機種選定問題にダイレクトに及ぶのか、それとも、運輸大臣を指導監督するという間接的な手段を通じてなのかという点であった」と見ている。

この点で検察側は、職務権限に「運輸大臣を指導監督すること」を含めていることも明らかにした。こうした法廷のやりとりについて、立花はきわめて精緻に検察側と弁護側の応酬を確かめながら、そこで明らかになっているのはどういうことか、と説いている。職務権限とは次のような枠内で考えるべきだとしている。引用しておこう。

「つまり、行政の長としての首相のふるえる権限は上と下から枠をはめられている。上からは閣議での抽象的決定によるアウトライン設定。下からは、決定執行機関である行政機関の顕在的、潜在的に発動可能な権限の総体である。簡単にいえば、設定目的による枠と手段の限界による枠といってよい。集合論的にいえば、両者の枠内の共通部分集合が首相の職務権限になる。（ロッキード社の）航空機の特定機種がここに含まれることは明らかである」

検察側の職務権限の考え方によれば、首相自身が行政機構の長としてどのような機構にも一定の力をもっているということがわかってくるのである。

これに対して弁護側は、前述の木村喜助書によると、もっぱら現実的な問題として反論を加えている。たとえば、「首相や運輸大臣が民間航空会社に『この社のこの機種を選定せよ』などという法的根拠はあるだろうか」、「また、総理大臣がこうした介入をするに際して、閣議決定を前提として運輸大臣に対して『君からこの機種を選定するように言え』などと指摘するものだろうか」との言で対抗し、運輸大臣には新機種選定の段階でこれに介入する権限はない、仮にあったにしても閣議決定などなく、「田中総理にはこの件に関して運輸大臣を指揮監督する職務権限はなかった」と主張している。

検察側は法理論をもとに、桧山社長の「総理の方からしかるべき閣僚に働きかけるなどして何分のご助力をお願いします」という言をもとに請託がなされ、「よっしゃ」という田中の言がそれを受けたかたちになっているとした（木村書は、桧山のこの調書は検事の作文だったことが明らかになったという）。

五億円の授受にしても、一方ではこのようなトランクで五回にわたって渡したとの丸紅側の証言に、田中の秘書榎本敏夫は、その日にはアリバイがあってその場所を訪れることはできないと反論した。いわば、これは「渡した」「いや受けとっていない」という次元の応酬があったにすぎなかった。

客観性を失わせた過熱報道

法廷はこのようなやりとりが、昭和五十八年六月十七日に開かれた第百九十回公判まで続いた。いわばこの裁判は事実の認定と法解釈、そして政治的な判断を交えての独特な流れで続いたとも言える。ただし国民には元首相の犯罪であるがゆえに公判ごとに何らかの話題があり、そのためにしばしば新聞一面トップなどでも報じられた。そうした関心がまた田中元首相を客観的に、歴史的に見つめる目を失わせることになったのだ。判決日が近づくと、メディアはしばしば田中の動静を伝えるとともに、ロッキード汚職とはどういう内容かといった報道が集中的に行われることになった。総じてメディア側は田中には厳しい目をむけたが、当然のように『越山』では田中を支援する支持者のメッセージを次々に掲載したのである。そこには全国各地からの田中ファンの声が載っている。たとえば、「側近の方々、田中先生をよろしく」と題して神奈川県藤沢市の男性の一文などにその熱狂ぶりがあらわれていた。

「今一度、救国宰相として田中先生に総理をお願いせねばなりません。米国関係者が免責処分になっているものを、我が国において立件するが如き無法は法治国として許されないことです。田中先生を陥れた元首相や政治家、新聞人等には必ず天罰がくだりましょう。救国宰相は、田中先生のみ、どちらを向いても世界に伍す方はありません」

こうした『越山』への投稿者は、序章で記述したとおり、実在するだけでなく、その手紙も真正なものだった。編集部が意図的に田中ファンの投書を捏造《ねつぞう》したわけではなかった。国民の間には、確かに田中を支援する熱狂的な空気はあったのだ。

懲役四年、追徴金五億円

昭和五十八年十月十二日、判決の日である。東京・霞が関にある東京地裁には五十二枚の傍聴券を求めて三千九百四人が並んだ。田中はこの日、目白の自宅に集まった田中派の議員が激励するのに応え、いくぶん紅潮した表情で東京地裁にむかう車に乗りこんだ。実はこの判決の日の十日ほど前（十月三日）に、田中は胸の苦しみを訴えて救急車で東京逓信病院に運ばれていた。血圧が一時的に高くなったのだという。田中自身の胸中に、判決を前にしての息苦しさがあったということだろう。

田中に対して不快感をもつ右翼勢力もあり、そのために警備は厳重になっていた。こうした緊張の日々のなかで、田中は辛うじて肉体と精神のバランスを保っていたと報じられた。そのような報道があふれての十月十二日であった。田中は限界と戦いながらの日々だったのだ。

午前十時に裁判長から判決が言いわたされた。田中は外為法違反と受託収賄罪で懲役四年、追徴金五億円との判決を受けた。共に起訴されていた秘書の榎本敏夫は外為法違反で懲役一年、執行猶予三年の判決を受けている。こうした刑は予想していたのか、田中は法廷を出るとすぐに目白の自邸に帰った。当時の新聞報道によると、この敷地内にある事務所にとじこもって、国民にむけて発する「所感」の文章を考えていたようだ。

午後五時半にこの「所感」が発表されたが、そこには判決は極めて遺憾であり、自分としては承服しがたい、国会議員はやめずに再び政治の暗黒を招かないためにも、一歩も退くことなく前進を続けたい。こうした強い意思が盛りこまれていた。ありていにいえば、田中は強い敗北感を味わっていたのだ。これは私の推測となるのだが、田中は執行猶予を期待していて、実際にこうした重い刑を受けるとは考えていなかったのではないだろうか。

この判決は自民党内にあっては、これまでの「田中支配色」から抜けだすチャンスでもあった。前年の十一月二十七日に誕生した中曽根内閣は、田中色が強すぎると非主流派から反発が起こっていた。官房長官に後藤田正晴、法相に秦野章を据えるなど重要ポストに田中に近い人物を就けたことが不満を呼んだ。当時の朝日新聞（一九八二年十一月二十七日付）の解説記事には、「党内最大の勢力を誇る田中派は予備選での集票ローラー作戦を推進するなど『中曽根政権樹立』の大きな原動力だった。この余勢をかって、田中派は新体制作りに対して大きな影響力を行使し、二階堂幹事長の留任をはじめ、閣僚も『田中派で六ポストを確保する』（同派幹部）と、ポスト増は当然という姿勢を見せていた」とあって、〝角影人事〟が至るところに見られるとの批判があった。

このときからほぼ一年後の判決だった。それゆえに田中に批判的な派閥やその領袖たちは、この際田中色を一掃しようと考えたのも無理はなかった。メディアは田中、福田、三木、中曽根などの指導者にかわって、宮沢喜一や竹下登、安倍晋太郎などをニューリーダーと評して、すばやい決起を促したりもした。だが三人とも田中の威圧を恐れているのか、次の時代に名のりをあげるポーズはとらなかった。

ニューリーダーは、田中が心身ともに疲れ切っているときだけにその指導に異をとなえつつも、あえて「時を待つ」心境なのだろうと報じられた。このころ自民党内にあっては、田中が側近たちに洩らしている言が伝わってきて、誰もがその政治的恫喝に脅えてもいたのだ。

たとえば、田中は次のような言を洩らしていると言われていた（これは『週刊朝日』一九八三年十月二十八日号からの引用）。

「風雪十年というが、私はまだ七年だ。私は自信をもって今日の判決を聞いた。本当だ。しかし、でたらめな判決だ。そんなに簡単なことではないのだ。あんなことをやれば国会議員は全部有罪だ」

「私のことをガタガタいう連中が党の一部にもいる。私は三十八年も国会議員をやってきた。そんなやつらが昭和二十年、二十一年にしてきたこと、それ以前のことも、おれはすべて調べている。みんな知っている」

「総理総裁に適任なのは自分しかいないと思っているやつがいる。そんなことで総裁は務まらん。生意気なことをいうな。総理総裁なんてのは帽子なんだ。帽子というのは言い方がまずいから、機関だと言っているんだ。思い上がりもはなはだしい」

田中派の面々にこのような演説をぶつというのは、単に焦りがあったというだけでなく、田中という政治家の地肌が隠すところなくあらわれたということにもなる。論旨が混乱しているだけでなく、何を言っているのかその意味も不明である。田中は混乱している、政局の鍵をにぎらせるのは危険すぎるという声が密かにあがったのも無理がないことだった。

こうした感情的な発言の中での、田中の「戦前、戦時下、そして占領下」にそれぞれの政治家はどういうことをしてきたのか、すべて知っているとの脅しは田中よりも上の世代にはあまり愉快なことではなかっただろう。むろん田中の言は戦前、戦時下にどれほど軍部に協力したのか、俺は知っているんだぞ、あまりきれいごとを言うな、との意味であろう。同時に田中もまたこうした言葉を口にした以上、自らの戦前、戦時下の言動について他者から検証されることを受けいれなければならなかったのだ。

田中判決に即応して、野党側は田中批判の決議案を衆議院の議院運営委員会に諮《はか》ったが、これには自民党は応じなかった。しかし、自民党の若手代議士の中でも田中派に属していない議員からは田中批判が公然と表面化することになった。長老たちでも、たとえば元首相の三木武夫は中曽根首相に会って、田中に辞職勧告を行えと助言していた。三木と田中はこの段階では単なる政敵という関係を超えて、それぞれの政治家としての理念をぶつけあって相手を議員の立場から追い落とすという戦いに転じていた。

田中はこうした党内事情を、私邸にとじこもって見守っていた。訪問客は依然として多かったが、そこには田中の現在の姿を見ておこうというような訪問客まであった。

そんな人びとに洩らした田中の言には、「俺は命がけでやっている。こうなれば死ぬまでやるさ」とか「中曽根は象（田中派という巨大派閥のこと）に乗っているのに、どうしてきつねやたぬきに乗りかえるのだ」と三木や福田をあてこするような発言もあった。

判決から二週間、三週間と経ち、田中に議員辞職をするよう説得するために、岸信介元首相が訪れてきた。田中は応じなかったが、当時の新聞報道によれば、「孫が学校に行きたくないというんです」と涙ぐんだりもしたという。中曽根も首相として、田中とホテルオークラのスイートルームで一時間半にわたり会っている（十月二十八日）。この内容は明らかになることはなかったが、中曽根は政党人として、友人として助言を行ったとの談話を発表して、世論を沈静化させようとしている。一説では、二人は当選時の昭和二十年代からの思い出話をしながら、手をとりあって泣いたという。

このあと田中は改めて「所感」を発表している。その内容は、「六年半余りにおよぶ長い間、国民の皆さまをおさわがせし、ご迷惑をおかけしていることに申し訳なく、深くお詫びします」とあり、裁判の結果も厳粛に受け止めるとの心境を明かした。この所感について、一貫して田中を糾弾する立場にあった立花隆は、「右にも左にも、前にも後にも、とにかく頭を下げて謝ってしまおうという、きわめて無原則的な謝罪文である。自分は無実であると主張する人がこんなに謝るのはおかしいのではあるまいかと思うほど、簡単に頭を下げている」と批判するが、確かにその指摘は当たっていた。

たぶんそういう心理が反映したのだろうが、実は田中は判決からまもなく自らの派閥の若手議員たちに「迷惑料」の名目で一人ずつに現金（一説では平均三百万円といわれる）を渡していたと毎日新聞が報じた（十一月十二日付朝刊）。田中派の五年生以下の議員でつくる七日会のメンバー四十一人が対象だったというが、その総額は一億円を超えたというのだ。田中辞任を封ずるためにカネが撒かれたのだと噂されることになった。

ここでも田中は依然として、自らに抗する声をカネで押さえようとしていたのだ。

判決直後の十月十三日、十四日に共同通信社の別組織である日本世論調査会が行った田中判決についての意識調査では、この判決について「妥当」が五〇・三％、「もっと厳しく」が三七・二％、「もっと軽く」は五・五％、「無罪に」は二・八％であり、田中の進退については六一・七％が「直ちに議員辞職を」、「本人の判断に任せる」は二八・四％となった。田中の地元新潟県では、「もっと厳しくすべき」と「妥当」で五〇・九％となったものの、「もっと軽くすべきだ」「無罪にすべきだった」をあわせると四二・一％になり、全国平均よりも田中に同情的であった。

この世論調査では、中曽根内閣の支持率調査も行われたが、このときは四五・九％で前回（この年五月）の五一・九％より六ポイントも下がっている。こうした下落は、田中辞職に強い態度をとらない中曽根内閣への批判ということもできた。

この年十二月十八日に行われた第三十七回総選挙では、自民党は解散時の二百八十六議席を大幅に下回り、二百五十議席にまで落ちこんだ。非公認や無所属の当選者を含めて八人を追加公認して辛うじて過半数（二百五十六議席）を確保することになった。

もとよりこれは、田中判決に対する自民党の甘さへの批判であっただろう。ところが田中はこの選挙で、二十二万七六一票を獲得している。これまでにもなかったほどの得票であった。田中はこの選挙に政治生命を賭けていたのであったが、選挙区のあらゆる会合に顔をだし、「辞めたらどうかという声もあるが、そんなことにとらわれることはない。わたしには日本の総理大臣の尊厳を守る義務がある」とか「こんどの選挙では田中軍団は百三十五人になるだろう。これまでじっとしてきたが、これからは遠慮しない。今に目にもの見せてやる」、はては「憲法もヘチマもあるものか。軍隊もつくらない、原爆も持たないと公約したが、できないということではない。状況次第だ」とまで言いだした。

こうした演説を聞いていくと、まさに政治的理念も信念もなく、口から出まかせの政策に自らがおぼれているような状況と言ってもよかった。集票するということ、そこにだけ選挙の意義を見いだし、政治理念にもとづいての選良であるとの自覚が決定的に欠けていることを裏づけてしまったことになった。

この総選挙は、新潟三区という自らの空間では勝ったが、新潟三区から離れると田中はまったく信用されていないという事実を物語っていた。田中政治が昭和五十年代以後の日本社会を汚した、あるいは歪めたというのは、このような事実で裏づけられることになり、田中はその意味では昭和という時代の政治がもつ不透明さを具現しただけでなく、田中自身がその歪みの元凶であるとの見方もできた。

ロッキード裁判は、第一審のあと第二審（東京高裁）にと移った。第二審では新たに八人の弁護人が加わっている。弁護団は田中と打ち合わせを続けながら、控訴趣意書を作成していった。法廷が始まるまでの期間、世間ではロッキード裁判はあたかも決着がついたかのように受け止められていた。

田中金脈の追及が行われた以後も、田中の金脈の構造は動いていたのだが、そのことは立花が依然として『週刊朝日』などの媒体で追及を続けていた。立花に言わせれば、こうした新金脈はロッキード事件の陰にかくれて、一見するとわからなくなっているが、田中はそれをいいことに頬かむりをしていたというのだ。その金脈のもとで捻出されるカネは、やはり政治に還流されていた。それがたとえば前述のような「迷惑料」だったのである。

立花のとりあげた十のケースの中では、もともと「田中金脈ユーレイ会社」の中心企業である室町産業が、柏崎原発用地買い占め事件、東邦企業土地ころがし事件、そして有名な信濃川河川敷買い占め事件などでいずれも重要な役割を果たしている。この室町産業が、立花たちが調べた六年間で税金を納めたのはただの一回だけだったという。それも昭和五十年分であり、田中金脈問題が明るみにでたからのようであった。赤字を累積させていて、少しの利益があっても税金を払わなくてすむようにしているというのだ。田中の秘書たちの人件費、田中私邸の諸経費がこのユーレイ企業の経費として落とされていると思われるとも指摘するのである。

田中の税金のがれと思われる手口が、立花の書（『田中角栄　いまだ釈明せず（田中新金脈追及）』一九八二年）ではこまかく暴かれている。これに対して、田中側からは一切の釈明も弁明もなかったという。立花の舌鋒は鋭いが、「脱税で大金持ちになった男というのは何人もいるが、田中の場合は脱税プラス税金を懐に入れることで大金持ちになった」との指摘は重い。立花書にふれていくと、田中は単に税金をごまかしているだけでなく、法律を自らに都合のいいようにつくりかえ、そして政治を徹底して利用してカネをつくった男ということになる。

このような人物を首相にもった時代は、この時代の人びとすべてがやがて歴史的批判の対象になるというのも仕方がないように思える。たぶん田中のもつ物量肥大主義、信念・理念なき儲け主義は、昭和という時代にあってはいちど通過しなければならない道であったのだろう。

田中派膨張の陰で

田中は昭和五十九年に入っても、徹底して田中派の肥大化と自らの政治的権限の拡大に努めた。この年秋に総裁選があり、田中は自らの力を誇示する必要があった。無派閥の議員には、田中派入りを田中自身が勧めている。すでに百二十人に達しているにもかかわらず、「あと十人は増やす」と二階堂進に伝えている。田中派内には、田中をかついでいる以上、他の人物が首相になる可能性がないことに不満をもつ者もいて、二階堂をかつごうとするグループやニューリーダーの竹下登に近づく者もまた多かった。田中はそのような動きにも目くばりしていたのだ。

なぜそのような拡大を目ざすのか、という論に、田中は臆せず答えている。

「表決政治は一票足らなくても落選は落選。一輪咲いても花は花だ。これが人類が最後に到達した表決の原則であります」

田中政治は数の力であり、数への信仰である。自らの刑法上の犯罪も、数の力で政治的になし崩しにしようと意図していた。それゆえに、田中の政治的信条はすべてこの点に収斂《しゅうれん》できた。そういう田中のもとに選挙に弱い議員や落選中の議員が訪ねてきて、「私も田中派に入れてほしい」と頼みこむケースも少なくなかった。もとより田中の資金を頼りにするのだろうが、田中は自民党を離れているにもかかわらず自民党議員の選挙区の調整さえも行っていた。この期（昭和五十九年秋）の新聞記事には、田中の「自民党の選挙は俺がやらなければだめだ」とうそぶいている言葉が伝えられてもいる。

「裁判については君らに心配はさせない。これは私自身の問題だから、あまりかかわりをもたないでほしい」

と自らの派閥に伝えているし、新金脈追及に対しても一切反論はせず、意の通じた評論家やジャーナリストを通じて新金脈批判や田中政治の批判者への中傷や反批判を行わせていた。

こうしたなかで、各党ともそれぞれ独自に政治家としての倫理綱領をまとめる動きもでてきた。それは田中に対する批判的な動きでもあったのだが、中曽根首相がそうした動きに呼応するかの態度をとったといって、田中派内部には「中曽根は誰のおかげで首相になったのか」という声もあがった。数の力を信奉する傲岸さが、田中政治の質をより低下させていったのである。

衆参両院の政治倫理協議会は、自民、社会、公明、民社の四党で政治倫理綱領を決めた。この綱領は「政治倫理の確立は、議会政治の根幹である。われわれは、主権者たる国民から国政に関する権能を信託された代表であることを自覚し、政治家の良心と責任感をもって政治活動を行い、いやしくも国民の信頼に悖《もと》ることがないよう努めなければならない」と始まって、五項目を挙げて政治の信頼を取り戻すことを謳っていた。

もとよりこうした動きは田中の有罪判決を受けてのことだったが、この綱領を改めて読んでみるとこのような当たり前のことを、いわば原則的なことを言わなければならなかったところに、議会政治そのものの危機があったと指摘できる。誤解を生む表現になるのだが、もし昭和初年代にこのような状況があったなら、それこそ陸軍の青年将校が格好の標的だと意味づけてクーデターまがいの動きを示すことになっただろう。現実に田中はこうした動きにならおうとする政治勢力のターゲットにされていた節もあり、警備の警察官が常に張りついていたとも言われている。

この倫理綱領にもとづいて、昭和五十九年八月三日には国会に政治倫理審査会なる機関の設置も法的に決まっている。

昭和五十九年のこのころ、田中はふくれあがった田中派を率いて、自民党員ではないのにまさにキングメーカーとしてふるまっていた。密かに宮沢が会いに来て、総裁選出馬の諒解をとっているし、安倍晋太郎にしても田中派の力を頼りにして、田中にこそ会わないが竹下には会って、共に総裁選を目指そうと打診していた。田中は百三十人近い自派の議員の中に有力な後継者をつくろうとはせず、しきりにこの数をもって自民党の中ににらみをきかせていた。かつて佐藤栄作が自派の福田と田中を競わせて自らの存在を重くしたのとは逆の手法であったが、田中は派内にある「竹下擁立」の声に耳を貸そうとせず、後継者をもたないことで派閥を牛耳ろうとしていたのである。

不安と不信の日々のなか、創政会旗揚げ

田中は自らの足元を自らの威圧とカネとで、そしてポストを与えることで押さえられると考えていた。しかし、現実はそうではなかった。竹下が着々と足元を固めて、田中派の中に勢力を築いていたのだ。田中が最終的にかつごうとしている二階堂に比べて、竹下には若さと幅広い人脈とがあり、その力は着実に増大していた。中曽根首相の後任を狙うニューリーダー三人の中でもしだいに力をつけていたのだ。田中はそうした現実を正確につかんでおらず、しきりに中曽根に「あと二年やらせる」とか「あと一期続けてもいい」と口走り、その力を必要以上に議員たちに示していた。

このころ田中の心理状態は、不安と不信の中にあっただろう。東京高裁での控訴審はまだ始まっていないが、依然として刑事被告人という肩書はついて回る。自民党の領袖たちににらみをきかせているといっても、彼らがどれほど田中の意を理解しているかなどわからない。いつ自分も寝首をかかれるかわからない。田中を古くから知る新潟県の町村長や越山会の会員たちの間では、田中先生は変わってしまった、余裕が失われてしまったとの評が定着していたようでもあった。

『週刊朝日』は、昭和六十二年八月に五週にわたって「越後　田中角栄の残照」という

タイトルで、編集委員の蜷川真夫《まさお》による連載記事を掲載している。ある越山会県議が実名で、このころの田中角栄の様子を語っているのだが、それによれば、事件の判決のあとに田中は議員をやめると思っていたのに、そうではなかったことに驚いたとの声が多かったと認めている。そして次のような証言を紹介している。

「私もそうだが周囲の人が意見をいいにくくなって、田中さんは世の中がわからなくなった。二十二万票をとったときだって、だれも予想できなかった票なのに、おれの票読みと二百票しか違わなかったといった。半分は批判のこもった票だったのに……」

田中は裸の王様になっていたのである。

こうした田中の姿に、田中派の議員たちにもしだいに「このままでいいのか」との動きがでてきた。まさに竹下はその波に乗ったということになるのだろう。竹下の後見人である金丸信は、田中に対して弟分というより、むしろ対等の立場だと自負していたから、その金丸が中心になって竹下を擁立していくというのは明らかに田中派を乗っとり、そしていずれは田中を飾りものの地位に立てるか、それとも追いだすかが目に見えていた。金丸は田中派を動かす人物に次々と会合をもちかけていき、昭和六十年一月には二十人から三十人を集めて、なんどかの会合を開くに至っている。田中はむろん、そのようなことを知らなかった。竹下は田中を訪ねて、派内で勉強会をもちたいと伝え、田中も初めは了承したのだが、反竹下の面々から「あれは竹下派の旗揚げだ」と聞かされ、やっとその動きに気がつくほどだった。

水木楊の『田中角栄（その巨善と巨悪）』には、そのころの田中の取り乱しようが次のように書かれている。

「事務所に姿を現した田中は、自派議員の前で荒れ狂った。

『竹下はまだ十年早い。あと二、三回選挙をやらねばだめだ。（一月）二十三日の会合でカネを配ったそうだ。けしからん』

佐藤政権の末期、昭和四十七年、派中派を自ら作ったことを田中は忘れていた」

この表現の中で、いかにも田中らしいというのは、竹下がカネを配ったことを怒っていることだった。田中からみれば、カネを配るというのは、その「全人格」を自ら買ったということであり、竹下は田中のその哲学を忠実に実行したことになる。田中はこのときに、竹下との全面戦争を始める意思を固めた。

竹下は、田中派議員の中に自らの派閥である創政会（創政というのは竹下の後援会の機関紙の表題）を結成するために人集めを始めた。田中は腹心の二階堂や秘書の早坂茂三らに、「田中派の名称である木曜クラブは、田中角栄元首相を中心にした政策グループである」ことを会員に改めて伝え、創政会に入ろうとする議員の切り崩しを命じた。とくに選挙地盤の弱い若手議員には「創政会に入会することはかまわないが、発会式（二月七日）には出席するな」と命じた。竹下を説得する者もでてきて、この総会はあえて東京・平河町にある砂防会館の木曜クラブ事務所で開くことになり、出席者も四十人程度にとどめて、田中の意向にひとまず沿うようなかたちになった。

田中の切り崩しが、一時的には成功したのである。だが創政会の名に竹下はこだわり、実質的に派中派の意味をもった。当時の報道によれば、竹下はこのあと田中のもとを訪ねてこれは派閥ではないと申し入れているが、田中は一方的に各議員の選挙区事情を述べて、対立候補を立てると脅したとされている。田中は、守勢に回っていることを自覚しなければならなかったのだ。

ついに田中倒れる

こうした動きに田中の苛立ちは募り、酒量がふえ、そして昼間から酩酊し、足元がふらつくようになった。田中はウイスキーの水割りを好んだというが、それを朝から飲みつづけたというのであった。

田中内閣時代の閣僚などは、そういう田中を案じて酒量を減らすようなんども忠告している。二月二十六日の田中派の閣僚経験者たちの集まりでは、田中は誰からもその忠告を受けたが強気にはね返していた。そして一足先に会合から退出するときに、「賢者は聞き、愚者は語る。今日から賢者になる」と言った。今後はあまり口数を多くしないぞ、と自らに宣言したのである。翌二月二十七日の夕刻、目白の私邸で新潟の越山会の会員たちと酒を飲みつつ談笑にふけっていたが、やがてトイレに立ち、そして倒れた。肉体はもう限界にきていた。

東京逓信病院に運ばれたが、脳卒中であった。医師団は三、四週間で回復するだろうと発表したが、実際の症状は重かったようだ。

田中の症状が外部に洩れないように、後藤田正晴たち側近は、病院に緘口《かんこう》令を布くとともに、その症状をつとめて一般にわからないようにした。それほど病状は重かったのである。脳梗塞の症状があり、議員生活に戻るには相当長期間の入院が必要であったし、それでも回復するか否かは不明であった。田中の側近たちは、このような状態になったら、田中は政治家生活を送るのは無理だと密かに話し合っていたのである。

田中はこのときを機に政治家としての生活ができなくなるが、糖尿病や高血圧、さらにはバセドウ病などもかかえていて、その肉体は満身にストレスが蓄積している状態であった。六十六歳の肉体はこの三十年余、ひたすら走り続け、話し続け、そして政敵との戦いに体力の限りを費やしてきた。限界に達していたのである。とくに、創政会の結成が田中に激しいストレスを与えたことは想像に難くない。

自らが歩んだ道を後進の者が歩んでくるとき、田中はすでにその役割を終える宿命を負っていた。

田中は入院から二ヵ月後に密かに東京逓信病院を退院して、目白の私邸に戻った。すでに脳梗塞の後遺症として言語障害を起こしていたと言われるのだが、その退院もまた一般には知られることなく行われた。その後、田中は活動を続けることが無理だとして、家族は事務所を閉鎖し、秘書の早坂茂三らとの関係を切ることも明らかにされた。さしあたり一衆議院議員としての枠内で、自らのできる範囲で政治活動を行うというのであった。

田中の家族は、それまでの田中の人間関係についてもひとつひとつ絶っていった。金庫番ともいわれた女性（佐藤昭）は、その後、自らの日記（『決定版　私の田中角栄日記』）を世間に公表したが、そこには田中の政治的拠点が自分たちの知らない間につぶされていく状況について憤慨に耐えぬといった筆調で記述されている。本書ではそうした書を引用しないことにするが、ただこの日記によって田中の政治活動を閉鎖していく際に、田中の家族と秘書などとの間に相当怨念のこもったやりとりがあったことがわかってくる。こうした人びとは、「政治家・田中角栄」がいるからこそ、自らの生活とその存在理由が明確になるのだから、田中の家族に強い怒りを示すのもまた当然だった。

田中は、目白の私邸に閉じこもってのリハビリ生活に入った。国会に登院することはなかった。昭和六十一年七月六日の衆議院の総選挙では、立候補届を提出し、田中自身は一切の運動を行わなかった。それでも田中は新潟三区で十七万九千六十二票を獲得している。次の当選者を十万票以上も引き離していたのだ。このときの総選挙では、自民党は三百四議席を確保するほどの勢いを見せた。しかし田中は派閥の領袖として動くことはできず、その存在がしだいに稀薄になっていくのもやむを得なかった。ただ昭和六十一年暮れには田中派の若手議員に百万円ずつ配ったとの噂も流れ、それゆえにまだ総理への復帰を考えているのではないかとも囁かれた。

実際に田中にはそのつもりもあった。昭和六十二年の元日には、私邸を訪れる年始客や新聞記者とも会っている。しかし、政治家は極端に少なくなっていた。すでに往年の権力と権勢を失っていたのである。

衆議院議員の肩書をもっていても、現実には議場にでていかないのだから、その政治力が下落しても当然であった。田中派は存在しているが、しだいに有名無実になっていき、竹下派への衣がえが着々と進んでいる状態であった。

すべてを失ったあとの二審判決

昭和六十二年七月四日、竹下派は経世会として旗揚げし、ここに田中派は実質的に消滅することになった。田中に殉じるかたちになった二階堂には十五人ほどのグループが加わることになったが、経世会は百十三人もの議員を有する大きな派閥となった。田中派は消滅というより、乗っとられたと言ったほうが当たっていたのかもしれない。政治家・田中角栄はこのときに政治の世界ですべての足場を失ったと言ってもよかった。後援会組織である越山会も会員の減少が続き、田中は孤立というより、国政の場からもしだいに締めだされる状況に近づいたのだ。

この状況に追いうちをかけたのが、経世会結成から三週間ほどあとの第二審での判決言いわたしである。その判決は、控訴棄却であった。つまり東京高裁は東京地裁の第一審判決を支持し、懲役四年、追徴金五億円の刑が再び命じられたことになる。これに対して弁護側は、直ちに上告している。最高裁までもっていき、徹頭徹尾争うというのであった。

田中は、法廷闘争をこれからも何年かにわたって続けなければならなかった。法廷に出廷できる身体ではなかったが、弁護人たちには直接間接に「冤罪であり、戦い続ける」との意思を示した。田中としては今となっては戦う以外になかったのである。推測を深めれば、経世会はこのような司法の状況を見て、その結成式を急いだのかもしれなかった。一足先に結成大会を開いていたために田中有罪に追い打ちをかけたというような、妙なレッテルが張られるのを防いだと言うこともできた。その点でも、田中は敗れたと言うべきだった。

第一審のときは百人を超す議員や支援者が私邸に集まり、不当判決だと気勢をあげたのに、この第二審の判決ではほとんど訪れる者はなかった。裁判に出席していない田中は私邸に閉じこもったまま、テレビで判決を聞いた。とくに怒りも悲しみも見せず、淡々とこの判決を受けいれたというのが実際の姿だったようだ。

この年十一月に、竹下登が第七十四代首相に選ばれた。宮沢、安倍、竹下、三人のニューリーダーから、中曽根首相が指名を行うことになり、竹下に決めたのであった。それは、田中の政界復帰は不可能であるとの宣告でもあった。

田中が舞台から去る日は、着実に近づいたのである。

田中が政界引退を発表したのは、平成元年十月十四日であった。十八万票近くの票を得ながら、いちども国会に出席できなかった。加えて竹下が首相になるに及んで、国会に出ていく理由が失われた。確かにこれ以上、議員でいるならば日本の議会政治に汚点を残すと受け止められても仕方がなかった。あえて言うなら竹下は、のちにリクルート事件によって首相の座を降りることになるのだが、それを予測したかのような引退劇でもあった。

越山会では次の総選挙でも田中をかつぐことにしていたが、しかし田中の地元筆頭秘書で「国家老」と呼ばれた本間幸一や越山会会長の片岡甚松と田中側の家族とが話し合ってみると、異なった状況を認識せざるを得なかった。

選挙情勢をよく知っている本間は、「こんどの選挙では、田中先生の票は七万票とれればいいのではないか」と厳しい数字を示した。田中の票は大きく落ちこむだろうというのであった。むろんトップ当選などむずかしいとも言うのである。とくにこんどの選挙では、「最低十日間は選挙区に入って戦わないと危ない」とつけ加えたのだ。田中は充分に会話を交わせない状況だから、とてもそんな運動はできない。こういう状況をひとつひとつ点検したうえで、田中家では政界引退を決めたようだった。その決断がやがて片岡や本間にも伝えられた。

「いささかの悔いもなし」

十月十四日午前十時に、越後交通本社で娘婿の田中直紀が、田中の不出場の声明を読みあげた。それは田中自身が書いたとされたが、次のような内容であった。

「今期限りを以って衆議院議員としての政治生活に終止符を打つ決意をしたことを声明いたします。四十二年の永きにわたって、越山会をはじめ、多くの皆様から私に寄せられた、強力にして絶大なご声援に対し、深甚なる謝意を表します。我が愛する郷土・新潟県の発展と、邦家安寧のために後進の諸君の一層の奮起を期待するものであります。顧みて我が政治生活にいささかの悔いもなし」

田中の後援者たちは、この選択がもっとも良いと胸をなでおろした。議会にいちども出ることなく議員であり続けるのは、有権者を愚弄することだと、田中に支援を寄せる者でも知っていたのである。田中の存在が大きければ大きいほど、その晩節を汚すべきではないとの声もまた選挙区には多かった。

政界を引退してからの田中の消息は、ほとんど外に洩れてこなかった。目白の自宅で療養、リハビリをしているというのであったが、平成四年八月に、日中国交回復二十周年を記念して北京入りしたことが報じられた。中国側の「井戸を掘った人のことを忘れない」とのこの招待に、田中は病の身を押して、中国政府の要人たちと会話を交わした。当時の報道によると、田中は感謝の声を発しつつ、しばしば涙を流したという。これには中国の要人たちも驚き、田中の手をとり、ともに涙をこぼす者もあったというのである。中国との国交回復は、二十世紀の不幸な歴史にひとまず終止符を打つことでもあり、このことは日本史にも、中国史にも田中の名前が刻まれることであった。この旅行では、田中の家族が揃って田中を支えていて、田中はその生涯で初めて家族とのそういう姿を国民の前に示すことになった。

平成五年九月、田中は体調を崩して、それまでの東京逓信病院から慶応大学病院に転院した。甲状腺機能が悪化したためであったが、しかしこの症状はすぐに回復して、再びリハビリに精をだすことになった。だが七十五歳の肉体には幾つもの病が重なっていて、十一月からは容態が一層悪化した。十二月十六日、午後になって呼吸困難におちいり、病室には家族が駆けつけた。呼吸の乱れは、肉体が最後の段階に近づいていることを示していた。

午後二時四分、甲状腺機能の障害に肺炎を併発し、その生命はもうもちこたえられなかった。こうして七十五歳の生を終えた。

新聞各紙は、「田中角栄元首相　死去」と、どこも一面で同じ横見出しで伝えた。しかし同じ一面のタテ見出しには、「ロ事件　列島改造　日中国交　自民党政治を象徴」（朝日）とか、「ロ事件上告中、75歳　列島改造　金脈問題　日中国交を正常化」（毎日）とあった。田中を語る昭和のキーワードは、ロッキード事件、金脈、日中国交回復であることをはからずも示していた。その死を悼む記事は、この政治家の人生に凝縮している日本社会の光と影を記述することに尽きていた。有識者や知識人の対談では、大体が「数とカネ」で政治を支配していたことが腐敗と退廃を生んだと批判しつつ、日中正常化への評価、高度成長を支えた基盤整備などを評価する声もまた多かった。

いずれにしてもこの政治家は、功罪相半ばするというのが世論の見方であることを裏づけていた。

巧妙な戦後大衆の姿

朝日新聞社会面には評論家の立花隆が、「『成り金日本』を体現」と題して寄稿している。この稿の初めの部分は、田中を通してはからずも戦後日本を語っていて、これは同時代史の見方のなかでもっとも的を射ているように思える（原文は改行しているが、引用にあたっては改行していない）。

「あらためて、一つの時代の終わりというものを感じる。田中角栄という人は、よくも悪くも戦後日本を体現したシンボル的存在だったと思う。田中の成り金的成功は、戦後日本の成り金的成功の反映でもあった。人間万事金次第という、田中の強い信念は、経済の論理一辺倒できた戦後日本の一般的風潮でもあった。（以下略）」

立花のこの指摘は重要な意味を含んでいた。「田中角栄」は単に固有名詞ではなく、普通名詞と言うこともできるとの意味であった。さらに立花のこの見方を敷衍《ふえん》していくなら、確かに田中はカネを配布し、そして数をふやし、その数を力に変えて民主主義を己れの信念に沿うように歪曲《わいきょく》した。しかし同時に、田中にカネをもらい、地位を与えられ、便宜を図ってもらい、そしてこの社会の目に見える形の欲望を充足させようとしたのは政治家であり、国民であった。田中の金脈から生みだされるカネにありつき、それを貪《むさぼ》ったのもまた政治家であり、国民であった。

国民の欲望そのものを、田中は代弁していたのである。信念や理念より目に見え手にとることのできるカネやモノに信頼を寄せる国民の心理的、文化的レベルを、田中は正直に私たちに見せつけたのであった。田中は時代によってつくられたが、次には田中が時代をつくる役を演じた。しかし次に国民は田中を捨て去り、自らは「田中角栄」という普通名詞と一線を画する側に立ったのである。その巧妙さが戦後社会の大衆の姿でもあった。

田中のロッキード裁判はどうなったのか。弁護士の木村喜助の書（『田中角栄　消された真実』）によると、田中の死によって最高裁は直ちに公訴棄却の決定を行ったという。「これによって田中元総理の裁判は終結した。公訴棄却の決定とは本人の死亡により検察官の起訴、すなわち公訴を無効にすることで、田中元総理の有罪判決はなくなった」

つまり田中は、その経歴上から有罪判決は受けずにすんだということになる。この事件について、私は未だ不透明な点があると思うが、田中を陥れるための幾つもの罠がつくられ、そこから田中は抜けだせなくなったというのが真相ではないか、と私には思える。

思えば田中は「昭和という時代」のさまざまな側面を具現化した政治家であった。田中の側近、あるいは親しかった人たちが、田中をさまざまに評しているのだが、越山会の幹部が、田中を評して「田中さんは恥ずかしいということを知らない。それが長所でもあり短所でもあった。日中国交回復で万里の長城へ行ったとき漢詩を発表したが、文法もデタラメ。それがあの人は平気だった」と語っている。側近として常に周辺で見ていたのだから、この指摘はあたっているのだろう。

田中は、昭和前期というあの時代に生きて、「恥ずかしいということを知らない」との信念をもち、昭和中期、昭和後期を生きたのかもしれない。それは果たして田中を固有名詞として見ての言か、あるいは普通名詞の意味をもつのか、田中の側近のこの言をもとに、田中と時代を共にした私たちの姿を問うてみる必要がある。

「田中角栄の昭和は私たちの昭和なのだろうか」——私たちはこの問いに、やはり誠実に答えを返すときであろう。

昭和という時代につくられた、そして昭和という時代をつくった政治家——この人物とどのように向きあって対話をすべきか、今なお私たちは問われているのである。

あとがき

冒頭にも記したが、昭和前期の東條英機、中期の吉田茂、そして後期の田中角栄、三人の首相の評伝を書くことを自らに課してきた。昭和という時代には三十二人が首相のポストに就いているのだが、このなかで三つの時代を代表する首相はこの三人だと、私は考えてきた。それゆえに戦後民主主義の空間で育った世代として、この三人を見つめる目を同じ次元に据えて評伝を書きたいと志したのである。

東條を著したのは昭和五十七年（一九八二）で、吉田茂は平成十三年（二〇〇一）であった。そして田中に取り組まなければと思ったのだが、田中は同時代のゆえにそれを描く視点はなかなか難しかった。本書の序章や第二章、第三章の一部は幾つかの月刊誌などに執筆した稿を参考にしつつ、改めて加筆、補筆をし、大幅に手直ししている。第一章、そして第四章から終章までは新たに書き下ろしたのだが、私はこれまで田中角栄の評伝を書くために多くの人に取材を進めてきた。田中の周辺にいた関係者からも幾つかの話を聞いたが、本書はそうした折の証言も用いている。

本書を著すのにジャーナリストの飯田守氏に多くの示唆を受けている。田中角栄の取材を続けてきた飯田氏の縁で何人かの関係者に会うこともできた。

田中という政治家をできるだけわかりやすく解剖したかったというのが本書の趣旨だが、私なりに、多くの協力者を得ることでその趣旨は生かされたのではないかと思う。

私自身の田中角栄観は、この社会に多いタイプとの見方である。これまでの人生で田中的人物になんどか会ったとの思いがする。たとえば、いかに巧みに土地をもとに利益をあげるかといったことを説く企業経営者がいる。あるいは、いかに福祉がカネになるかを話す福祉施設の関係者がいる。現実的利害に関心をもつ人物は一様に独自の人生観をもっていることに気づく。「あれこれ口でいっても仕方がない。まずは実行ですよ」などといった言を好むのだ。私はこういう人物を田中角栄的と思ってきたが、大体はこのような人物こそ成功者の範疇《はんちゅう》に入っているのも事実なのである。

本書は日本社会の成功者、そして失敗者である田中角栄を通して、戦前、占領期、戦後を読み解こうと試みた書でもある。本書の記述は田中とその周辺を書きこむことで、田中の実像を浮かびあがらせようとの手法をとっている。田中への私なりの見方を読みとっていただければ幸いである。

私自身は異彩を放つこの元首相に惚れこむつもりはないし、批判の目だけで見てもいない。近代日本のもっとも日本人らしい日本人だとの思いがする。ロッキード裁判に関しては、田中の基本的人権は冒されていたと説く司法界の一部の意見については、今後一層の検証は必要であろう。

田中角栄については数多くの著作が刊行されている。幾つかの書を本書でも参考にしているし、引用もしている。そのつど本文中で引用文献は記しておいた。また、文中人物の敬称を略していることをご諒解いただきたい。

本書刊行までに予定が大幅に遅れたが、その間、辛抱強く待っていただいた朝日新書編集長の岩田一平氏と編集部の福場昭弘氏、奥村美穂氏にお礼を言いたい。福場氏の助力がなければ本書は生まれなかった。とくに、資料集めなどでご協力いただいたことに改めて感謝したい。

二〇一〇年（平成二十二）六月

保阪正康

朝日文庫版へのあとがき

本書を朝日新書の一冊として刊行してから、ほぼ十五年の月日が流れた。私自身の意識の中で、田中角栄像が変化したかと問われたら、やはりいささかの変化はあったと答えることになるだろう。その変化は、田中角栄やロッキード事件、さらには戦後政治の内実を語る書も数多く刊行され、それらの書に大体は目を通した者として、いくつかの新しい発見があったからでもある。

私の中で最も角栄像が変化したのは、春名幹男氏の『ロッキード疑獄　角栄ヲ葬リ巨悪ヲ逃ス』(KADOKAWA、二〇二〇年)を読んで強い衝撃を受けたことによる。私の推測や見通しが全て実証されているのである。加えて戦後日本の真の巨悪は誰かも精緻《せいち》に論説していたのである。私はほとんどの部分で納得したが、特に驚いたのは、田中角栄はアメリカ側から見て危険で厄介な人物と見られているとの分析であった。そしてそれゆえにということだろうが、田中は主要ポストから追い出される運命を背負っていたとの指摘であった。このことは本書刊行の後に出版された中曽根康弘元首相の回顧録(『中曽根康弘が語る戦後日本外交』新潮社、二〇一二年）などにも書かれているのだが、アメリカの元国務長官のキッシンジャーが、「田中をやったのは間違いだった」旨の述懐をしていたとある。田中はアメリカの権力中枢から失脚させられたと言っても良いのではないかとの推測は当たっているということにもなるのだろう。

その理由は奈辺にあるのか。二つの理由を指摘できる。ひとつは、対中国との国交回復時のことだ。ニクソン外交の一環として、キッシンジャーが北京に飛んで、中国との国交回復を目指す動きを示したのが、昭和四十六年（一九七一）である。キッシンジャーは中国との間で、一つずつ懸案事項を整理、解決して最終的に国交関係の樹立を考えていた。その意味ではキッシンジャーのプログラムは、精密に練り上げられていたということになるだろう。ところが同盟国の日本（アメリカにすれば最も従順で言うことを聞く国という認識である）の指導者・田中角栄は、そういうプログラムなど知ったことか、とばかりに中国との国交回復に乗り出してしまった。キッシンジャーの心中に、「ケーキの最も美味しい部分を奪われ食べられてしまった」という不快感が湧き上がったことは否定できない。この怒りが「田中嫌い、田中追い落とし」に至ったというのは事実だったように思う。

もうひとつは、アメリカに公然と反旗を翻《ひるがえ》すごとき独自の資源外交である。具体的には石油から原子力へのエネルギー転換の時代に、田中はフランスなどから濃縮ウランを独自に製造できる段階までの原子力政策を打診され、そこまでには踏み切らなかったにせよ、燃料政策のアメリカ依存に抵抗する姿勢は見せる形を示している。これは同盟の範囲を超える姿勢というのが、キッシンジャーなどの判断であったのだろう。田中は日米同盟の一方の指導者として信頼できないという怒りは、特にアメリカの政権中枢で極端に高まっていったように私には思えるのである。

この二つの理由を収斂《しゆうれん》する結果になるが、本書でも指摘しておいたように、田中角栄には無作為の社会主義者としての資質があるとアメリカ側は読み取っていたのではないか、というのがやはり私の基本的な認識でもあった。そのことを、この書刊行の後でなおのこと強く私は認識するようになった。

角栄本には、いささか底の浅い単に褒めまくるだけの書もある。そういう本は逆に、田中角栄の支持者に対する、極めて非礼な意味があるように思う。そういう本が常に時代を超えて刊行されるのは、田中角栄は戦国武将の織田信長や幕末維新時の坂本龍馬のような存在になりうる人物であるからだろう。あと何年かすれば田中には、いくつかの新たなエピソード、新たな英雄譚が生まれていくであろう。その人物像は増幅されつつ人口に膾炙《かいしや》されていくに違いない。底の浅い角栄本の推移はまさにそのことを予測せしめている。

一方で前述の春名著のような歴史に残る戦後日本の宿痾《しゅくあ》を問う書があれば、もう片方に底の浅い角栄本がある。私の分析ではということになるのだが、こうした歴史上の人物に共通しているのは、「性格の二重性と存在の多面性」である。そうした人物は細心の注意を払いながら、大胆な発想や行動に出るという性格を持つ。その存在は見つめる立場によって、いかようにも受け取ることが可能な人物と言えるであろう。私は全面的に共鳴したわけではないのだが、そうした多様性の一つに、小室直樹の『田中角栄の呪い〝角栄〟を殺すと、日本が死ぬ』（光文社、一九八三年）を挙げておこう。

この書の目次をみていて、「角栄学講座1　角栄を殺すと日本が死ぬ」という刺激的なタイトルが最初に出てくる。博識のこの評論家は、いささか突飛な言い回しで世論に刺激を与えるのが特徴でもあったのだが、この項でもそうした表現で以下のように書いている。昭和五十八年（一九八三）一月に、東京地裁で検察側は田中に懲役五年を求刑したことに触れて、である。少し長くなるが引用しておこう。

「戦国時代の乱世を治めて徳川太平の世が演出できたのは、家康的人間のカリスマによるがごとく、敗戦の焦土と飢餓から立ちあがって、三十八年の平和とアメリカにも比すべき繁栄――もっとも空想的人間の夢さえも上まわる繁栄――それが得られたのは角栄的人間のカリスマによる。

このカリスマがなくなったら、何もかもおしまいになる。

角栄こそ、戦後デモクラシーの受肉化《インカーネーション》（Incarnation）である。権化《ごんげ》である。フロイド的表現を用いれば、原父《ウルファーテル》なのだ。

その原父を日本人は、戦後デモクラシーの原罪をみんな負わせて、犠牲の祭壇《さいだん》にのぼらせようとしている。

これは恐ろしい。（以下略）」

小室は、戦後民主主義は角栄そのものであり、角栄を殺せば戦後民主主義は自己崩壊すると決めつける。もし実際に有罪と決めつけたら、三木武夫（首相）、ロッキード裁判の検事などは「惨死《ざんし》」するだろうとまで書いている。小室流のこうした脅かしには賛成しかねるにせよ、角栄が戦後民主主義の権化という言い方は的を射ている。

田中が戦後民主主義の権化というのは、むろん田中自身の思想や哲学がというのではない。田中が権力を握ってくるプロセスを、私たちは戦後民主主義と言っているのであり、それが政治思想に基づいているかと言えば、そうではないと小室は強調している。

しかし小室が言いたいのは、本当は、「天皇のため帝国のため、ありとあらゆる力をつくした結果が、その意図とまったく正反対に、絶対天皇制も帝国も、雲散霧消、きれいになくなってしまった」という現実であろう。現在の日本人は今なおこのことに気がついていないと分析する。

要は民主主義擁護の人たちによって、戦後民主主義体制が葬り去られるという現実が許せないというのが、小室の主張でもある。

私はこの稿を起こすに当たって、改めて角栄について書かれた数々の書を読んだのだが、小室の書も実は初めて読んだ。そして彼なりの諧謔《かいぎゃく》の中で、時にキラリと光る認識や表現に触れた。つまり私たちの理解する戦後民主主義は古今東西の社会思想家や哲学者などの理論を、かなり未消化のままに用いているという指摘である。角栄を民主主義の権化の位置に据え、角栄よ、民主主義を守れという言の矛盾を小室は嗤《わら》っているのである。

本書で触れた通り、田中角栄は戦後民主主義のある断面を具現化している。それは物量の充足した世界こそ、幸福という価値に直結しているとの認識だ。物量をもって政治が機能していると見る発想は、実は歴史の解釈にも反映してくるのである。例を挙げれば、田中角栄風民主主義によると、太平洋戦争の敗戦は対アメリカとの圧倒的な物量差によって、敗れたことになり（確かにそれは事実なのだが）、もともと戦争などしてはいけないのだという非戦思想に繋がっていく。しかし戦争とは、物量だけで始まっているわけではない。民族的反発、対相手国との領土問題、時には単なる憎悪の感情による戦争もあると言っていいだろう。

田中にとっては、そうしたことが原因となって戦争に国力をかけるなどというのは愚の骨頂だということになる。そういう田中の非戦意識は日本人にとっての最大会派に受け継がれているというのがこれまでの状況でもあった。あえてもう一度小室直樹の記述に従えば、日本人の大多数が受け入れている田中角栄式物量民主主義に立脚しての田中擁護はそれ自体、民主主義の体制破壊の危険があるという意味にもなるのであろう。

小室はまた近代民主主義と儒教的論理が渾然《こんぜん》一体となっている日本的混合の価値観により、田中批判の本質に「恥」とか「自省」などを据えることの矛盾を明かしている。田中批判の難しさは、その中心点に何を据えるのかにあるということを、今一度突き詰めて考えなければならない、と私も思う。

本書が真に問うたのは、戦後社会における「田中角栄」の存在を通して、私たちの昭和史はどのような自画像を描くべきか、それを基に私たちの国がいかなる方向に進むべきか、改めて熟考すべきだという点にあった。図らずも二〇二五年は戦後八十年、そして昭和百年にあたる。昭和二十年八月に近代史が崩壊し、そして現代史が始まった。近代史の軍事主導体制に別れを告げ、今や非軍事の現代史の方が時間的には長くなった。そう日本は新しい価値基準で社会を動かし、国際社会にもそれは認知されたかに見える。そういう時代の一角に田中角栄がいるというのは否定できない事実である。

その田中をどう総括するか、それは現代史の中心テーマにもなるだろう。その意味では、田中角栄という政治家の本質を常に問い返すことで、私たちは学ぶべき点の多さと重さを自覚し続けなければならないであろう。

本書は朝日新書で刊行した版に若干の加筆、補筆を行い、改めて朝日文庫に加えていただいた。この間、労を取って下さった朝日新聞出版書籍編集部の編集委員・長田匡司氏、部員の上坊真果氏に感謝したい。また学界やジャーナリズムで幅広く活動されている春名幹男氏から内容の濃い解説をいただいた。同氏に深く感謝する。

保阪正康

二〇二四年（令和六）十二月

『田中角栄の昭和』関連略年表

	年齢	〈田中角栄〉	〈国内外の主な出来事〉
1918（大正7）年		5月4日 誕生。出生地・新潟県刈羽郡二田村（現・柏崎市） 父・田中角次、母・フメの長男	
1925（大正14）年	7歳	4月 二田尋常高等小学校入学（校長・草間道之輔）	
1931（昭和6）年			9月18日 柳条湖事件。満州事変始まる
1932（昭和7）年			5月15日 5・15事件
1933（昭和8）年	15歳	3月 高等科卒業。柏崎土木派遣所で働く	3月27日 日本が国際連盟脱退
1934（昭和9）年	16歳	3月27日 上京。大河内正敏邸を訪問 井上工業東京支店に住み込み。入内島金一と出会う 中央工学校土木科入学。高砂商会に就職 中村勇吉建築事務所に勤める	
1936（昭和11）年			2月26日 2・26事件
1937（昭和12）年	19歳	3月 共栄建築事務所設立	7月7日 盧溝橋事件。日中戦争始まる
1938（昭和13）年	20歳	春 徴兵検査、甲種合格	

1939（昭和14）年	21歳	3月 盛岡騎兵第三旅団第二十四連隊第一中隊、満州富錦へ	5月11日 ノモンハン事件 9月1日 第2次世界大戦始まる
1940（昭和15）年	22歳	11月末 野戦病院入院（クルップス肺炎）。内地送還	9月27日 日独伊3国同盟締結
1941（昭和16）年	23歳	10月5日 退院、除隊。いったん帰郷後、すぐに上京し事務所設立 坂本木平（土木建築業）の家に下宿、ハナと出会う	10月18日 東條英機内閣成立 12月8日 日本軍が真珠湾攻撃。太平洋戦争始まる
1942（昭和17）年	24歳	3月初め ハナと結婚（住所・飯田町二丁目十一番地）	6月5日 日本軍、ミッドウェー海戦で敗北
1943（昭和18）年	25歳	田中土建工業株式会社に組織変更	10月21日 東京・明治神宮外苑競技場で出陣学徒壮行会が挙行される
1944（昭和19）年	26歳	1月14日 長女・眞紀子、誕生	10月23日 レイテ沖海戦開始
1945（昭和20）年	27歳	8月15日 終戦（朝鮮に赴任中） 20日ごろ 朝鮮から引き揚げ、青森港に入港。上京（25日）	3月10日 東京大空襲 8月6日 広島に原爆投下 9日 長崎に原爆投下 8月15日 玉音放送（終戦の詔勅）
1946（昭和21）年	28歳	4月10日 第22回総選挙で落選（進歩党）	5月3日 極東国際軍事裁判（東京裁判）開廷
1947（昭和22）年	29歳	4月25日 第23回総選挙で初当選（民主党）	5月3日 日本国憲法施行
1948（昭和23）年	30歳	12月13日 炭管（炭鉱国管）汚職により逮捕	4月27日 昭和電工疑獄事件が衆議院で問題化

			11月12日 東京裁判で被告25人に有罪判決（12月23日に7人の死刑執行）
1949（昭和24）年	31歳	1月23日 第24回総選挙。拘置所から立候補し再選	10月1日 毛沢東が中華人民共和国の成立を宣言
1950（昭和25）年	32歳	4月11日 炭管汚職事件、一審有罪判決 11月 長岡鉄道（現・越後交通）社長に就任	6月25日 朝鮮戦争勃発
1951（昭和26）年	33歳	6月22日 炭管汚職事件、無罪確定	9月8日 対日講和条約調印
1954（昭和29）年			4月21日 造船疑獄で犬養健法相が指揮権発動
1955（昭和30）年	37歳	11月15日 自由民主党結党に参加	10月13日 左右社会党統一 11月15日 自由・日本民主両党が合同、自由民主党結党（55年体制）
1956（昭和31）年			10月19日 日ソ共同宣言調印、国交回復 12月18日 日本が国際連合に加盟
1957（昭和32）年	39歳	7月10日 郵政大臣に就任（第1次岸信介改造内閣）	
1959（昭和34）年			4月10日 皇太子・正田美智子さん結婚
1960（昭和35）年	42歳	10月 越後交通発足	5月19日 新日米安全保障条約強行採決
1961（昭和36）年	43歳	7月18日 自民党政務調査会長に就任	
1962（昭和37）年			10月24日 キューバ危機

1963（昭和38）年	45歳	7月18日 大蔵大臣に就任（第2次池田勇人改造内閣）。第1次佐藤栄作内閣まで留任	11月22日 ケネディ大統領暗殺される
1964（昭和39）年			10月1日 東海道新幹線開業 10日 東京オリンピック開幕
1965（昭和40）年	47歳	6月3日 大蔵大臣を辞任、自民党幹事長に就任（66年12月に辞任）	
1966（昭和41）年			8月 文化大革命始まる
1968（昭和43）年	50歳	11月30日 幹事長に復帰	8月20日 「プラハの春」鎮圧される
1969（昭和44）年			1月18日 東大安田講堂で学生と警視庁機動隊が衝突
1970（昭和45）年			3月14日 大阪万博（日本万国博覧会）開会
1971（昭和46）年	53歳	7月5日 通商産業大臣に就任（第3次佐藤栄作改造内閣）	
1972（昭和47）年	54歳	5月9日 佐藤派から田中派が分離独立へ 6月『日本列島改造論』刊行 7月5日 自由民主党総裁に当選（決選投票で福田赳夫を破る） 7日 第1次田中内閣発足 9月25日 中華人民共和国訪問のため出発 29日 日中国交正常化をうたう共同声明に調印	5月15日 沖縄返還

1973(昭和48)年			11月16日 第1次石油危機（この日、緊急対策を閣議決定）
1974(昭和49)年	56歳	10月10日 月刊誌『文藝春秋』発売。「田中角栄研究」、「淋しき越山会の女王」が掲載される 12日 外国人記者クラブ昼食会で金脈問題に質問集中 12月9日 田中内閣総辞職。首相在職日数886日。三木武夫内閣発足	
1975(昭和50)年			4月30日 サイゴン陥落。南北ベトナム統一
1976(昭和51)年	58歳	2月4日 ロッキード事件発覚（米国の「チャーチ委員会」で疑惑浮上） 7月27日 逮捕。5億円の受託収賄罪と外国為替・外国貿易管理法違反の容疑。自民党離党。8月17日に保釈 12月24日 三木内閣総辞職、福田赳夫内閣発足	
1978(昭和53)年	60歳	12月7日 大平正芳内閣発足	
1980(昭和55)年	62歳	7月17日 鈴木善幸内閣発足	9月22日 イラン・イラク戦争勃発
1982(昭和57)年	64歳	11月27日 中曽根康弘内閣発足	4月2日 フォークランドで武力衝突

1983（昭和58）年	65歳	10月12日　ロッキード事件一審判決。懲役4年、追徴金5億円。田中側控訴	
1985（昭和60）年	67歳	2月7日　創政会、発足 27日　脳卒中で倒れ入院	
1986（昭和61）年			4月26日　チェルノブイリ原発事故
1987（昭和62）年	69歳	7月4日　経世会、発足（田中派分裂） 7月29日　ロッキード事件控訴審判決（一審支持・控訴棄却、田中側上告） 11月6日　竹下登内閣発足	
1988（昭和63）年			6月18日　リクルート事件発覚
1989（平成元）年			1月7日　昭和天皇逝去 6月3日　中国・天安門事件
1990（平成2）年	72歳	1月24日　衆議院解散、政界引退。勤続43年、当選16回	このころ日本のバブル経済が崩壊
1991（平成3）年			1月17日　湾岸戦争勃発
1992（平成4）年	74歳	8月27日　中国訪問（日中国交回復20周年） 12月18日　経世会、分裂（羽田・小沢派結成）	6月15日　国連平和維持活動（PKO）協力法案成立
1993（平成5）年	75歳	3月6日　金丸信・元自民党副総裁、脱税容疑で逮捕される 7月18日　第40回総選挙で自民党過半数割れし、下野	1月13日　米・英・仏軍がイラクを空爆

	8月9日　細川護熙内閣発足 12月16日　死去、享年75。戒名は政覚院殿越山徳栄大居士 墓所は新潟県柏崎市（旧・西山町）田中邸内 ロッキード裁判は公訴棄却（審理の打ち切り）
1995(平成7)年	2月22日　田中秘書・榎本敏夫に対するロッキード裁判上告審の有罪判決理由の中で、最高裁が田中の5億円収賄を認定する

解説

対米従属を拒否した田中角栄

春名幹男

著者の保阪正康氏は半世紀にわたって昭和史の研究成果を世に発表し続けてきた。豊富な資料を駆使して分析し、時代を解き明かし、読者の支持を得てきた。彼の魅力は総合力だ。新聞社で言えば、政治部、文化部、経済部といった主要各部が収集するような情報を一人で集めて巧みに構成する。だから、既存の田中伝記では「田中角栄は語られているように見えて、その実、語られていない」と切り捨てている。

彼は、昭和時代を三期に分けて、前期を戦前・戦中の「軍事主導体制」、中期を占領下の「国家主権喪失体制」、後期を「物量至上の社会体制」と色分けし、前期を代表する東條英機首相と中期の吉田茂首相の評伝はすでに書いた。

今回、後期を代表する田中角栄の評伝に取り組んだのは、「最近の政治状況の中に田中政治が顔をだしている」からだと動機を明らかにしている。田中政権の時代と近年の政治状況にはアナロジーがある。彼の指摘でそのことに気がつき、はっとした。

田中の時代、第四次中東戦争とそれに伴うオイルショック、そして田中金脈問題などの不祥事で政権が大きく揺らいだ。今は、ロシアのウクライナ侵攻と、それに伴う西側の制裁でサプライチェーンが乱れ、円安も重なって物価高を招いた上に、自民党と旧統一教会の癒着や「裏金問題」で追い詰められ、石破茂首相が登場したが、総選挙で自公与党の衆議院議席は過半数割れとなった。その上「対米従属」や「日米地位協定」への国民の不満が募り、与党はさらに追い詰められそうだ。本書はまさに刺激的にタイムリーな出版となった。

田中は1974年末に退任後、1年余りたって、未曾有《みぞう》の国際的スキャンダルである「ロッキード事件」に見舞われ、逮捕・起訴。長期にわたる法廷闘争を余儀なくされる。しかし田中には、これは単なる刑事裁判ではなく、法廷自体が政治裁判であり、自分は「元首相」の立場で、「敵対する勢力との間で行われた政治闘争を今またくり返している」との思いがあった、と保阪氏はいみじくも鋭い指摘をしている。

この機会に、米国でロッキード事件関係の公開された機密文書を渉猟した立場から、田中の「政治闘争」について、話を補強できたらと思う。実は田中が闘った相手は、対立する日本の政治家だけではなく、米国のリチャード・ニクソン政権にも政敵はいたのだ。

次のような結論を先に申し上げたい。

現代の状況に関連付けて言うなら、田中は自主外交を進め、対米従属を拒否した最後の首相である。歴史的経緯から言えば、田中は自主外交を進め、対米従属を拒否して米国側から嫌われ、逮捕されたのだ。

もちろん、外交とは無関係の法的手続きで、法執行機関が5億円のわいろを受け取った事実を立証したので、田中は逮捕され、裁判でも有罪を宣告された。しかし、その法的過程で、米国政府はロッキード社から田中有罪を立証する文書を提出させる仕掛けを作っていたのである。

次に、田中逮捕を決定的にした経緯を以下に振り返っていきたい。

実はロッキード事件は日本で大騒ぎが始まる約5カ月前に、米国で裁判沙汰になっていた。事件が発覚したのは、日本で表面化した1976年2月5日の約8カ月前、1975年6月10日に上院外交委員会多国籍企業小委員会（チャーチ小委員会）が別のテーマで行った公聴会だ。直ちにチャーチ小委と証券取引委員会（SEC）はロッキード社に対して、「政府高官名」が入った資料の提出を要求した。しかし、ロッキード社側は拒否した。

チャーチ小委は断念したが、SECは提出を要求し続けた。それでもロッキード社は応じないので、SECは1975年10月9日、同社を相手取ってワシントン連邦地裁に提訴し、高官名が入った文書の提出をあくまで求めた。

困ったロッキード社はヘンリー・キッシンジャー国務長官に要請し、「機密メモ類の公開は望ましくない」として、文書を提出しなくても済むよう助力を頼んだ。キッシンジャーはこれを受けて、11月28日に司法長官あてに意見書を提出した。意見書は最終的に連邦地裁に提出された。A4判で1ページ半程度の長さだが、内容は以下のように非常に難解だ。

「外国高官の名前と国名が第三者に早まって公開されると、米国の外交関係にダメージを与える」として、一般論としては公開に消極的な考えを示している。

同時に「判事が望めば、国務省の代表が判事と面会して非公開で助言し、国務省の正確な限度について話し合いたい」とも提案している。「限度」を超えなければ、高官名入り資料をSECに提出してもかまわない、という仕立てになっているのだ。

この限度とは、何のことだろうか。前後の脈絡からみて、米国の外交関係にダメージを与えるほどの高官名と国名、という意味と考えられる。

判事はこの意見書の内容を取り入れて結審した。その結果、文書がSECに提出された。

文書が最終的に東京地検特捜部に渡されたことは、当時のロッキード社社長A・C・コーチャンと担当検事堀田力《ほったつとむ》の回想録などで明らかにされている。堀田氏によると、高官名が入った捜査資料は3点ある。

第一に「Tanaka」の名前が中心に位置する人脈図、
第二に「PM（田中首相の略称）」に対する働きかけの経緯を記した文書、
第三に田中派幹部を含む政治家名とカネの支払い額に関するリストである。
これらの文書は、ロッキード社からSECに提供され、米国司法省経由で東京地検特捜部に渡された2860ページの一部である。

キッシンジャーに助力を依頼して、コーチャンは「『これでわれわれは十分保護された』――私はそのときそう感じて安心したものである」と回想録に書き残している。

しかし、現実はまったく反対だった。国務省とキッシンジャーは、これら三点の文書とそこに出てくる高官名は「限度内」とみていた。言い換えれば、キッシンジャーは事実上、田中が立件される程度であれば文書の提出はOK、と考えていたに違いない。

事実、キッシンジャーは田中をひどく嫌っていた。国務省の次官補（日本の局長級）以上の幹部を集めたスタッフ会議でキッシンジャーは田中のことを、ただのウソつきではなく「彼はウソつきの世界記録を持っている」などと口を極めて罵《ののし》っているほどだ。

外交問題では、ニクソン政権は田中による「日中国交正常化」に反対していた。キッシンジャーの秘密外交が成功して、日本より先にリチャード・ニクソン大統領の訪中を実現したではないか、と言われそうだ。確かに1972年2月にニクソンが先に訪中し、田中訪中は半年以上あとの同年9月になった。

しかし中身が違う。田中訪中で発表された日中共同声明は、日中の国交を正常化し、「中国は一つ」「台湾は中国の一部」と認めている。これとは全く異なり、ニクソン訪中で発表された「上海コミュニケ」は「米国は、台湾海峡の両側のすべての中国人が、中国はただ一つであり、台湾は中国の一部分であると主張していることを認識している」という巧みな文章で、中国側が求めた米中国交正常化をかわしているのだ。

キッシンジャーはこのコミュニケを「歴史的成果」、とその後も誇りにしてきた。「通常、コミュニケは棚の上の短い命である。……ニクソンの中国訪問についてまとめたコミュニケの場合は違う」と自慢している。

しかし、日本が日中国交を正常化すれば、中国に外交の主導権を握られる可能性が出てくる、とキッシンジャーは恐れた。彼は田中らに、中国をめぐって「日米が競争すべきではない」と繰り返し説いた。日米が争って中国に秋波を送れば、中国側は有利な立場になり、日米に対して指図をする可能性もある。

1974年11月。訪中したキッシンジャーは、中国副首相・鄧小平《とうしょうへい》から、米中関係でも国交正常化を、と持ちかけられ、回答に戸惑う局面があった。鄧は国交正常化では「『日本方式』をご存じのことと思う」と言い、日本方式を取るよう検討を求めたのだ。中国側から突然、国交正常化を求められ、焦ったのか、米国務省の会談録によると「But（しかし）」を二度続けて口にした。プライドを傷つけられたと感じたことだろう。

もう一つは、1973年の第四次中東戦争で、「石油ショック」が起きた時のことだ。文字通りの「油断」で、日本は戦後最悪の経済危機を迎えると恐れられた。このため田中は日本外交の基軸を「親アラブ」に転換して石油の供給を図ることを決めようとしていた。

キッシンジャーは1973年11月に来日して、田中の説得に努めた。ところが田中は頑としてこれに従わず、2人は正面から衝突して言い合いになった。田中に対するキッシンジャーの怒りは、不可逆的な憎しみに転化していったようだ。

キッシンジャーが首相官邸に田中を訪ねたのは11月15日。田中は言った。

「日本の石油消費量……の80％は中東からの輸入で、うち40％はアラブ諸国から。アラブ諸国は20％の輸出削減を日本に通告、さらに30％に拡大した……早急に行動しなければパニックは広がる」。そして田中は懇願した。

「長官が『心配するな。米国には大量の石油がある』と言ってくれたらうれしい」

これに対し、キッシンジャーは冷徹な言い方で警告を発した。

「日本の問題を緩和する方策について日本と協議する意思がある。……総理の言葉には、アラブの要求に屈することを示唆する意味合いがある」。そして、

「日本がアラブに譲歩すれば彼らは彼らの要求を繰り返す。その過程で日本とアメリカの対立が表面化する」。しかし、田中も粘る。

「何もしないことは自分の首を絞めることになる」。だがキッシンジャーは「われわれの唯一の対応は忍耐だ」と自重を求める。そして最後に、「日本がいま声明を出すと効果は無駄になる」と言い放った。

しかし、米国の戦略に乗っても、日本に石油が供給される保証はなかった。日本経済を預かる最高責任者として、田中が石油の確保を最優先したことは責められない。

翌16日、田中政権は石油緊急対策要綱を明らかにした。そして1週間後の22日に「親アラブ」への中東政策の変更を発表、自主外交を貫いたのである。

戦後の対米外交で、日本側が「ノー」と言って自主外交を貫いた例は非常に少ない。1950年6月、吉田茂首相はジョン・フォスター・ダレス国務省顧問が求めた「再軍備」に「ノー」と言ったと伝えられている。実際にはダレスは日本の再軍備を要求した。しかし、吉田は巧みにはぐらかして、ダレスを煙に巻き、ダレスは「『不思議の国のアリス』のような気分」だったと述懐したという。吉田は実際には「ノー」と言っていないのだ。激しい論争でノーを貫いたのは、歴史上田中だけだった。

田中の政治闘争は続いていた。ワシントン連邦地裁の判事はロッキード社の高官名入り文書を見せて、国務省関係者に判断を求めた。報告を受けたキッシンジャーは「Tanaka」の名前を見て、米国にとって望ましくない人物だからSECに渡してもかまわないと考えたのだろう。米国の外交的ダメージになると判断していたら、「Tanaka」

文書は東京地検に届けられることはなかった。やはりロッキード事件は政治闘争だったのだ。

（はるな　みきお／ジャーナリスト）

田《た》中《なか》角《かく》栄《えい》の昭《しょう》和《わ》

朝日文庫

2025年1月30日　第1刷発行

著　者　保《ほ》阪《さか》正《まさ》康《やす》

発行者　宇都宮健太朗

発行所　朝日新聞出版

〒104-8011　東京都中央区築地5-3-2

電話　03-5541-8832（編集）

03-5540-7793（販売）

印刷製本　大日本印刷株式会社

ISBN978-4-02-262107-8